美元真相

[英] **达尔辛妮·大卫**（Dharshini David）_ 著

鲁冬旭 _ 译

中信出版集团 | 北京

图书在版编目（CIP）数据

美元真相 /（英）达尔辛妮·大卫著；鲁冬旭译
. -- 北京：中信出版社，2021.6 （2023.6 重印）
书名原文：The Almighty Dollar:Follow the incredible journey of a single dollar to see how the global economy really works
ISBN 978-7-5217-2877-4

Ⅰ. ①美… Ⅱ. ①达… ②鲁… Ⅲ. ①经济学—通俗读物 Ⅳ. ① F0-49

中国版本图书馆 CIP 数据核字（2021）第 070464 号

美元真相

著　　者：［英］达尔辛妮·大卫
译　　者：鲁冬旭
出版发行：中信出版集团股份有限公司
（北京市朝阳区东三环北路 27 号嘉铭中心　邮编　100020）
承 印 者：河北鹏润印刷有限公司

开　　本：880mm × 1230mm　1/32　　印　　张：10.75　　字　　数：238 千字
版　　次：2021 年 6 月第 1 版　　印　　次：2023 年 6 月第 6 次印刷
京权图字：01-2019-3779
书　　号：ISBN 978-7-5217-2877-4
定　　价：59.00 元

献给

索菲娅和利维娅

目录

前言

你是否曾经考虑过这样一个问题：为什么和你的祖父母相比，今天的你可以买得起更多的衣服，却买不起一栋能放下这些衣服的房子？为什么汽油的价格可以在几个月的时间内翻一番，而下跌的速度却从来没有那么快？为什么美国政府一边对世界上的某些暴行视而不见，一边却毫不犹豫地介入另一些争端？

近期的新闻可能给我们带来了很多疑虑，比如，未来的我们能否获得足够的养老金来支持晚年生活？在劳动力大规模迁移的情况下，我们是否还有充足的就业机会？

这些问题的背后都藏着经济学这只“看不见的手”。如今，“经济学”已经变成了一个不受欢迎的词汇，尤其在 2008 年金融危机以后更是如此。对许多人来说，“经济学”代表着一个既复杂难解又没有什么用处的系统，我们中的许多人可能早已对这个系统失去了信心。经济学家就像一些负责预报金融情况的天气预报专家，然而这些专家在 2008 年金融危机中的表现实在令人失望，他们也因此饱受批评和质疑。首先，这些“天气预报专家”没能预见风暴的来临；其次，在风暴降临之后，他们又没有帮我们减少损失的合理补救措施。而那些负责操控整个世界的政治家和千人一面的大公司，似乎也没能帮上什么忙。在大多数情况下，这些人要么看起来完全搞不清楚状况，要么目的不纯（更糟糕）。

有时候，经济学被认为是一种沉闷无趣的科学。有时候，经济学又被看作一种与我们关系非常疏远的科学。每一年，世界经济论坛都会在瑞士的达沃斯举行，只有受邀请的顶级商业人才和政府高官才有资格前往位于阿尔卑斯山中的这个偏远小镇参加这一盛会。各路代表从世界各地飞往达沃斯。为了增加一些“星光”，主办方还会突兀地拉来一些好莱坞演员，比如，安吉莉娜·朱莉、莱昂纳多·迪卡普里奥。“达沃斯人”成了指代全球精英的俚语（是的，目前这些精英中的大部分人仍是男性）。在我们看不见的会议厅和走廊中，在觥筹交错之间，这些精英的对话形成了控制我们每个人命运的决策。

对我们中的大部分人而言，收到达沃斯论坛邀请信的机会是非常小的。然而，即使我们不能去现场，我们也能理解这些谈话的内容，而且，我们确实有必要去理解它们。虽然我们没有办法像“达沃斯人”一样直接决定我们世界的命运，但如果我们能够理解这个系统的工作原理，我们就能在一定程度上增加自己手中的权力。不管我们身处何方，我们既可以利用这种权力决定把选票投给哪位政治家，也可以利用这种权力处理一个个日常决定。

我一直希望用我自己的声音向人们介绍经济学这个奇异的世界，以及它对我们所有人的影响。正是这种渴望让我放弃了金融机构的工作，从交易大厅走进新闻演播室。（我个人认为，这个决定可能并不是最理性的经济决策。）直到现在，金融危机的余波仍然笼罩着世界，而我的愿望是看清经济学究竟是如何影响我们生活的这个世界的。这便是我写这本书的初衷。

首先，让我们来见一见丹尼斯·格兰杰。从外表来看，丹尼斯完全像是一位生活在英格兰东北部的退休银行经理：他头发花白，能言善辩，举止得体。然而，不要被丹尼斯温文尔雅的外表欺骗了。看着他，你不会猜到，在阴郁的金融战场上，他曾花费十几年的时间打过一场极为艰苦的金融战争。

1998 年，丹尼斯在英国北岩银行的桑德兰分行找到了一份新工作。他计划在 10 年内退休。为了存够退休金，他认真规划了自己的未来，对每一分钱都精打细算。由于他不够资格领取公司提供的养老金，因此他决定购买公司的股票——对一个本地人来说，还有什么投资渠道能比投资本地的一家资产充实的银行更加安全？北岩银行成立于 19 世纪，虽然起初并不起眼，但该行如今已经成为英国一家全国性的银行，为数百万客户提供储蓄和房屋抵押贷款服务。人们信赖北岩银行，北岩银行是体制的一部分。

2007 年，北岩银行的股价有所下跌。丹尼斯的妻子担心这会影响夫妇二人的退休计划，但是丹尼斯仍然充满了信心。然而，2007 年 9 月 14 日，一个坏消息打击了他的信心。北岩银行承认其资金不足，不得不向英格兰银行寻求紧急救助。消息一出，立即引起了人们的恐慌。为了抢救毕生积蓄，储户们冲向北岩银行的 72 家营业点。取款人排起的长队环绕了整个街区，银行的客服电话也被打爆了。虽然英国的政客们一再向公众保证，北岩银行不会就此倒闭，但是取款人的队伍越来越长，其中一家发生挤兑的营业点距离英格兰银行只有几米的距离。150 年来，这是英国的银行面对的首次挤兑事件。在世界金融中心看到取款长龙实在是令人难以置信。在幕后，尴尬的政治家们和银行家们正在焦急地研讨救市方案，他们给这套方案起了一个超现实主义的名字—— 猫王计划。

几个月以后，英国政府接管了北岩银行。丹尼斯购买的北岩银行股票价值曾经超过 11 万英镑，而现在却一文不值。他本来已经做到了许多人做不到的事情：认真地储蓄以保证退休后的自给自足。一夜之间，他的所有努力都化为了泡影。

现在，北岩银行已经成为 2008 年金融危机的代名词。那次危机带给我们一个惨痛的教训：我们必须对不可预料的事情做好充分的预期和准备。大部分人并没有从早期的迹象中看出史无前例的金融灾难即将席卷全球。在危机全面爆发时，认真储蓄的丹尼斯和其他无辜的民众一样，为他人的错误行为付出了高昂的代价。如今，丹尼斯仍在争取英国政府的赔偿。此举不仅是为了他自己，在他的带领下，这已经成了一场代表许多北岩银行前股东的共同利益的运动。金融危机发生以后，除了媒体严厉抨击的有权有势的阶级之外，许多寻求赔偿的人是北岩银行前雇员的遗孀及其子女，在金融危机爆发之前，这些人曾对北岩银行深信不疑，这就像相信他们买下的房屋永远安全。

那么，这场巨大的金融灾难究竟是谁之过？人们最先想到的也许是向英国政府申请赔偿，但是要对这场吞没了许多普通人的积蓄的灾难负责的机构远远不止英国政府一家。我们可以责怪银行家，他们逃避各项规章制度，用可疑的资金来提高自己的利润。或者，我们可以责怪各家借款机构，它们不负责任地向美国的消费者发放其根本无力偿还的贷款。然而，这些个人行为是如何共同作用、不断发酵，最终导致一场如此巨大、几乎完全失控的灾难发生的？这是一个值得我们思考的问题。

丹尼斯和其他数百万人在 2008 年金融危机中蒙受了损失。如果想充分理解他们的遭遇，我们就需要看看全球的经济系统是怎样运转的。

今天，我们所处的世界变得越来越小，以及越来越复杂。有 70 亿人在有限的资源中生活、工作、竞争，这些资源包括食物、石油，甚至还包括智能手机。这是一个联系日益紧密的系统：美国华盛顿特区或者德国柏林的一个银行家说一句话，希腊的一个靠退休金生活的老人就可能要挨饿，一个年轻人就可能要离开家庭、穿越撒哈拉以南非洲以寻找更好的生活。世界越变越小，就是我们所说的“全球化”。全球化是一股缺乏人情味的巨大力量，无人能阻挡。

在 8 个时区以外的北京，王健林拥有和丹尼斯截然不同的经历和体验。王健林于 1954 年出生于四川，后来他追随父亲的脚步入伍。但是，他并未满足于此传承。在短短的几十年中，他已成为身家数十亿美元的地产大亨，他手中掌握的资产不仅有全球最大的连锁影院，还有价值连城的毕加索名画。并非每一位中国边防军人都能成长为资产比肩 007 电影中的角色的巨富，但是这位前军人拥有了一个连幽灵党都会羡慕的商业帝国。王健林收购了欧洲的 Odeon 院线和美国的 AMC 院线，在他的电影院中，欧洲和美国的观众观赏着好莱坞大片。马德里竞技队是西班牙的顶级足球俱乐部之一，虽然买一张季票只要 1 000 欧元，但王健林宁可斥资 4 500 万美元买下该队 20% 的股份。此外，王健林还收购了为 007 电影提供游艇的游艇制造商，西方媒体开始将他比作 007 系列小说作者弗莱明笔下的超级大亨。《经济学人》杂志评价他具有“拿破仑般的野心”，他依然修长的身材彰显着他管理企业的那套“钢铁般的纪律”。虽然他有着军人般挺拔的仪表，但他的事业核心是每周为全世界数百万人提供娱乐。王健林既不是一位体育明星，也不是一位电影明星。他是中国最富有的人之一。

王健林无疑是一位经营手段十分高超的企业家，但是，仅仅靠抓住机会还不够。在过去的 30 年中，我们见证了世界经济掀起的巨大浪潮，而他成功地顺势而为。王健林有许多种身份，他是企业家，是投资者，最近还变成了一掷千金的消费者。他充分利用了世界经济浪潮提供的机会：在中国向工业化转型的过程中，他投资商业地产开发；在城市中产阶级规模快速扩大的时候，他投资卡拉OK中心。中国的崛起是我们这个时代最大的政治神话。王健林的经历是一个扣人心弦的传奇故事，从许多方面来看，这个故事都和我在前面谈到过的丹尼斯的遭遇有着千丝万缕的联系。

我们只讲述了地球上几十亿人中的两个人的故事，但他们已经向我们充分展示了全球经济的变化似乎是完全不由我们控制的巨大外界力量，我们每个人都要在巨大的力量中沉浮。我们可以把全球经济看作所有交易、互动、购买和协议的总和，即贸易。随着时间的流逝，这些贸易关系中产生的收入会逐渐变为财富。经济（以及其中所包含的巨大力量）是由许多个人——不论在达沃斯，还是在加尔各答街头——以一种无法预知的方式共同塑造的。

然而，有一件事情是可以肯定的：我们每个人都受到这些力量的影响。所以，不管我们是否有能力控制它们，我们都有必要理解它们的运作方式，并且搞清楚它们将会如何影响我们的生活。

在伦敦和纽约，在巴黎和米兰，甚至在北京，时装周都是一个巨大的商业机会。然而，今天的我们不需要花费太多的钱，就能买到 T 台上展示的最新时装。只要不到几周的时间，这些设计就会出现在我们本地的快时尚品牌 Primark、Zara 的橱窗中。浏览货架时，我们就会注意到许多服装的生产地都在远东地区。当我们在这类店铺中购买服装时，我们不仅仅满足了自己对快时尚产品的欲望，还成了更大的全球故事的一部分。当我们追逐更低的价格和最新的潮流时，我们正把收入转移到世界的另一端，那些地区的人们因为我们的消费行为而获益。众所周知，由于亚洲的劳动力成本低廉，许多服装生产商都在亚洲设厂。然而，这个故事要复杂得多：在购买快时尚品牌的衣物时，我们可能加速了国内危机的爆发，进而伤害了我们自己以及我们的亲朋好友的生计。

每次交易背后都有一个故事。我们花出的每一英镑、每一欧元或者每一日元都在讲述一个故事。人口、资金和各种创意在全球范围内不断流动，我们很难理解它们究竟是如何结合在一起的。但是，实际上我们完全可以理解这个庞大的系统——我们要把这些交易（即便是微不足道的交易）背后的决策和逻辑一一拆开看个仔细，再对这些决策和逻辑的影响和联系进行追踪。

我们想象一下，全世界每天会发生几十亿笔交易：一个美国或者尼日利亚的主妇去买菜，一个法国商人把他的利润存进银行，一个印度父亲为女儿的婚礼买单，一个澳大利亚人为即将举办的烤肉派对购买啤酒，等等。如果我们住在美国以外的地方，那么我们在购物的时候一般不会用美元支付。也许我们会认为，美元只不过是一种货币，它和其他货币没有什么区别——美元只是一张纸或一笔电子交易中的数字，它的作用不过是让我们在美国境内买卖货物而已。但是，这样的想法是错误的。美元并不仅仅是一种普通的货币。美元是美国经济实力的“脸面”。和所有货币一样，美元是度量国家财富的一种标志。我们每天都会听到政治家们和新闻评论员们讨论货币的走势：“英镑今日走低”“日元大幅走高”等。美元是强大的货币，因为它代表着这个世界上最强大的国家。当然，对生活在美国的人们来说，美元还象征着美国梦的力量。

在全球范围内，美元代表着美国的力量和利益。一美元不仅能带来购买力，还能带来影响力。在世界的另一端，有没有一美元可能对一个人的生活方式产生举足轻重的影响。“美元外交”是指美国通过投资或贷款的方式进入海外市场以及影响海外政策。美国对拉丁美洲实施的美元外交最为人们所熟知，但是事实上，从美国独立的那一天开始，世界各地的人都能感觉到美元外交的影响。

不仅如此，美元还是全世界最受信赖的价值存储媒介之一。在政局极不稳定的地方，救援人员会发现，掏出一叠美元是购买各种设备、解决人道主义危机的最快方式。2001—2002 年，阿根廷的物价飞涨，比索快速贬值，当时的富人发现，保护毕生积蓄的最安全的方式就是把钱全部兑换成美元，藏在床垫下。因此，美元是一种很受欢迎的替代性货币。同样地，在另一些地方，美元也是腐败商人和政客最喜欢的东西——我们很容易理解这一点，因为美元花起来最方便了。

另外，美元还是这个世界的“储备货币”——稍后我们会明白这意味着什么。储备货币的核心是信任。在美国以外的世界各地，美元都是人们最信任的货币，不管是在日本的银行囤积资产时，还是在巴拿马街头的小贩以物换物时。甚至在20世纪90年代的俄罗斯，许多人也觉得美元比卢布更加可靠。

由于美元是世界上最让人们信赖的货币，因此美元也成了一种创造全球经济的非常有力的工具。全球化的机制之所以能够成功地运转起来，是因为我们找到了能把人和人联系在一起的方式，而美元正是关键之一。美元是全球金融稳定性（或不稳定性）的“一种表现”，是我们生存（或毁灭）的基础。不管我们每天使用哪种货币，我们的生活都要靠这种金融语言来支撑。美元代表我们每个人的命运相连。简而言之，美元是全球化的原动力，它在全球范围内分配财富，但并非人人有份。

由于我的父母总是在世界各地奔走，我从小就认识到美元是无处不在的。从文莱到巴巴多斯，世界各国的酒店账单都可以用美元来支付。今天，提到“美元”二字，人们最先想到的是在美国境内转动财富之轮的工具，但实际上，“美元”（dollar）一词的起源与美国无关，而是源自“塔勒”（Thaler）或“达勒”（Daler）。塔勒是一种银币，最早出现于16世纪的波希米亚。后来，“Thaler”演化成了英语词汇“dollar”。1606年，这个词甚至出现在了莎士比亚的剧本《麦克白》中。再后来，“dollar”一词使用更为广泛，西班牙和葡萄牙也开始使用这个词。西班牙殖民者们用墨西哥的银矿来铸造“dollar”银币，于是“dollar”一词又传到了新世界。有些银币流通到了墨西哥北面的英国殖民地中，如果当地人没有英镑（或者其他替代货币，比如烟草），他们就用这种银币进行交易。美国独立以后，美国人不再喝英式的茶叶，也不再使用英镑。从1792年开始，美元（dollar）正式成为美国的法定货币。

在20世纪，美元的价值一涨再涨，这也反映了当今世界秩序的形成和美国的崛起。然而，美元成为全球第一货币一方面靠运作，一方面也靠好运气。20世纪30年代的大萧条削弱了美国的国力，也削弱了美元的地位。然而二战随后爆发。在欧洲国家和日本忙于战后重建之际，美国顺势摆出了世界长期和平维护者的姿态。于是美元成了国际贸易的通用货币，也成了稳定性的代名词。

随着全球化进程的加速，美元的影响力不断提升。冷战及其余波本来提供了撼动美元地位的机会，但是苏联的解体创造了一块真空，我们都可以猜到哪种货币能抓住混乱带来的机会。虽然美国经济总量占世界经济总量不到1/4，但是在以外币作为支付媒介的交易中，美元所占的份额高达87%。

如今，印在1美元纸币上的乔治·华盛顿的面孔可能是世界上被复制次数最多的一张面孔。每一天，有1 700万张1美元纸币被印刷出来。美元纸币有许多不同的昵称，“dead president”（美元上的总统都过世了）只是其中的一个，其他还有“singles”（单张）、“bucks”（鹿皮）和“greenbacks”（绿背，源自纸币的绿色印刷油墨）。不管你怎么称呼这种纸币，世界上目前有117亿张1美元纸币在流通——它们在人们的钱包里、在ATM（自动柜员机）里、在商店的收银机里或者被人藏在床垫下。更不要说银行还持有许多电子形式的美元。一半以上的美元纸币都在美国境外——由于美元在全球贸易中占有显著地位，这一点并不值得我们惊奇。

我们常常会听到一些经济学家和政客（尤其是一些与美国为敌的）预测美元的地位就要走下坡路了。在2008年金融危机以后，这种观点变得越来越常见。然而，美元似乎仍然保持着强大的实力。2006年，我被BBC（英国广播公司）派往美国，负责报道华尔街的金融新闻。就在那一年，一位经济学家在我的节目中分享了他对美国房地产市场的预测。在此前几十年中，美国的房地产市场一直保持稳步上升的势头。他认为，最终图上的那条只升不降的曲线会出现大幅下降。这是他基于手中的铁证和经过充分验证的公式做出的预测。这个结论是可怕的，听上去几乎像一种阴谋论。人们很容易将其视为危言耸听而不予理会。

然而，他是对的。银行和金融机构向数百万美国人提供了他们根本无力偿还的房屋抵押贷款。一开始，人们只担心房地产市场的泡沫破裂会影响华尔街银行的业绩，以及降低消费者购买商业产品的支出，但是当我在节目上解释这个问题的时候，多米诺骨牌效应已经在世界各地越来越清楚地显现了出来。英国北岩银行的门口排起了挤兑的长龙。从法兰克福到北京，全世界的银行都感受到了金融危机的压力。对利润的贪婪推动着整个金融系统一味逐利，忽视了对风险的控制，从而为危机的蔓延提供了土壤。政府——更准确地说是纳税人，不得不为损失买单。国际贸易也随之崩溃。这场危机的伤痛至今仍历历在目。

10年过去了，美国仍是世界霸主，在全世界范围内，美元仍然像过去一样受欢迎。美元是一个安全的避风港，而每一场地缘政治风暴似乎只是在加强这种信念。中国在短期内获得了飞速增长，但是要想以超级大国的身份站到国际舞台的中央，还有一段路要走。美元的地位仍然未被动摇。事实上，2008—2017年，美元对英镑的汇率共计上涨了35%。从很多方面来看，强势的美元对美国的形象很有好处（但这也会削弱美国的经济以及其他国家的经济）。尽管如此，美国在政治和经济上的绝对主导地位最终还是要靠它的货币来彰显。我们也会看到，无处不在的美元还能帮助美国把美国法律的触角伸到世界上的各个地方去。

从全球金融危机中，我们可以清楚地看到金钱可以超越国界。一个国家内部的交易却可以对世界各地产生影响。金钱既是保证系统运转的润滑剂，又是把我们牢牢“粘”在一起的强力胶。和其他货币一样，美元的价值也是以信任为基础的。有人也许会说，这种信任是盲目的迷信。但是，如果这种信任不存在，如果没有人对美元有信心，那么经济体系和整个社会都会崩溃。

下面，我们就要跟着1美元的脚步进行一场环球旅行。我们的旅行不仅会涉及美元，还会涉及许多其他货币，比如，欧元、卢布和英镑。在本书中，我们会追踪这些货币（物理货币或电子货币）如何转手，从而更好地理解塑造了我们世界方方面面的交易联系。本书的每一章都是一块小小的拼图，我们把它们拼在一起，就能看到整个世界的运行机理——谁在掌握权力？这又如何影响我们所有人？

我们的环球之旅的第一站是位于美国得克萨斯州郊区的沃尔玛超市。沃尔玛是世界最大的零售商之一，为美国人提供了衣服、食品和其他商品。一名消费者一时冲动在这里买下了一台便宜的收音机，由此启动了一系列的连锁反应：1 美元从美国流向了这台收音机的生产地——中国。为什么中国能以如此低廉的成本制造出这些商品？在这个过程中，究竟谁是受益者？在我们这个时代最重要的全球故事中，我们将看到美元融入中国所带来的影响力。

那么，中国会把这些美元送去哪里？答案是一些我们很难想到的地方，比如尼日利亚。我们的下一个目的地就是尼日利亚。为什么一些国家如此热衷于在海外花钱？这么做到底是出于利他主义，还是出于贪婪？我们会找到上述问题的答案。

我们将在尼日利亚看到，世界的财富可以流经一些国家，却未给那些国家的大部分人民带来任何好处。尼日利亚需要进口大米来养活该国日益增长的人口，于是这 1 美元又从尼日利亚流到了印度。在世界主要经济体中，印度的经济增长速度是最快的。然而，为什么种植稻米的印度农民却没有从中获益？印度的发展方式和大部分国家都不相同，我们也因此可以看到一些有趣的结果。

启动经济的发动机需要燃料，于是接下来，印度人又把他们手中的美元送到了伊拉克。在伊拉克，我会带你看一看“黑金”的黑暗世界。石油无论是对我们的生存，还是对美元的霸主地位都至关重要。石油代表着一种国际秩序，全世界的眼睛目前都盯着沙特阿拉伯及其他中东国家。但是在下一个世纪，这种情况有可能会发生改变。接下来，这 1 美元又从伊拉克流到了俄罗斯。一家军火制造商会用一两个故事告诉我们，俄罗斯是如何随着美元起舞的。这很重要，因为这揭露了全球的权力之战。

离开俄罗斯以后，我们的下一站是欧盟的核心——德国柏林。美元也许能把美国的 50 个州团结在一起，但是在欧元区里，欧盟的领袖德国有截然不同的经历。一个货币联盟是如何运作的？为什么欧元没有取代美元？英国选择脱欧是对是错？虽然在全球的金融体系中占主导地位的是美元，但是伦敦仍然是全世界的金融中心之一。这个金融中心从本质上来看跟一个大型赌场没有什么区别。这里有大量的赚钱机会，也有大量的赔钱机会。这些赌局是如何把我们拖入人类历史上最大的金融危机的？随着英国脱欧，这个国家的未来也许岌岌可危。我们的旅程再向西走，这 1 美元最终又回到了美国人的口袋里。这表明尽管美国是世界上最强大的国家（这个国家还常常特立独行），但是在经济方面，美国仍然与其他国家紧密相连。

本书中出现的各种角色以及各项交易当然都是虚构的。在全球范围内，数十亿人的决策以及人与人之间的互动决定着我们的命运，而这些虚构的角色其实是这几十亿人的缩影。这 1 美元走遍全球的过程揭示了全球经济真实的运行方式。我们可以从中看到：丹尼斯·格兰杰的命运、王健林的命运以及我们的命运是如何互相关联的。这是一个关于金钱和权力的故事，但是从根本上讲，这是我们每个人的故事。

第 1 章

膜拜超低价格和无限选择的神庙：从美国到中国

尿布、面包、牛奶、果汁、苹果、鸡肉……超市收银台的传送带清点着劳伦·米勒每周必须购买的商品。对美国郊区的普通家庭而言，这是一份再典型不过的购物清单了。而在传送带的尽头，是一台崭新的收音机。一名收银员扫完收音机上的条码，另一名助理收银员把这件商品放进了纸袋里。接着，劳伦把手伸向了自己的包，从包里掏出一叠最为人们所熟知的货币——万能的美元。每周去超市购买食物是劳伦的习惯，在有限的预算下，精打细算也是她的习惯。这年头，工资已经不像以前那样经常上调了，但是她偶尔还是会奢侈一把。今天，劳伦买的奢侈品就是准备放在厨房里的那台收音机，收音机的价格便宜得令人难以相信。在这家巨大的沃尔玛超市里，不管劳伦走到哪里，拥挤的货架上都摆满了各种各样的超值商品，它们争夺着她的注意力。结完账，收银员礼貌地向她告别。她推着购物车朝外走。一路上，有吵吵嚷嚷地一起来购物的一家人，也有默默地逛着超市的独行者。直到她走出卖场进入停车场，喧闹的人群和高涨的消费欲望才被她甩在身后。

每周，有将近 1 亿名美国人会像劳伦一样去类似的消费神庙“朝圣”购物。那么，这些消费者最经常放进购物车里的商品是什么？答案是毫不起眼的香蕉。美国人爱买香蕉并非因为没别的好买。在美国，只要走进最近的沃尔玛（美国有 3 504 家沃尔玛，因此平均来说几乎 15 分钟车程内，就有一家沃尔玛），人们就有 14.2 万种不同的商品可以选购。在这 14.2 万种商品中，有的能吃，有的并不能吃。人们就算是只把这些商品浏览一遍，也要花去不少时间。全美最大的沃尔玛坐落在纽约州的奥尔巴尼市。这家沃尔玛占地约 2 230 平方米，相当于 4 个美式橄榄球场的大小。迎宾员在大门口向顾客致以沃尔玛式的标志性问候：“嗨，你好吗？”货架上堆满了各种各样的商品：食品、玩具、电子产品、工具、衣服、汽车用品……

沃尔玛是一站式平价超市的终极形式。在每一排货架上，你都能看到贴着“每日特价”标签的商品，诱惑无处不在。价签上的数字承诺着无尽的满足和舒适的生活，任何消费者都无力抗拒那些产品的诱惑——这些诱人的东西只需要几美元。

对沃尔玛及其顾客而言，价格就是一切。去沃尔玛购物的消费者的家庭平均收入稍低于美国家庭的平均收入。每 5 个消费者中就会有 1 个人用食品券付账。食品券是美国政府发给低收入人群的一种福利券。因为沃尔玛的商品价格低廉，像劳伦这样的消费者（在沃尔玛购物的消费者以女性为主，男女比例大概是 1∶3）可以在这里用有限的预算买到更多的商品。

这是廉价的美国梦。而对沃尔玛而言，低价意味着巨额的营业收入，其大约每天有 10 亿美元收入，而美国境外的沃尔玛每天的收入为 2.5 亿美元。2016 年，沃尔玛的总营业收入达到了 4 810 亿美元。假设所有沃尔玛都 24 小时营业的话，这个数字就意味着平均每天每一分钟，沃尔玛都能有 90 万美元进账。沃尔玛虽然商品定价低廉，但是零售网点遍布世界各地，销售量巨大，而且什么都卖。这种策略为沃尔玛带来了巨大的销售额，毕竟食品是必需品。

在沃尔玛这座提供超低价格和无限选择的“神庙”里，消费者很容易就在购买每周食品的时候顺便把一两件不在购物清单上的商品也放进购物车里。泡澡用的可爱橡皮鸭只要 2 美元！一副耳机只要 6 美元！居然有售价不到 20 美元的收音机！这些非食品类商品提高了沃尔玛的利润，但大部分钱既不会进入沃尔玛的金库，也不会流进沃尔玛股东的口袋。劳伦购买的这台收音机只要坐车旅行几千米就能来到它的新家，但是她花出去的这笔钱要多走几千千米——目的地是世界另一侧的中国的一家工厂。在这里，数以千计的收音机正被源源不断地生产出来。

1962 年，在“永远低价”的条幅下，山姆·沃尔顿在美国阿肯色州建立了这个以“堆得高，卖价低”为经营理念的零售王国。沃尔玛的收银台每收到 1 美元的货款，沃尔玛只能从中赚到大概 3 美分的利润。因此，沃尔玛永远肩负降低成本的压力。在个人生活中的每个领域，山姆都贯彻着“降低成本”的理念。即便在成为腰缠万贯的企业家以后，山姆仍开一辆皮卡，出差时选择廉价旅店。这种生活方式能帮助山姆理解全美消费者的消费动机：对低价的渴望。对许多消费者而言，他们追求低价并非因为经济拮据，而是被一种与生俱来的欲望驱动。半个世纪过去了，今天的沃尔玛仍然用低价牢牢地吸引着一大批像劳伦这样的忠实消费者。

用山姆·沃尔顿自己的话说：“许多美国制造的商品或者是价格不够低，或者是质量不够好，或者是两方面都不行。”具有讽刺意味的是，这种观念最终让超级资本家山姆选择依赖中国。

劳伦购买的那台超级便宜的收音机十有八九就是中国制造的。根据沃尔玛的财务年报，2004 年沃尔玛总计从中国订购了价值 180 亿美元的商品。早在 2002 年，为了充分利用中国的低价优势，沃尔玛就把公司的全球采购总部搬到了中国深圳。短短两年间，沃尔玛从中国订购的商品价值猛增了 40%。

2004 年以来，沃尔玛一直在这个话题上保持低调。但是，通过统计集装箱数目以及其他数据，有些机构估计，在 2004 年之后的 10 年间，沃尔玛购买的中国制造的商品的支出几乎增长了 2 倍，达到了每年 500 亿美元。每一年，无数中国制造的商品涌入美国，填满了美国商店的货架，如果把这些商品比作海洋的话，那么劳伦购买的那台便宜的收音机不过是沧海一粟。中国的东部沿海地区不断涌现生产出口商品的工厂，目前这一趋势还在向中国内地蔓延。人们建造了能装载 15 000 个集装箱的巨大货轮，它只需要 5 天的时间就能横跨太平洋。这一切只为满足沃尔玛消费者的庞大需求。中国通过 20 000 多家供应商向沃尔玛供货，商品数量相当于供给全德国或者全英国的商品总量。美国消费者在沃尔玛购买中国制造的玩具、电子设备、T 恤，他们花的每一美元中，都有相当一部分最终会流进某家中国制造商的金库。

沃尔玛并不是唯一一个从中国订购货品的美国企业，但是在美国消费者花钱购买中国制造的商品时，他们花的每 10 美元中就有 1 美元多是花在沃尔玛里的。当劳伦掏出自己辛苦挣来的美元时，她实际上签订了一份国际贸易的合同：用世界上最重要的货币——美元——来交换一台便宜的电子设备。2017 年，中国共向美国出口了价值近 5 060 亿美元的商品，而美国只向中国出口了价值 1 300 亿美元的商品。3 760 亿美元差值就是美国对中国的贸易逆差，或称贸易赤字，创造了中美贸易史上的最高纪录。2000 年以来，美国对中国的贸易逆差不断上涨，导致这一现象的原因之一就是沃尔玛的采购习惯。

劳伦在沃尔玛花掉了 1 美元，这是数百万美国消费者每日购物习惯的缩影。那张孤独而不起眼的 1 美元是一个宏大的全球故事的一部分。作为世界上最大的消费国，这 1 美元不仅是美国这台隆隆作响的巨型消费机器上的一个齿轮，更是全球贸易的一部分。国际贸易的爆炸性增长是我们这个时代中最重要的经济新闻和政治新闻，这个过程不仅改变了我们每个人的财富、工作和生活水平，也影响到了国际权力的最核心部分。

一项研究显示，因为沃尔玛从中国进口商品，过去 12 年间美国“损失”了约 40 万个制造业工作岗位。沃尔玛否认这一点。国际贸易也为美国创造了许多就业机会，比如，在分销和物流领域中的就业机会。此外，从中国进口商品能够压低商品的售价，消费者也许会把省下的钱花在外出就餐或看电影上，于是其他行业就会出现新的就业机会。但是这些新的就业机会和制造业中损失的就业机会性质不同，薪水也更低。

不可否认的是，贸易确实导致了西方国家的就业结构出现变化。在发达国家中，这不仅已经成了一个令政策制定者们非常头痛的问题，也令其劳动者和企业感到痛苦。具有讽刺意味的是，国际贸易的爆炸式膨胀对作为消费者的劳伦而言可能很好，而对作为雇员或者雇主的劳伦来说，国际贸易却可能损害她的利益——事实上，她可能因此找不到任何工作。1985 年，沃尔玛在各大报纸上租下了整版，来宣传沃尔玛新推出的“支持美国国货”的计划。1984 年，沃尔玛应时任州参议员比尔·克林顿的要求，把部分制衣订单从远东交回了美国，从而拯救了阿肯色州的几家濒临倒闭的制衣厂。此举是为讨好沃尔玛的核心客户群。实际上，沃尔玛从中国订货的数量一直在上升。

从 20 世纪 90 年代早期开始，450 万个制造业工作岗位从美国消失。美国工业的心脏地带——从纽约州开始，横跨宾夕法尼亚州、俄亥俄州、密歇根州、印第安纳州北部、伊利诺伊州和威斯康星州的带状地带——如今成了落魄的“铁锈地带”。因为无法和海外竞争者提供的低廉价格竞争，许多工厂厂房成了一片死寂的废弃建筑。密歇根州的弗林特镇是通用汽车公司的诞生地，也是电影人迈克尔·摩尔的出生地。迈克尔·摩尔拍摄了一部纪录片《罗杰和我》，该片讲述了通用汽车制造厂的变迁。在巅峰时期，通用汽车在弗林特镇共有 8 万名员工。而如今，因为通用汽车把制造厂搬去了包括墨西哥在内的世界各地，弗林特镇的通用汽车员工只剩下 5 000 人。弗林特镇的人口也只剩下从前的一半，从 20 万下降到了 10 万。有 2/5 的弗林特居民生活在贫困线以下。事实上，弗林特镇最近又出现了水污染丑闻，因此该地的平均房价现在连 2 万美元都不到。

对弗林特镇的居民以及代表他们的政客而言，这是一个令他们极为头痛的大问题。为了挽救衰落的制造业，让老旧的美国工厂能和更年轻、更灵活的东方竞争者竞争，他们承受了巨大的压力。讽刺的是，如今让东方制造业蓬勃发展的因素正是从前令美国制造业从摇篮中迅速成长的因素。1816—1945 年，美国对某些进口产品征收的关税是全世界最高的。在高关税的保护下，萌芽中的美国工业不受海外竞争的威胁，因此蓬勃地发展了起来。直到美国崛起为世界领袖，这些保护措施才被取消。

那么，美国为什么不干脆规定所有东西都必须在美国国内生产，所有企业和个人都只能买美国制造的商品呢？这种爱国主义的行为也许会在政治上大受欢迎，但会带来高昂的经济成本。山姆·沃尔顿选择从遥远的国外进口商品，填满沃尔玛的货架。支持这种决策的理念实际上也是一种舶来品——这种理念来自 18 世纪的英国经济学家亚当·斯密和大卫·李嘉图。

亚当·斯密靠研究一枚不起眼的别针的制造过程而家喻户晓。他发现，生产一枚别针一共要经历 18 个不同的步骤。亚当·斯密指出，如果这 18 道工序从头到尾都由同一个工人完成，那么这个工人生产别针的效率不会很高；而如果由 18 个工人分工协作，即每人专门负责一道工序，这就可以大大提高生产别针的效率。通过让工人分工协作，工厂可以多生产别针，从而多赚钱。如果本地市场不需要那么多别针，那么工厂还可以用多余的别针去交换其他商品。专业化分工理论就此诞生。

那么，根据专业化分工理论，一个国家应该如何选择自己的专业分工领域，又应该如何决定自己要完成哪些贸易？亚当·斯密和他的后继者大卫·李嘉图对这些问题进行了详细研究。他们的研究结果如下：如果一个国家从别国购买某种商品的价格比自己生产这种商品的价格低，那么从别国购买这种商品对这个国家而言就是有利的。每个国家都应该专注于生产自己有绝对优势的商品，即使某个国家生产所有商品的效率都比其他国家高，这个国家也应该专注于生产自己最善于生产的东西——具有比较优势的商品。

上述理论的关键是，一个特定的国家生产某种商品的成本究竟有多高。生产成本受到哪些因素影响？影响生产成本的因素有很多，比如，自然资源、气候、土地、劳动力的规模、工资水平、地租水平、法律法规、工人的技术水平、机器和交通情况。中国拥有大量年轻劳动力，监管也相对较少。一家公司花 1 美元就可以雇用中国工人完成的工作，需要付给美国工人 5 美元。沃尔玛从中国进口的商品之所以更便宜，是因为中国在低技术制造业上具有专业分工上的优势。美国密歇根州的工厂能生产的玩具，中国深圳的工厂也能生产，而且后者的生产成本只有前者的一个零头。对中国的制造商（以及其他国家的制造商）而言，向美国销售商品是很容易的。在全球的消费支出中，1/5 是由美国消费者贡献出的。目前，美国市场仍是世界上最大的市场。

但是，这种往来并不是单向的。美国在农业种植方面具有多年的经验，再加上适宜的气候和合适的土壤，因此美国在大豆生产领域具有一定的优势。而中国的土壤侵蚀问题比较严重，灌溉用水的数量也不稳定，因此中国不能像美国一样高效地生产大豆。美国的大豆产量占世界大豆总产量的 1/3。大豆可以用于烹饪，也可以用于喂养动物。于是，美国出产的大豆的最大客户就是世界上人口最多的国家——中国。随着中国逐渐走向富裕，中国人的肉类消费量也提高了，因此中国对家畜饲料的需求也在增加。2017 年，在美国生产的价值 220 亿美元的大豆中，超过一半的大豆出口到了中国。在过去的 10 年中，中国进口美国生产的大豆的数量增长了 2 倍。

另一方面，美国在高规格、高技术的机器设备的生产领域中拥有绝对优势。美国航空业巨头波音公司表示，其产量中 1/4 的飞机飞往了中国；其兴奋地预测，在未来 20 年中，中国将从美国订购总价超过 1 万亿美元的飞机。这将有助于波音公司保住自己的巨大市场份额。

为什么中国没有计划投资自己的航空制造业？为什么美国不多生产一些本国人民需要的商品？

假设美国的所有工人和中国的所有工人都只生产两种商品：一种是飞机，另一种是收音机。我们还假设：中美两国都有充足的劳动力，运输成本很低，不存在任何关税之类的贸易壁垒。在上述前提下，我们再假设中国工人每少制造 1 架飞机可以多制造 10 万台收音机，而美国工人每少制造 2 架飞机可以多制造 10 万台收音机。如果中美两国都决定既生产飞机又生产收音机，那么两国在一定的时间段内总共可以生产3架飞机和20万台收音机。

如果中美两国都只生产飞机，那么对于多生产1架飞机，美国需要做出的牺牲较小——只需要少生产5万台收音机，而中国则需要少生产10万台收音机。事实上，美国可以选择放弃生产收音机，专心生产飞机。反过来，中国也可以选择放弃生产飞机，专心生产收音机。在这种情况下，最后美国一共能生产4架飞机，而中国一共能生产20万台收音机。两国消耗的资源和以前一样，两种商品的产量却都提高了。

假设在未来，中国能以更低的成本和更高的效率生产所有东西——包括飞机（目前中国还做不到这一点）呢？如果美国生产飞机的相对效率还是比中国高（相对效率是指每多生产1架飞机要少生产多少台收音机），那么美国仍然应该专注于生产飞机。我们不妨想象：利用一定数量的资源，美国可以生产2架飞机或者5万台收音机，而中国可以生产3架飞机或者15万台收音机。因此，要多生产1架飞机，美国需要少生产2.5万台收音机，而中国需要少生产5万台收音机。对经济学家而言，生产1架飞机的成本是用为此而少生产的收音机的数量来度量的。要多生产1架飞机，美国少生产的收音机数量较少，因此美国在飞机的生产上具有比较优势。在这种情况下，如果中美两国能够分工生产自己有比较优势的产品，那么两国的总产量就会提高。

所以，专业化分工和自由贸易能提高商品的总量，降低商品的成本。生产成本的降低意味着商品的售价也会降低。中国将有足够多的飞机来满足日益富裕的本国人的旅游需求，而美国的消费者劳伦能以更低的价格在沃尔玛买到中国生产的收音机。劳伦可以把买收音机时省下的钱花在其他地方，比如，周末带孩子去打保龄球。

商品售价的降低意味着生活成本的降低。由于通货膨胀率等于生活成本上涨的速率，因此商品售价的降低也意味着通货膨胀率的降低。央行的主要责任是确保国家的通货膨胀率不能过高，因为这样才能保证经济和金融的稳定性。此外，央行还负责管理国家的货币供应量和利率水平，通过这两个指标可以调控国家的总体经济情况。每个央行都会设置一个目标通货膨胀率。如果国内物价水平的增长速度超过了目标通货膨胀率，央行通常就会选择调高利率，以抑制借贷和减少消费支出，于是零售商就很难提高售价。从中国进口价格低廉的商品能够帮助美国保持较低的利率，从而压低美国家庭和企业的借贷成本。因此，廉价的中国商品让劳伦有能力支付自己房屋的抵押贷款，并且有钱购置房屋中的各种东西。

简而言之，自由贸易能提高所有人的生活水平。然而，事实真的是这样吗？

实际的情况是，上面所描述的这种理想情况在现实世界中并不存在，也从来就没有实现过。即使在集装箱运输的现在，商品的运输仍然会带来金融成本和环境成本。正是因为运输成本的存在，中国国内的汽车生产量一直在增长，已经超过了美国和日本两国汽车生产量的总和。

此外，劳动者的技能水平和灵活度也远没有上述理想情况中假设的那么高。一个会组装收音机的劳动者未必有能力设计一架飞机。组装收音机所需要的技能和设计飞机所需要的技能截然不同，而且，要掌握后一种技能绝对不是一件容易的事情，因此产业结构的改变会造成大规模的失业现象，并给弗林特这样的城镇带来灭顶之灾。从个人的角度来看，购买一台中国制造的收音机也许是一个完全理性的经济决策；而从整个国家的角度来看，消费者的这种行为却会产生非常深远的政治影响和经济影响。

劳伦每周都会去沃尔玛购物。在全世界的各个国家，成千上万的消费者也在做着同样的事情。这些消费者花出去的美元、欧元、日元以及其他货币把发展中国家变成了世界的制造工厂，也给发展中国家带去了繁荣和富裕。在美国的“铁锈地带”，像沃尔玛这样的大型零售商正在向当地社区出售价格便宜的收音机，而过去这些社区曾是收音机的生产地。如今，美国“铁锈地带”中的这些工厂已经因为价格上的劣势而不复存在，失去工作岗位的劳动者因为经济上的困难不得不更加依赖像沃尔玛这样的低价零售商。具有讽刺意味的是，这些劳动者的失业在一定程度上正是由沃尔玛从其他国家进口廉价商品的经营策略造成的。一些人相信，西方国家的工厂工人为廉价商品付出了代价。现在，这种声音正在变得越来越强烈。

从理论上来看，全球化和自由贸易既符合消费者的利益，也符合国家整体利益。但是，这种结论仅仅在理论上成立。问题是，中国广州或者墨西哥蒂华纳的居民并没有美国大选的投票权，而弗林特镇的失业工人手中却握有美国大选的选票。对全世界有利或对整个美国有利的事情（如果降低生活成本对美国整体有利的话）并不一定对当地经济有利，也不一定对向美国居民负责的政治家们有利。不管是在美国还是在世界其他地方，总有人感到自己完全没有享受到全球化的红利。由于这场游戏中的输家发出了反对全球化的呼声，目前，全世界范围内出现了一股逆全球化的潮流。这股潮流具体表现为国家主义和孤立主义。有些国家或地区只愿意与和自己亲近的国家或地区签订贸易协定，而不愿意接受全球范围内的自由贸易。国内政治和全球经济成了两个互相冲突的议题。

那么，政府可以采取哪些手段来保护国内衰落的产业和受到自由贸易冲击的区域呢？政府是否还可以采取某些手段来缩小本国的贸易逆差？作为第一步，政府可以限制本国消费者的消费选择。政府可以通过一些手段让中国制造的收音机在价格上不再具有优势，甚至可以让中国制造的收音机从美国的消费市场上完全消失。如果政府希望消费者购买美国制造的商品，就只需要设法提高进口商品的价格，或者让消费者更难买到进口商品。比如，政府可以对进口商品征收关税，或者规定进口商品的配额。

事实上，真正的自由贸易在现实世界中几乎不存在。海关的工作人员会检查旅客的行李中是否有违禁品。进入不丹的商品会因为各种税费而价格翻番。商业上的壁垒无处不在，并且形式多种多样。

在某些情况下，有的国家甚至会对从本国运出的出口商品征收税费，海外买家就必须支付更高的价格。这种行为也许听上去相当奇怪，因为一般来说各个国家都想在价格战中胜过邻国。更加奇怪的是，对出口商品征收关税的国家竟然是中国。但中国确实曾经实施过上述政策。当时，国际粮食价格较高，中国的农民在这种诱惑下纷纷将自己的产品销往海外，中国国内因此出现了粮食短缺的现象。为了扭转贸易不平衡现象，中国政府决定对本国出口的粮食产品征税，以保证本国人民不会饿肚子。中国的人口占世界总人口的 1/5，但是中国只拥有全世界 7% 的可耕种土地。

为了挽救正在走向衰落的产业，政府也可以直接向该产业中的企业提供现金补贴，欧洲一些国家的政府就曾向本国的航空公司提供这样的现金补贴。此外，政府还可以减免这些企业的税费。更直接的做法是控制汇率。一个国家的货币价值越低，其出口商品就会越便宜、越有吸引力。西方国家曾多次指控中国操纵汇率。

钢铁产业是绝佳例子。目前，钢铁贸易新闻是各国媒体的头条新闻。一方面，中国已经迅速成长为全世界的制造业工厂；另一方面，2008 年，中国政府决定通过鼓励国内的建设活动来对抗全球金融危机的冲击。在以上两方面因素的综合作用下，中国国内的建设活动数量大幅提高，中国对钢铁的需求量也随之大幅上升。到 2015 年，中国的钢铁产量已经达到了世界钢铁总产量的一半，其中的大部分满足了中国国内的建设需要。中国政府不仅为生产钢铁所需要的能源提供补贴，还直接向钢铁生产企业提供补贴。这种双重补贴意味着，中国向世界各国出口钢铁的价格比钢铁的正常生产成本还要低。这种做法有一个不太体面的名字——倾销。倾销行为会压低国际市场上的钢铁价格。

很多著名的钢铁生产企业一边努力对抗倒闭的风险，一边对中国的倾销行为进行强烈抗议。几年以后，中国国内的建设步伐放缓，中国国内生产的钢材出现了过剩的现象。中国生产的更多钢材涌入了国际市场，于是国际市场上的钢铁价格进一步下跌。在中国以外的地方，钢铁生产企业被逼到了倒闭的边缘，它们不得不关闭工厂、裁减员工。2016 年，美国国内的钢铁生产量大约只有 1973 年的一半。

美国钢铁产业的衰落不仅影响了前文提到过的“铁锈地带”，还影响了美国的其他地方。出于国家安全方面的考虑，一个国家必须保证粮食、水、武器的自给自足。这些行业通常被称为一个国家的战略性行业。保护本国的战略性行业是非常重要的国家安全政策。

美国（或者其他国家）可以通过一系列的措施来保护国内的行业，顺便收获一些额外利益。如果某种产品的进口价格变得不再有吸引力，国内的零售商就会努力寻找国内制造商。困境中的国内制造商也许可以抓住这样的机会重开工厂，因此这种政策不仅保护了国内的就业机会，甚至还可能创造一些新的就业机会。此外，对进口商品征收关税还能为政府提供额外的收入。所以，对进口商品征收关税不仅对密歇根州的一些家庭有利，而且对整个美国政府的财政状况也有帮助。当然，对中国深圳的工厂而言，这就不是什么好消息了。如果美国实施限制进口的政策，那么某些劳动者的就业岗位也许会因此而受到保护，但当这些劳动者想用工资来消费的时候，他们要付出代价。高关税意味着进口商品的价格会变得更加高昂，于是国内的生活成本也会相应提高。如此一来，本国的央行就会面临加息的压力，民众生计也会受影响。对国内的消费者而言，不仅同样的钱能买到的东西更少了，而且消费选择也变少了，因为某些进口商品可能会从国内市场上完全消失。总的来说，贸易保护政策会拉高国内的生活成本。

许多商品的供应链和生产过程非常复杂。一架美国生产的波音飞机中可能包括英国生产的发动机、加拿大生产的导航无线电装置以及中国出口的金属钛。如果提高对中国进口商品的关税，那么各国政府都将感到头疼。一部 iPhone（苹果手机）中包含世界各地如中国、德国等生产的零部件。如果美国政府不再支持自由贸易，那么苹果公司的客户和硅谷的投资者，以及全球的工人、供应商和消费者的利益都会受到损害。

通过限制对中国商品的进口，美国究竟能在多大程度上重振国内的制造业？事实上，早在美国与其他国家（比如墨西哥）签订自由贸易协定之前，美国国内制造业就业人数就已经出现了下降的趋势。抢走了部分美国工人饭碗的不单是几千千米以外的外国工厂，还有技术。因此，对进口商品征收高额关税并没有多大用处，毕竟，美国制造业现在已经采用机器人作业。

贸易战可能产生巨大的负面影响。2016 年，当时新当选的美国总统特朗普就提出对从中国进口的商品征收 45% 的关税。汇丰银行、大和资本市场等机构的经济学家预测，如果这项政策真的付诸实施，中国对美国出口的商品总量就可能因此下降 50%~85%，也就是说中国对美国出口贸易额的下降幅度可能高达 4 200 亿美元。中国的收入会因此降低，降幅可能高达 5%。数百万个工作岗位将受到威胁。

要了解贸易壁垒的影响，我们可以看一个残酷的真实例子——美国的大萧条。在 20 世纪 20 年代，美国的经济经历了惊人的繁荣：不论是消费、生产，还是股市的投资都出现了大幅、飞速增长。当然，这种过度的增长是不可持续的。1929 年，美国股市崩盘，在此后的一星期中，华尔街的股票价格下跌了 1/3，美国消费者的信心和财富都因此受到重创，消费者支出也随之大幅下降。有些公司解雇了数千名员工。然而，这次经济危机本来只是经济体在过度增长以后的自我修正而已，但美国政府未能及时向金融系统注入资金（"量化宽松"政策）来向其提供必要的支持，使经济危机急剧恶化。接着，美国政府又于 1930 年出台了《斯姆特–霍利关税法》，该法案提高了 890 种进口农业产品的关税。当时，美国和加拿大的大草原地带经历了史无前例的严重沙尘暴和干旱，这场自然灾害被称为“黑色风暴”，美国农民的生产和生计因此受到了巨大的打击。《斯姆特–霍利关税法》的初衷是帮助美国农民。然而，该法案出台以后，美国国内的食品价格飙升，这给因为大萧条而变得贫困的美国人民带来了更加严重的伤害。在美国实施《斯姆特–霍利关税法》以后，其他国家也报复性地提高了关税，世界贸易总量因此下跌了65%。一个世纪之前，美国曾经靠贸易保护主义政策建立起了本国的工业，但是在1930年，贸易保护主义加深了大萧条对美国人民的伤害。

二战结束以后，美国带着贸易战和二战的伤痕把盟友邀请到了谈判桌前，旨在签订削减关税的贸易协定。当时为加强各国在金融政策方面的合作，世界银行和国际货币基金组织刚刚成立，而美国希望能够建立一个类似的组织来促进国际贸易。

1947年，在日内瓦举行的谈判取得了成功。随着《关税及贸易总协定》的签订，各国之间的贸易壁垒开始消除。23个国家间达成了约45 000项贸易优惠协定，受此影响的国际贸易活动的价值总计可达100亿美元。7个月的谈判取得了如此丰硕的成果，着实不错。

《关税及贸易总协定》的签订只是一个开端。各国之间的大部分贸易壁垒仍然存在。上述45 000项贸易优惠协定的目标只是降低关税，而不是完全取消关税。在接下来的半个多世纪中，协商和谈判一直在进行，各国希望为实现世界贸易的自由化建立规则。1995年，世界贸易组织在《关税及贸易总协定》的基础上诞生了。从《关税及贸易总协定》到世界贸易组织可不只是一个组织名称上的变化。《关税及贸易总协定》的目标是创造一套世界贸易的规则，而世界贸易组织将监督执行这些规则并在其基础上管理和促成贸易。世界贸易组织成立后，许多经济体自愿加入了该组织，成员数量一直稳步上升。2001 年，世界贸易组织迎来了它的第 143 个成员——中国。

目前，世界贸易组织已经有超过 160 个成员。虽然占据新闻头条的常常是几个大国，但事实上，在世界贸易组织的成员中，有超过 3/4 的成员属于低收入国家，这些国家正在发展本国的产业。世界贸易组织允许低收入国家设立一定程度的贸易壁垒。事实上，帮助这些发展中国家发展本国的经济也是世界贸易组织的优先工作目标之一。

世界贸易组织工作任务中的相当大的一部分是帮助各成员解决贸易争端。在世界上最大的立法和司法机构中，解决争端的方式是协商一致。是否应该允许中国政府为本国的稻米生产业提供补贴？在 2008 年金融危机以后，美国政府用自己的资金来救助其国内的汽车生产行业，这种做法对其他国家是否公平？为了找到这些问题的答案，世界贸易组织必须像仲裁游乐场纠纷一样仔细审查相关证据。在世界贸易组织成立后的头 20 年中，各成员共提交了约 500 起贸易争端诉讼。

其中大部分诉讼的核心都是倾销。倾销是指某些国家以低于生产成本的价格向其他国家出售商品，比如，很多国家认为中国向其他国家出口低价钢材的行为就是一种倾销行为。政府补贴是出现倾销行为的常见原因。一国生产商自然很难在价格上与他国获得大额补贴的产品进行竞争。然而，从另一个方面来看，世界各国的制造业和建设项目都能从低价的钢材中获益。但是，一旦某个国家被裁定违规，世界贸易组织就可能允许其他国家对该国进行报复。欧盟和美国就根据世界贸易组织的裁定结果对中国的某些低价钢材提高了关税。

总的来说，世界贸易组织创造了一个自由度更高（但并非完全自由）的国际贸易环境。因为自由贸易能够从总体上拉高各国的经济增长速率，因此提供了更多的就业岗位和更高的收入，也为各国的消费者提供了更多的消费选择和更低的商品价格。

在沃尔玛的收银台前，劳伦决定买下一台中国生产的收音机。在她做出这个决定的那一刻，1 美元从她的钱包出发，开始了一场漫长的环球之旅。我们可以由此看到美国的经济繁荣与美国和其他国家之间的贸易密不可分。因为每一位消费者都想追求更高的生活水平，所以每一位消费者都会不断地寻找价格更低廉的商品。为了留住劳伦，不让她去凯马特或者塔吉特购物，沃尔玛必须随时保证其所出售的商品价格足够低廉——最好价格比所有竞争对手都低。为了达到这个目的，沃尔玛必须从报价最低的供货商处进货，不管这些供货商在世界的什么地方。在这个过程中，美元就会流入这些低价供货商的口袋中。

为什么中国和其他国家能够通过低价抢走美国的生意？为什么在中国深圳，中国工人的工资只有美国工人工资的零头？为什么在得克萨斯州，沃尔玛付给收银员的工资是每小时 13 美元，而在中国的沃尔玛分店中，收银员的工资只有每小时 2 美元？

出现上述现象的主要原因是中美人口构成的不同。在中国，适龄劳动力超过 9 亿，而美国的适龄劳动力只有中国的 1/5。并且，中国劳动者的平均年龄也低于美国劳动者的平均年龄。如果你在中国开设一家工厂或者一家超市，并想为自己的企业招聘员工，那么中国会有大量应聘者供你挑选。你只需要支付较低的工资就可以雇到合适的员工。

对中国的劳动者而言，如果不进工厂工作，那么他们面临的其他选择并不是很有吸引力。从传统上来看，许多国家的产业结构一开始以农业为主；接着，从农业转向制造业；然后，再从制造业逐步升为服务业。目前，中国还处在上述过程的早期阶段。在过去的几十年中，很多中国的劳动者面临着以下两种选择：要么在家乡从事辛苦的农业工作，要么去珠三角地区从事工资相对较高的制造业工作。流水线工人可以挣到比农民更高的工资，因为流水线工人必须具备比农民更广泛的职业技能。

即使在今天，中国的制造业和美国的制造业仍然有很大的不同。美国的优势是高技术制造产业，这些产业需要极高的设计水平。相比于生产电灯泡，美国更善于生产飞机。国家要生产这些高科技的产品必须要有更专业的设备和具备专业知识的劳动者，而这些因素又能让该国生产效率变得更高。中国和美国的制造业之所以会有以上区别，在很大程度上是因为美国制造业的起步比中国早很多。美国早在140年前就经历了产业革命。

而中国仅仅在几十年前才刚刚走上世界工厂的道路。在长达一个半世纪的时间里，美国一直拥有更有利于创新和竞争的商业环境。而在过去，中国无法提供鼓励创业的基本框架。从信息的流通到税收系统，再到对知识产权的保护，在以上所有环节中，尤其在对创新成果进行鼓励和保护方面，中国进展缓慢。2015年，美国是世界上最适合企业经营的地方，而中国在这份榜单上仅仅排名第61位。创新的理念常常能提高劳动者的生产效率，进而带来工资的提高。

也许，对史蒂夫·乔布斯这样的企业家来说，在美国确实能更加自由地发展商业创意。但是在某些方面，美国也会给企业家设置更多的限制和要求：劳动者权益保护。从工作场所的健康和安全标准到员工的工作时间，美国的规定都比很多国家的规定严格得多。在一些国家，有些地方的监管部门仍对用童工、不足最低工资、破坏环境的现象睁一只眼闭一只眼。

这类负面新闻引起了许多消费者的不满，为了平息消费者的不满及其他问题，像沃尔玛这样的国际公司决定加强对外国供货商的监管。但是，在隔着几千千米距离的情况下，随时对外国的几万家工厂进行监管并不是一件容易的事情。一些组织称，仍有许多工厂主在通过各种各样的手段逃避监管。

这些问题会带来严重的后果，并且受害的不仅是工厂工人。

在中国天津，某公司无视安全生产主体责任，将有害化学原料违规地储存在离居民区非常近的仓库里，这样的安全隐患最终导致了大型爆炸事故，165 人在爆炸事故中丧生。在某禽业公司，由于安全保障措施缺失、逃生门打不开，121 人在火灾中丧生。

有些人认为，全球化给某些劳动者带来了致命的伤害，而这些劳动者根本没有能力承担这些伤害的后果。

在全球范围内，无数消费者焦急地等待着新一代 iPhone 的推出，iPhone 已经成为一种生活方式的象征。虽然苹果公司的发布会可能是在硅谷举办的，但是 iPhone 的制造地点在几千千米以外的中国——郑州的富士康工厂。2017 年，iPhone 新机型的售价高达 999 美元，这相当于负责生产、组装 iPhone 的中国生产线工人一个月的工资。而在劳伦居住的地方，一个普通美国劳动者只需要不到半个月的时间就能挣够钱。

对生活在发达国家的潮人们来说，iPhone 的高定价让他们觉得很安心。据估计，组装一部 iPhone 的实际成本只有 30 美元左右。就算再加上苹果公司的研发和设计成本，iPhone 的利润率仍然高得惊人——我们不需要有史蒂夫·乔布斯的头脑，也很容易猜到这一点。富士康的工人每天辛苦地装配 iPhone，他们自己却买不起 iPhone。当然 iPhone 本来也不是为这些工人设计的。苹果公司知道，世界各地较富裕的消费者愿意掏钱购买一部新款 iPhone，iPhone 的价格就是针对这些消费者而设定的。

苹果公司还推出了另一款售价较便宜的 iPhone，这款 iPhone 的目标市场是低收入国家。这款 iPhone 在中国的销售成绩并不理想，消费者宁愿选择其他售价较低的手机品牌。尽管如此，中国仍然是苹果公司的核心市场之一，这说明中国存在较富裕的中产阶层，这些人喜欢且买得起 iPhone 顶级机型。全球化的进程导致了西方社会也有收入差距问题。如果用最富裕的阶层和最贫困的阶层之间的距离来度量贫富差距，那么中国的贫富差距和美国的贫富差距基本处于同一水平线上。

从总体上来看，中国的生活成本比美国低。如果我们只看中国人实际花钱购买的东西，那么从衣服到住房，中国各种商品和服务的价格都比美国低（进口智能手机除外）。（当然，我们比较的是全国的平均物价。如果我们非要把中国上海金融区炫目高楼里的物价和美国印第安纳波利斯郊区的物价进行比较，那么我们自然会得出不同的结论。但是我们拿这些例外的情况进行比较并没有太大的意义。）总的来说，中国人的平均工资能在中国买到的东西没有美国人的平均工资能在美国买到的东西多，因此中国劳动者的平均生活水平低于美国劳动者的平均生活水平。再加上中国的污染问题比较严重，总体看来中国人的生活质量可能低于美国人。但是，这样的情况在未来有可能发生改变。

在过去的 50 年中，中国已经发生了天翻地覆的变化。20 世纪中期，中国实现了大规模的工业化。在 20 世纪 80 年代，政府不再规定企业应该生产多少产品，也不再规定企业必须把产品卖给哪个买方。在新政策下，企业可以自行制定工资标准，利润也归自身所有。但最重要的变化是，中国产品可以销往海外了。这一变化使得中国走上了世界工厂的道路。官方的统计数据显示，

1978—2012 年，中国经济以每年近 10% 的速度增长。虽然有些人对这些数据的可信度提出了怀疑，但是中国在上述时段内的经济增长速度确实是美国的好几倍。

中国的劳动者从农村涌向了工厂，他们的收入也随之增加了。1978 年至今，中国共有超过 7 亿人脱贫。麦肯锡咨询公司的一份研究报告估计，中国中产阶层的人数已经从 2000 年的 500 万迅速增长到了 2.25 亿，并且未来还将继续增长。新兴中产阶层的年收入通常在 11 000~43 000 美元，他们大多住在城市，并且拥有自己的房产。从这些特征来看，中国的中产阶层生活和美国的十分类似，但是实际上中美两国的中产阶层是非常不同的。

中国的下一步是什么？随着自由化程度的提高和经济的繁荣，人们的需求和愿望会变得越来越多。过去，低工资也许帮助中国取得了出口方面的成功，但现在中国的工人们已经开始为自己争取更好的待遇。中国工人越来越清楚地认识到自己的价值，因此他们开始要求更高的工资、更短的工作时间以及更好的工作环境。那么，雇主为什么不干脆解雇这些员工，重新招工呢？因为雇主已经不容易招到人了。不管是富士康，还是沃尔玛的供货商，招工都在变得越来越困难，这些雇主必须不断地去更落后的农村地区挖掘潜在劳动者，才能填补用工方面的缺口。

造成上述情况的原因之一是中国政府的人口政策。1979 年，中国出台了计划生育政策。计划生育政策虽然达成了压低高生育率的目标，但也带来了一些负面的影响。某些地区存在的重男轻女的陋俗，导致目前中国的男性比女性多约 3 000 万。除了性别不平衡的问题以外，中国人口的平均年龄也在迅速增加：到 2050 年，每 3 个中国人中就会有一个超过 65 岁。中国的劳动力规模事实上正在不断缩小。

过去，工厂新招来的工人多是十几岁、二十岁的年轻人。现在，工厂能招到的可能是 40 多岁的中年人。工会体系也越来越完善。此外，消费者对血汗工厂的了解越来越多，反对呼声也越来越响亮。这些情况都给雇主带来了压力。

于是，中国工人的工资开始大幅提高。2014 年，全中国的平均工资涨幅达到了 9.5%，这已经是 2000 年以来工资涨幅最低的一年了。虽然西方劳动者的工资可能是中国工人的好几倍，但是中国工人的工资涨幅是西方劳动者做梦也不敢想的。近几年来，中国的实际工资涨幅和政府的五年计划目标的吻合度颇高。如果中国希望内需能成为驱动中国经济的更加重要的因素，那就必须保证消费者的口袋里有钱。

然而，高工资意味着生产成本的提高，中国的工厂因此面临很大的压力。如果中国工厂提高对沃尔玛的供货价格，就有可能失去沃尔玛的订单，因此它们竭尽全力压低成本。压低成本的方式之一是以更好的技术来提高生产的速度和效率。此外，考虑到中国幅员辽阔、地域差异极大，中国的工厂还有其他选择：为什么一定要把工厂建在深圳，等着工人们来深圳打工？为什么不把工厂搬到劳动力成本更低的地方去？比如，富士康就开始在河南、四川和贵州建立手机制造厂。这些地区的工资水平比深圳低得多，土地比深圳便宜，地方政府还愿意提供许多税收方面的优惠政策。但是，把工厂搬去内地并非长久之计。内地的劳动力成本和其他成本最终也会上升，中国的工厂总有一天必须提高对沃尔玛的供货价格。

面对更高的报价，沃尔玛应该怎么办？沃尔玛当然可以继续从中国进货，但是进价的提高意味着利润的下降，利润的下降必然会招来股东的不满。或者，沃尔玛也可以根据进价的变化顺势提高商品的零售价格，但是售价的上调又会招来顾客的不满。他们可能抛弃沃尔玛，改去塔吉特或者凯马特购物。当然，如果中国的商品涨价，那么塔吉特和凯马特很可能也会面对和沃尔玛同样的问题。

沃尔玛还可以选择其他供货商。沃尔玛会不会选择购进美国制造的商品？有可能，但是我们已经说过，就算中国制造的商品涨价了，美国制造的商品的价格可能仍然是中国制造的商品的价格的好几倍。那么，沃尔玛要不要考虑去更远的地方进货？对劳伦这样的消费者而言，他们只考虑以最低的价格买到能买到的最好的东西。于是，赢得沃尔玛订单的可能不再是中国，而是越南或者菲律宾。

和越南工人的工资水平相比，中国工人的工资水平可以说是非常高了。在越南，一名纺织工人的最低工资大约是每月 100 美元，这还不到缝制同样 T 恤的中国工人的工资的 1/5。

现在，从 H&M（服装品牌）到优衣库，在这些跨国高街品牌的商店中，“越南制造”的标签已经十分常见。在劳伦家的衣橱中，情况也是这样。2013 年，沃尔玛在胡志明市设立了一个采购办公室。如今，越南每 20 美元的收入中有 3 美元来自纺织服装行业。纺织服装行业雇用的工人总数已经达到了近 350 万。

但是，和中国相比，越南的企业规模较小。而且，布料和拉链等原材料几乎都得依赖进口。其分销系统也不如中国成熟完善。为了解决上述问题，越南政府已经出台了一系列雄心勃勃的计划，包括修建一个新的机场，以及与欧盟签订贸易协定。越南的纺织服装行业的目标是在未来的 10 年中将出口收入翻一番。

然而，越南政府的上述计划遇上了一个巨大的挫折，那就是美国退出了跨太平洋伙伴关系协定。越南是跨太平洋伙伴关系协定的成员国之一，这一协定本来可以大幅降低美国对越南生产的纺织产品征收的关税（平均关税为 17%）。即便如此，在外贸出口方面，越南仍然是中国的重要竞争对手。对进货商而言，越南的工厂正变得越来越有吸引力。

随着时间的流逝，越南工人的工资水平最终也会上升。到了那个时候，我们又该怎么办？全球零售商会转向下一个能提供低价商品的供货商。孟加拉国和柬埔寨的工资水平比越南低。但是，目前这些国家还缺乏必要的法律法规和合理的生产程序，这些问题导致了孟加拉国首都达卡市拉纳广场工厂的严重火灾，共有 1 100 多人在这次火灾中丧生。因此，目前对西方零售商而言，孟加拉国和柬埔寨还不是最有吸引力的订货地点。但是这些问题在未来都有可能得到改善。除了孟加拉国和柬埔寨以外，缅甸也是一个颇具吸引力的进货地点。现在 H&M 出售的毛衣就是缅甸生产的。目前，这一领域的变化越来越快，竞争程度也越来越高。为了赚到劳伦的美元，许多其他国家也已经加入了这场竞争。

面对日益激烈的竞争，中国又该采取怎样的策略？既然中国已经在简单产品的制造领域中获得了一席之地，并且建立了不错的声誉，中国似乎就应该设法继续保持在这一领域中的地位。但是，小米手机等自主品牌的发展让我们看到，中国在高科技产品的设计和生产方面已经具备了一定的竞争力。高科技产品领域不再是美国的天下。中国中产阶层的规模发生了爆炸性的增长，这些新兴中产阶层的消费习惯代表着存在大量的机会。比如，电子商务巨头阿里巴巴就是借着这股春风发展起来的。阿里巴巴在美国股市上创下了全球金额最高的 IPO（首次公开募股）纪录，阿里巴巴也借此机会强势登上了国际舞台。2016 年，阿里巴巴超过沃尔玛，成了全球最大的零售企业。但是，阿里巴巴并不像沃尔玛那样把商品都陈列在实体店的货架上，而是主要通过虚拟渠道销售。

现在，让我们回到沃尔玛的传统零售方式。在传统实体零售业中，堆满货架的低价商品仍然主要来自中国。在沃尔玛的收银台前，1 美元离开了劳伦的钱包，从美国得克萨斯州流向了 1 万多千米之外的中国深圳。但是，这 1 美元并不会在深圳的收音机工厂待太久。

第 2 章

织出世界的红地毯，
走上世界的红地毯：中国

你是否听说过北京的成方街32号？这个地址可能远不如英国的白金汉宫、美国的白宫或者俄罗斯的克里姆林宫有名，但是这个地址的影响力并不逊色于以上这些著名地标。成方街32号掌握着巨大的经济权力。这种经济权力不仅能影响中国人和其他亚洲人的命运，甚至还能影响世界另一端的居民——如劳伦——的命运。

要找到成方街，你必须首先来到北京的二环路，然后你得朝着北京金融街的方向前进。北京金融街在2008年北京奥运会期间建成，这里的建筑外观常以玻璃材料和钢材为特色。这里是中国的华尔街，这块并不太大的区域中有许多银行和监管机构。这些建筑的外观是西式商业化风格的，但是这块区域中还藏着许多中式的四合院，就像紫禁城周围的老式胡同区域一样。虽然建筑风格是新老结合的，但是这里发生的事情是完全现代化的。中国的股票交易市场在上海，但是中国最大的货币市场和金融市场都在北京金融街的这35个街区里。每一天，流经这里的人民币数量都可以达到数万亿元。

北京金融街的核心就是我们在上文中提到的成方街32号，这个地址有一个更为人所熟知的名字——中国人民银行。自1949年成立以来，中国人民银行一直将办公地点设置在北京。中国人民银行的办公地点是一座马蹄形的建筑，这栋面积并不大的建筑正变得越来越拥挤。中国人民银行的办公大楼只有9层高，和周围那些耀眼的现代摩天楼相比，真是一点儿也不起眼。但是，大家可千万不要被这座建筑的外表欺骗了。在这座低调的建筑中办公的机构影响着全世界数十亿人的经济命运。

央行系统至今仍留有国有制和政府管控的元素，我们追踪的这1美元接下来就要流入这个系统。自1949年成立以来，在近30年的时间中，中国人民银行既是管理金融的国家机关，又是全国经营银行业务的国家银行。后来，中国成了一个向世界开放的大型经济体，因此就算中国人民银行在全国各地都有分理处，它也实在是无法满足这个大型经济体的复杂金融需求了。因为中国人民银行的业务发展得非常好，央行已经处于超负荷运转状况。自20世纪70年代起，中国农业银行、中国银行、中国工商银行等相继恢复、改革或新设。

离开美国得克萨斯州以后，劳伦的1美元来到了中国深圳的明天电子公司。明天电子公司的工厂机器轰鸣，和其他几千家工厂一起为了生存和发展而竞争。深圳不仅是中国制造业的心脏地带，还在逐渐成长为中国的硅谷。这里既有创新和研发，又有制造和生产。为了参与这些经济活动，明天电子公司需要的不是美元，而是人民币。明天电子公司需要用人民币来支付员工的工资，需要用人民币去华强北的电子市场上购买元件——深圳华强北的电子市场共有10层楼，是中国规模最大的电子市场。有了元件和员工以后，明天电子公司就可以投资研发新的产品，比如，无人机和相机。研发部门令明天电子公司的产品领先于“山寨产品”。这些山寨产品生产起来很快，生产成本也比正品低很多。

明天电子公司的财务人员会把劳伦的1美元交给商业银行，商业银行将其兑换成人民币。兑换外币的方式有两种，一种是直接用美元纸币兑换人民币纸币，还有一种是把美元变成公司银行账户里的人民币。在此之后，这 1 美元去了哪里？央行对进入中国的外币实施严格的管控。这 1 美元会通过一层一层的银行“食物链”，最终来到中国人民银行的金库中。中国人民银行的金库里有许多美元，这 1 美元在那里一定不会感到孤单。

在全球化的游戏中，中国可能是新玩家。但是，中国已经意识到，不论是在国内还是在国外，美元都有巨大的影响力，因此中国很重视美元。在过去的 70 年中，中国在经济发展方面取得了举世瞩目的成就，在未来，中国很可能会继续保持这种势头。中国之所以能在世界舞台上取得成功，在一定程度上是因为避开了竞争对手的注意。如今，中国这颗经济之星如日中天，中国所处的区域正在展开一场巨大的权力角逐。

在 20 世纪后半叶，亚洲舞台上最耀眼的明星是日本。索尼、丰田等家喻户晓的民用品牌都来自日本。而在高科技小型设备的领域中，日本厂家更是各大销售商的首选生产商。但是，快速上升的经济新星有时也难逃快速陨落的命运。在日本，对本国经济的过度自信导致了过高的通货膨胀率。20 世纪 90 年代初，现实终于给了日本致命的一击，先是股市崩盘，接着整个国家的经济快速下滑。日本经济崩溃的负面影响辐射到了周边，韩国和中国台湾的经济都因此受到了冲击。泡沫破灭后的日本迎来了“失去的 10 年”：在这 10 年中，日本经济增长疲软，也很少有新的就业机会。当日本经济一蹶不振时，中国却成了国际舞台上最闪亮的新星。

当然，日本仍然是世界领先的经济大国。从规模上来看，日本仍是世界排名前三位的经济体，并且日本的经济已经出现了重新走向繁荣的势头。虽然日本在新闻报道中获得的关注（或者批评）可能不及中国多，但是为了争夺亚洲的第一把交椅，中日两国之间的竞争从来就没有停止过。同时，为了给产品找到消费者，并在区域中取得成功，两国又不得不高度依赖对方，导致中日两国“对手戏”不少。传统上，中国负责制造基本的元件，而日本负责用这些元件装配出复杂的高科技设备。同时，日本也生产复杂的元件，而中国靠这些元件来生产各种商品，比如，手机。中日两国生产出来的产品都需要外国市场来消化，因此中国需要日本的消费者，日本也需要中国的消费者。由于中国的高科技产业目前正在高速发展，日本面临着丧失这方面优势的风险。

在上一章中我们看到，中国之所以迫切地要赚到劳伦的 1 美元，是因为这 1 美元能为中国和收音机生产商——明天电子公司创造收入和工作岗位。但是，中国想要争夺的东西并不只是收入和工作岗位。中美之间的贸易关系关乎金钱，但不仅仅关乎金钱。中国还想获得国际舞台的中心位置。

是谁促成了中国经济的惊人发展？要回答这个问题，我必须向读者介绍周小川。周小川从 2002 年开始担任中国人民银行的行长。周小川的专业是化学工程，在西方人看来，学这个专业的人似乎不太可能出任央行的行长。周小川曾务农，后来转入学术界工作，他的研究领域是设计中国的经济改革方向。2002—2018年，周小川一直是央行行长。而世界各国的大部分央行行长的任期远没有这么长。周小川为什么能在这个位子上坐这么久？人们都知道，周小川支持现代化，在他担任央行行长期间，中国经济和人民币的价值都一路走高。在经济领域中，中国经常要面对一些此前从未经历过的情况，周小川的出色表现让人们相信，他是最有能力应对复杂情况的人之一。

中国商务部在贸易前线的努力为成千上万家中国企业铺平了出口之路，因此这些企业才能继续向沃尔玛供货，才能继续赚到像劳伦这样的美国消费者口袋里的美元。与此同时，周小川则负责给这些企业的成立和发展提供良好的环境，然后这些企业才能满足外国消费者的需求；他还负责为这些企业提供方便的金融服务，让它们可以更轻松地把收入存入银行，把美元换成人民币，再用人民币来支付企业运营的各项开支。中国的对外贸易与中国金融系统的演进之间有着千丝万缕的联系。

自 1949 年以来，中国已经逐步崛起，开始与美国和强大的美元争夺国际舞台的核心位置。中国希望自主行事，获取大量收入，然而这需要美国继续扮演重要的角色。

中国就像一家生意兴隆的企业，每天都有大量的金钱流入中国。在过去的这些年中，中国一直在向美国（以及其他国家）出口收音机和其他商品。中国的钱袋迅速地鼓了起来，大量的现金流入了央行的金库。这些收入主要是靠出口商品得来的，被称为“外汇储备”。中国（以及其他国家）常常会以外币（一般来说是美元或者日元）或者黄金的形式来持有这笔外汇储备。除了美元、日元和黄金以外，央行还可以选择任何能快速变现的资产作为外汇储备。这些外汇储备可以用于贸易。在紧急情况下，央行还可以用这些外汇储备来挽救本国的经济。在中国，外汇储备的组成以及存放地点都属于国家机密。我们几乎可以肯定，央行应该会以电子的形式持有劳伦花出去的那 1 美元，而以黄金形式持有的外汇储备则可能储存在北京的某个金库里，或者储存在某个由军队严密监控的地点。

不管这些外汇储备存放在哪里，我们可以肯定的是，成方街 32 号具有这些外汇储备的控制权。这些外汇储备是成方街 32 号的权力基础。中国靠出口低价商品积累了大量财富。产生这种低价优势的原因有两个：一是中国确实能以很低的生产成本组装出收音机，二是和中国货币的价格有关。

当明天电子公司去银行把 1 美元换成人民币时，这 1 美元只是从美国流向中国的数十亿美元中的一个很小的组成部分。从中国流向美国的金钱远比从美国流向中国的金钱少。由于中国人民银行要求企业把这些美元都存入银行，因此中国境内的所有美元事实上都归央行所有。明天电子公司兑换外币的行为实质是在用赚到的美元向银行购买本国的货币，即用一种货币交换另一种货币。

在兑换货币时，我们必须用一种货币来表示另一种货币的价格，这个价格就叫作“汇率”。如果所有持有美元的人都想把美元换成人民币，人民币的价格就会上升。这只是简单的供需关系：如果人民币数量有限，而所有人都想要人民币，那么人们就必须出更高的价格（这个价格以美元计）才能买到人民币。

在关于华尔街的电影里，我们常常看到穿着条纹衬衣的交易员在交易大厅里急急忙忙地打着电话。虽然这是电影里的老套桥段，但世界各地的货币交易室里，确实有很多这样的交易员。这些男人（现在已经有越来越多的女交易员）正忙着匹配各种货币的需求和供给，以决定外汇市场上的汇率。如果想买美元的人比想卖美元的人多，美元的价格就会上升。如果中国向美国出口的商品比美国向中国出口的商品多，对人民币的需求就会上升，于是人民币的汇率就会上升。

但是以上只是理论上应该发生的情形。央行的职能之一是保证经济体中有足够多的货币，这样才能保持经济体的正常运转。如果我们把一个经济体比作一个轮子，那么央行发行的硬币和纸币就是保持经济之轮运转的燃料。央行首先设定想要维持的汇率，然后必须印出足够多的本币，保证所有想把外币换成本币的人都能以上述汇率兑到本币。（这么做是有风险的。如果央行把过多的货币过快地注入经济体中，这就会导致经济体中货币太多而商品太少。于是，过多的货币去竞争过少的商品，对商品的需求快速上升，物价也就随之快速上升，也就是说，这么做会导致高通货膨胀率。为了避免这种情况发生，央行会通过一种名叫“冲销”的技术手段来完成调控货币供应量的任务。“冲销”是指央行通过向公众出售债券来吸收经济体中过多的现金。）

目前，世界上的许多国家都采用浮动汇率制，即让汇率自由浮动。浮动汇率制下的货币在世界各地的外汇交易市场上都可以合法地自由交易，市场的供需情况会自动决定这种货币的价值。而中国并不采用浮动汇率制。中国人民银行通过对外贸易政策和其他政策来管理人民币的汇率。多年来，中国尽一切可能提高自己的出口能力，人民币的汇率一直低于其真实价值。从表面上看，强势的汇率似乎更好。本国货币的强势汇率象征着照亮世界每个角落的权力和影响力，象征着对本国经济的信心。那么，人民币为什么不和美元竞争强势货币的宝座呢？

随着中国出口业的繁荣，如果人民币的汇率上升的话，中国出口的产品对别国而言就会变得比较贵。假设一台中国制造的收音机的人民币价格不变，但人民币的汇率上升，这台收音机的美元价格就会立刻上升。因此对美国的消费者而言，中国制造的商品的吸引力也就下降了。收音机价签上的数字只要上升几美元，像劳伦这样的消费者很可能就会把它放回货架上。如果中国制造的收音机和美国制造的收音机差价不大，她也许就会购买美国制造的收音机。或者，她也有可能考虑购买韩国或者日本生产的收音机。这样的情况会严重打击中国的制造企业，也会让中国蒙受损失。

中国通过向世界各国大量出口商品成了世界上经济最繁荣的国家之一。通过向美国出口商品，中国把劳伦的收入变成了自己的收入。人民币的低汇率可以使中国出口给沃尔玛的商品保持令消费者无法抗拒的价格优势。低汇率等于低廉的出口价格。（同时，低汇率也使得进口商品显得更昂贵，于是中国的消费者会更愿意购买国货，而不那么愿意购买进口商品。）相反地，美元的高汇率有可能会拉低美国的经济增长速率——因为高汇率会让美国出口的商品更贵，这对美国的出口贸易不利。

央行对汇率实施管理有许多好处。这样做不仅能够在出口方面取得比较优势，还能提高货币的确定性，并在一定程度上保证货币的稳定性。企业和消费者都能够更加准确地预判商品的价格，于是他们就对未来的情况更确定、更有信心，企业会更愿意投资，消费者会更愿意消费。

保持美元汇率（理想状况是持续升值）还有一个好处：如果美元的汇率高，中国多年来积累的外汇储备的价值也就高了，中国的财富也就多了。

如果管理汇率政策给中国带来了这么大的好处，那么与中国竞争的国家为什么不效仿中国的政策呢？事实上，很多国家都尝试过管理汇率的政策（目前世界上大约有一半的国家仍然在尝试）。对央行和国内的民众来说，管理汇率是需要付出代价的。如果一个国家的货币汇率非常低，那么该国的出口商品便宜，但是该国从别国进口的商品就会变得非常贵。如果这个国家的食品必须在很大程度上依赖进口，那么显然压低货币汇率的负面影响是很大的。压低货币汇率对该国的企业有利，但是对该国的民众不利。

固定汇率制也许是一种过于极端的选择。中国只需要看看邻国，就能找到因固定汇率制而付出高昂代价的例子。在20世纪90年代，许多亚洲经济体在世界舞台上大放异彩。韩国、泰国和印度尼西亚曾被称为亚洲经济的“四小龙”或“四小虎”之一，当时，人们相信这些国家将飞黄腾达。靠着出口业的繁荣，这些国家的经济高速发展。因为大家都想在这股淘金热中分一杯羹，对泰铢的需求被迅速推高。然而，后来投资者们又怀疑泰国经济无法长期保持强势，这种悲观情绪导致投资者将大量资金撤出泰国，对泰铢的需求也因此急剧下降。当时，泰国政府对泰铢对美元的汇率实施严格控制。一般来说，如果他国对本国货币的需求突然下降，那么该国央行会拿出自己的资金来拉高对本国货币的需求，从而抬高本国货币的价值。但是，在泰国的例子中，泰国政府及其盟友没有能力向泰国经济体快速注入大量泰铢，于是泰铢的汇率无可挽回地继续下跌。泰铢的暴跌给该区域内各国的股市和货币都带来了巨大的负面冲击，亚洲金融危机随之全面爆发。由于多米诺效应，其他亚洲“小虎”也被波及。日本也受到了很大的影响。试图保持固定汇率的国家可能会为此付出高昂的代价，并给整个经济体带来各种问题。

许多国家决定让本国货币的汇率自由浮动，这种汇率政策实施起来更简单，从整体上看也更有利。如果某个国家对从美国进口的商品的需求突然下降，那么其对美元的需求也会突然大幅下降，美元的汇率也会自动下降。美元汇率下降以后，从美国进口的商品变得更便宜了，于是从美国进口的商品的吸引力会自动提高，该国对从美国进口的商品的需求也会自动回升。浮动汇率制能够自动吸收贸易情况的波动。（但这种情况只在理论上成立。在实际中，国家要想靠浮动汇率制自动吸收贸易情况的波动，就必须保证对进出口商品的需求能够及时响应价格的变化，然而，实际并非如此。）

选择浮动汇率制的国家认为中国的汇率管理政策是一种不正当的行为。多年来，西方的一些政客一直宣扬这样一种论调：中国通过压低汇率来压低出口商品的价格。中国在汇率方面的“不正当”优势导致美国的制造企业完全无法与明天电子公司竞争，劳伦的钱就这样被中国赚走了。

还有一些西方国家认为，中国一直在靠极端的控制手段来促进本国商品的出口，这种行为给各国的制造企业带来了灾难，这类悲惨的故事经常出现在各国媒体的头条上。西方国家经常指责中国是“在贸易方面采取不正当竞争手段”的“汇率操控国”。这种说法并不只是小报的煽情言论。包括美国总统在内的许多高级政客都曾声称中国作弊，称其是一种以“搞垮”美国为目的的“不惜一切代价的货币战争”。

美国一直指控中国通过秘密手段抢夺美国的生意，与美国的制造商进行不正当竞争，并且造成了美国的巨大贸易赤字。

多年来，中国牢牢地掌握着靠出口积累起来的外汇储备。这笔外汇储备的金额高达数万亿美元。但是，中国人民银行并不会把这一大笔外汇储备都放在成方街 32 号的地下室里，就像精明的投资者不会把自己的现金都藏在床垫下面一样。它们被用来投资中国的未来。

如果你手中握有花不完的金钱，那么你会买什么？如果劳伦或者明天电子公司有几百万美元的资产，那么可能会买一栋度假屋，甚至买一个热带岛屿，再买一架私人飞机或者一艘游艇。如果你手中的钱比这些奢侈品的总价还要多好多倍，那么你打算怎么花这笔钱？用这笔钱来消除世界上所有的饥饿和疾病？微软公司的创始人比尔·盖茨拥有近 1 000 亿美元的个人资产，他决定从中拿出可观的一部分来做慈善。他的目标是彻底消除疟疾这种传染病。然而，中国人民银行手中的钱比比尔·盖茨的家产还要多。中国人民银行可以用这笔钱做什么？

明天电子公司把从劳伦那里赚来的美元存进了中国工商银行，并提供了相关的文件，以证明这些美元是通过合法贸易途径得到的。穿着整洁的西装，戴着金边眼镜，头发似乎变得稀疏，平易近人——这位拥有银行经理人的典型外表的人就是时任中国工商银行董事长易会满。因为中国通过出口贸易积累了大笔的资金，因此中国工商银行目前是全世界最大的银行，而掌握着银行金库钥匙的人就是易会满。虽然易会满于 2016 年担任中国工商银行的董事长，但是他已经在中国工商银行工作了 30 多年了。在这 30 多年间，易会满见证了银行资产的爆炸性增长。

数额巨大的美元源源不断地流入中国工商银行。易会满必须把这些美元送到中国人民银行，然后按照中国人民银行规定的汇率兑换成人民币。这一系列操作的最终结果是，明天电子公司获得了人民币，中国人民银行获得了美元。接下来，中国人民银行会把美元交给国家外汇管理局。国家外汇管理局会如何处理这笔钱？

不管是只有一小笔应急储蓄的劳伦，还是坐拥巨额财富的中国国家外汇管理局，都必须面对一条投资原则：把钱放着是没用的。物价会上涨，同一笔钱能买到的东西会减少，因此这笔钱的“实际”价值就会降低。为了达到保值甚至增值的目的，资金的持有者必须用手头的钱进行投资。

也许金钱买不到幸福，但是金钱至少可以买到更多的选择。一个人手头的钱越多，他面对的选择也就越多。任何手上有多余资金的人，也就是我们所说的“投资者”，都会面临各式各样的投资选择。做投资决策就像在餐馆里点菜一样，影响投资选择的因素包括投资者的预算、偏好以及“胃口”。

有的人喜欢吃快餐。但快餐的风险比较大，因为快餐店里食物的味道既可能不错，也有可能令你想吐，两者的概率也许各占一半。股票——公司的股份——就是投资界的炸鸡。如果投资者选择买股票，那么他得到的“主菜”是公司的一小部分所有权，

“配菜”是拥有对该公司的影响力（投票权）。如果投资者对权力的胃口很大，希望自己能对公司产生很大的影响力，那么他应该怎么办？这样的投资者可以选择购买公司的大量股票。而如果投资者对权力的胃口不大，那么他可以选择只持有公司的一小部分股票。如果公司的股价上升，投资者就可以卖出股票，获得一份不错的利润。当然公司的股价也有可能会下跌，这就仿佛难吃的食物会在你的嘴里留下不怎么美妙的味道。

如果你觉得快餐的风险过高，那么你也可以选择经典菜，当然这些经典菜对味蕾的刺激可能没有快餐那么强烈。投资界的“经典菜”是政府债券。为了承担各项开支，政府会发行债券来筹集资金，弥补税收收入的不足。购买政府债券的投资者相当于向政府提供了一笔贷款。如果你购买了一些政府债券，政府就会向你支付利息。当这笔贷款到期时，政府还要归还你的本金。一般来说，政府债券的风险较低，因为政府的信用和偿还能力都是比较有保障的，但是这种投资方式提供的利息也相应较低。与经典菜一样，政府债券虽然比较无聊，但是相当安全。

除了以上的两种选择以外，食客还可以考虑餐馆的“特别推荐菜”。餐馆会在他们的“特别推荐菜”上下很多功夫。食客可能需要提前预订，甚至需要提前付款。在投资界，这类“特别推荐菜”一般是长期的投资，比如，为一个建筑项目融资。选择这类菜肴的食客必须抱着对美食的期望耐心地等待上菜，而投资者也同样必须耐心等待，才能看到投资的结果是好还是坏。有时候，这类投资的结果并没有投资者预想得那么好。在这类投资中，风险总是存在的。

事实证明，中国认为，处理这笔巨大的外汇储备的最佳方式是把其中的很大一部分再次送回美国。大家都知道，中国购买了巨额的美国国库债券（以下简称“美国国债”）。很多年来，日本等国一直在购买投资界的“经典菜”——政府债券，而中国当时还不具备这样的财力。现在，中国有了巨额的外汇储备，终于可以尽情地点这道菜了。

从投资规律的角度来看，低风险意味着低回报。但是如果一位投资者手上握有 3 万亿美元的政府债券，那么 1% 的利息也是一个天文数字。中国的手中就握着 3 万亿美元的美国国债。如果中国需要现金，那么中国也可以很快地把美国国债变现。

美国是世界上最强大的国家，因此美国国债被视作一种十分安全的投资：低风险、合理的回报率、容易变现。难怪中国购入了数额如此巨大的美国国债。但是，中国的这项投资决策并不仅仅是一项合理的金融决策——中国选择美国和美元，背后还有战略性的考虑。

1944 年，在美国新罕布什尔州山区的一家酒店举行了一次重要的会议，正是这次会议确定了美元在世界金融体系中的核心地位。这次会议的目标是建立稳定的国际金融系统。这次会议上诞生了以酒店所在地布雷顿森林命名的协议——《布雷顿森林协议》，这项协议主要是由美方的官员起草和促成的。《布雷顿森林协议》规定美元为世界的储备货币，也就是说美元是世界贸易的官方货币，大部分国际贸易都要用美元来结算。于是，美元成了世界各国都渴望拥有的重要资源。《布雷顿森林协议》还规定世界上的大部分货币都与美元挂钩，但允许汇率在一定范围内浮动，这种汇率制度叫作“钉住汇率制”。而美元的价值则与黄金挂钩。为了保证这个僵硬的布雷顿森林体系能够稳定存续，资金的流动必须受到严格管制。国际货币基金组织因此成立，该组织的任务之一是对美国发行的美元数量进行监管。布雷顿森林体系的目标是保持世界金融体系的稳定性，但是这个体系并没有取得成功。

到了 20 世纪 70 年代初，大部分货币管制措施以及固定汇率制都被放开了。各国的经济不断增长，差异越来越大。事实证明布雷顿森林体系中的这套让各国的货币价格保持稳定的做法，操作起来太过复杂，代价也太大，在现实中根本行不通。25 年以后，泰国经历了金融危机。泰国金融危机产生的根源和布雷顿森林体系下的固定汇率制无法存续的原因是非常类似的。

虽然固定汇率制崩溃了，但是有一件事情并没有改变：美元仍然是世界主要储备货币。在世界各国央行持有的现金中，美元占到了 70%。美元仍是国际贸易的标准结算货币。既然美元为王的时代并未结束，美国政府发行的国债自然继续被视为声誉最高、最安全的债券。然而，有些人相信，随着中国在国际舞台上占据越来越重要的地位，人民币有可能会取代美元成为世界上最重要的货币。中国的巨额外汇储备让中国手中有了安全、稳定的收入，这笔收入是中国权力增长的坚实基础。同时，中国的巨额外汇储备还使得中国对美国享有一定的控制权。

让我们从另外一个角度看这个问题。因为中国制造的商品的价格特别低廉，像劳伦这样的美国消费者无法停止购买中国制造的商品。于是，这些消费者手中的美元就会源源不断地流向中国，而中国政府可以用这些美元来购买美国国债。美国政府通过发行国债来筹集资金，这些资金可以用于修建学校，也可以用于支付老人的退休金和军饷。这些通过发行国债筹来的资金在美国的经济体中流动，让劳伦能够每周去沃尔玛购物。因此，中国拥有美国政府的部分债权，中国在为美国人民提供资金。美国人继续消费，中国人负责买单。

美国政府为什么要靠发行那么多国债来“喂饱”这台巨大的经济机器？实情是美国政府并没有太多其他的选择。美国的每一项支出，比如，军事开支，美国老龄化导致的更多的退休金需求和医疗开支，金融危机的烂摊子，都需要大量的资金。近年来，美国政府和其他国家的政府一样，一直疲于筹集足够的资金应对各项开支。和世界上的大部分国家一样，美国希望保持收支平衡。但是在无法做到收支平衡的时候，美国政府就必须举债，因此美国的国债数额一直在增长。债券是一种成本很低的借贷方式，债券的利率比美国国内银行贷款的平均利率低得多。而像中国这样的国家又很愿意大量购买美国国债。

我们追踪的 1 美元纸币是在美国印刷的，也是在美国郊区的一家沃尔玛里花出去的。但是这 1 美元究竟属于劳伦，还是属于明天电子公司，还是属于中国政府？这个问题并没有明确的答案。

劳伦用美元来支付自己家的房屋抵押贷款。她的贷款利率并不高，这在一定程度上必须感谢中国。为什么这么说？当他国对某国国债的需求较高，该国国债的价格就会上升。由于中国对美国国债的需求很高，所以美国国债的价格会因此上升。国债的价格高意味着发行国债的政府只需要承诺支付跟从前一样多的利息和本金，就能在卖出国债的时候融到更多的资金。也就是说，美国政府的实际借贷利息更低了，中国这位“放款人”获得的“回报”——债券的“收益率”也更低了。这种情况会影响美国的整个金融系统，具体表现为普通美国人的借贷利息也跟着下降了。所以劳伦的房屋抵押贷款利率也变低了。同时，由于从中国进口的商品价格低廉，美国的物价也可以保持在比较低的水平上，低物价同样能拉低利率。

也许在劳伦看来，她生活中的所有元素都是完全美国化的：她在美国工作，挣的工资是美元，然后她将这些美元花在本地的超级市场里，这些美元可用于支付超市员工的工资——超市的员工是劳伦的邻居，也是地地道道的本地人。然而，劳伦的消费选择已经决定了控制她财务情况的所有关键因素都受到1万多千米以外的中国的影响：收入，她购买的商品的价格，以及她支付的利率。

那么，对美国来说，这样的情况难道不危险吗？如果中国突然决定退出，把手上的大量美国国债通通卖出，那么美国应该怎么办？中国是否已经基本上控制住了美国经济？美国经济是否有可能成为地缘政治权力之争的“人质”？

2016年，中国对其手头持有的资产进行了调整和重组，抛售了价值1 880亿美元的美国国债。当时特朗普刚当选美国总统，而他对中国的敌对态度众所周知。很快，世界各大金融媒体上就出现了令人不安的头条消息——“美国最大的债权国抛售美国国债以警告特朗普”。但是，这些被中国抛售的美国国债很快就找到了新的买主。价值数亿美元甚至数十亿美元的债券易主，但是在美国的各家沃尔玛超市中，在美国各地的商业办公室中，人们的生活似乎并没有受到什么影响。虽然中国对美国经济有一定的制约权，但中国并不是美国唯一的债主，美国也并不是完全离不开中国。美国彭博社的一位记者曾这样说：“别紧张。就算中国抛售美国的国债，我们也会继续生存下去。”

但是，由于美国的负债水平正变得越来越高，许多人对这个问题表示了担心。对美国国债的需求一直居高不下，这种情况鼓励美国政府不断进行借贷。好在，中国并不是唯一一个对美国国债感兴趣的国家，美国国债在全世界都很受欢迎。美国国债被视为投资者的安全天堂。长期以来，日本就十分钟爱美国国债。2016 年，日本取代中国，成了持有美国国债数量最多的国家，这意味着日本对美国的影响力超过了中国对美国的影响力。

仅次于日本和中国的美国国债持有者并非当今世界上的超级大国。2010 年，爱尔兰持有约 2 300 亿美元的美国国债。更令人吃惊的是，开曼群岛居然也是美国的一位大债主。开曼群岛占据加勒比海上的一块很小的领土，人口只有 6 万，但其持有 2 650 亿美元的美国国债。但是，不管是在爱尔兰还是在开曼群岛，持有这些债券的都不是央行，而是公司。由于爱尔兰和开曼群岛的税收政策对公司十分有利，因此许多对冲基金和其他金融机构都愿意开办业务。即使是出手最阔绰的金融机构，也需要将部分资金放在安全的地方，美国国债就是一种非常安全的投资选择。在第 8 章中，我们还会进一步讨论这些金融机构。

但是，为什么中美之间的国债投资一直是一种单向投资？为什么中国一直购入美国国债，美国却不投资中国国债？中国政府当然也发行自己的国债，就像日本和其他国家那样。中国政府虽然总计发行了 9 万亿美元的中国国债，但不允许外国投资者购买这些国债，这种做法是相当不寻常的。直到 2017 年 7 月，中国才宣布允许外国投资者购买中国国债，这是中国开放货币市场、吸引外国资金的举措之一。这一政策变化可能启动新一轮的区域权力变化甚至全球权力变化。

虽然中美两国之间的这种相互依赖的关系已经在国际政治舞台上造成了一些紧张的气氛，但这并不意味着中国大量持有美国国债会将美国变为“人质”。美国国债既是投资者的安全天堂，又能让债权人对美国施加影响。因此如果中国想抛售手中的美国国债，那么世界上还有其他国家愿意接手。中国人民银行和日本银行能够影响在沃尔玛超市购物的美国消费者的命运，但同时美国消费者也决定着明天电子公司的命运。

通过大量积累美元，中国不仅获得了巨额的财富，还获得了巨大的国际影响力。中国通过外贸出口获得的美元越多，中国政府手中的权力也就越大。然而，这是一场动态游戏。目前，中国在外贸方面的垄断地位已经受到了越南和韩国等国的挑战。

中国面临着来自各方面的风险。由于中国持有大量美国国债，有些人认为美国过度依赖中国。但是，美国对中国的高度依赖也意味着中国高度依赖美国的消费市场。这已经成为中国的一个弱点。除了依赖美国的消费市场，中国还依赖美元。所有问题的核心都是，经济增长点究竟在哪里？这是世界上的每一个国家都在面临的挑战。然而，究竟什么是经济增长？一个国家究竟应该如何实现经济增长？

经济增长意味着收入的提高，也就是 GDP（国内生产总值）的提高。GDP 是指一个国家一年生产的所有东西的总和。农场的农产品，建筑工地的大楼，像明天电子公司这样的（民营或国有）企业生产出来的产品都是 GDP 的一部分。度量 GDP 的方法有 3 种：将国内的所有支出加总，将国内生产的所有产品的价值加总，将国内所有人的收入加总。提高一个国家的 GDP 增长率就意味着让这个国家变得更加富裕。提高 GDP 增长率的方法有很多种。上述 3 种度量 GDP 的方法就像三胞胎那样，并没有哪一种计算方法优于其他计算方法。而且在计算 GDP 的时候，我们计算的是数百万企业和个人的产出，因此不同计算方法的结果之间难免会出现一些小的差异。

中国将经济发展的重点放在工业和制造业上。也许生产出大量的商品并不难，但是谁来购买这些商品？随着中国的收入的提高，中国的工人也拥有了更高的消费能力。但是，和美国市场的消费能力相比，中国市场的消费能力从目前来看仍然相对有限。因此，对中国来说，把吸引美国消费者作为主要目标仍然是一种非常合理的策略。和中国的消费者相比，美国的消费者不仅有能力购买更多的商品，而且能更轻松地负担价格较高的商品（比如iPhone）。

然而，将致富的希望寄托在富裕的海外消费者身上是一种有风险的策略。这种策略是一把“双刃剑”。毕竟“水能载舟，亦能覆舟”。

如果他国对中国出口商品的需求枯竭，那么国际市场会出现怎样的情况？2008年全球金融危机发生之后，2008年10月—2009年3月，国际贸易量锐减。在这段时间内，国际贸易量下降到了之前的5/6。由于美国是这场金融危机的源头，美国市场对海外商品的需求下降得尤其明显。这一事件给了中国政府一个警示：如果美国政府想发行美国国债，那么也许它随时都可以依靠中国这个买家；但中国未必总能依靠美国的消费市场，因为劳伦不是每个发薪日都愿意在沃尔玛掏出大叠的美元消费。如果劳伦担心下个月的家庭收入没有着落，她很可能就不会在沃尔玛购买那么多中国制造的商品。

在外贸有利可图的时候，各种各样的中国工厂和制造企业如雨后春笋般冒出来，钢铁厂都在开足马力生产钢材。如今，中国面临产能过剩的问题。当然，在中国，受到上述情况影响的主要是国有企业。中国政府手中突然多出了许多卖不掉的商品，这不仅带来了高昂的成本，而且令人头痛。为了保持经济增长，中国政府不得不将眼光转向国内市场。中国政府决定扩大内需，让国内的消费者购买本来准备卖给美国消费者的商品。

中国政府的愿望是把国内的消费者培养得更像劳伦，希望国内的消费者不仅购买像食品和饮料这样的必需品，还愿意偶尔掏钱获得一些额外的享受。中国经济总体增长率的高低主要取决于消费者愿意在这些非必需品上花多少钱。从平均数据上看，中国家庭现在已经有能力花钱购买一些非必需品了。这一购买力的潜力巨大，值得挖掘。中国居民家庭的总收入目前已经达到了每年 5 万亿美元。

不管是对中国政府而言，还是对中国的民众而言，这都是一次巨大的观念转变。事实证明，这次转变的成果喜人。在 2016 年上半年，中国的经济增长大约有 3/4 来自国内居民的消费。向美国出口收音机、赚到劳伦口袋里的美元已经不再是中国的第一要务。随着中国居民收入的增长，国外的各种高级品牌纷纷扩大在华销售。在短短一年的时间内，电影的票房收入上升了 50%。境外旅游业也展现出惊人的热度：2017 年大约有 7 000 万中国人出国旅游。中国目前是全球最大的汽车生产国。运动型多用途汽车市场高速发展：这种耗油量巨大的车型曾经是美式消费主义的象征。2015 年，中国服务板块（包括商店、餐馆等行业）的收入首次超过了中国经济总收入的一半。

中国消费者不断增长的消费欲望对美国也有好处，虽然密歇根州弗林特镇的居民未必能享受到这种好处。中国对美国的贸易顺差是 3 670 亿美元。这个数字也可以被称为中国的“有形贸易差额”，因为这个数字涵盖了各种看得见、可计数的有形商品。但是，除了有形商品以外，另一类看不见的商品也可以跨国交易，这类商品主要是服务。中国对美国生产的无形商品有着巨大的需求，比如，好莱坞电影。每年，中国政府只批准引进 34 部外国电影，也就是说能在中国电影院放映的外国影片最多只能有 34 部。即使在这样的限制下，美国的好片的名字仍然经常出现在中国院线的票房排行榜上（当然我们在这些排行榜上也经常可以看到一些美国烂片的名字）。中国的观影人口众多。据估计，在未来的几年中，中国院线的票房收入就会赶上美国院线的票房收入。此外，美国还从中国旅游者身上赚到了不少钱。随着中国居民收入的提高，2015 年，中国人花在旅游上的钱达到了 2 500 亿美元。再加上在教育、软件许可、金融以及其他领域中的支出，中国已经成为美国输出的服务的第四大海外买家。事实上，在服务领域中，美国 2016 年对中国产生了 370 亿美元的贸易顺差。然而，从总体上看，中国对美国仍然保持了经常账户的盈余。经常账户的差额衡量的是所有进出口商品和服务的净效果。

但是我必须提醒读者注意，经济学中的大部分统计数据都存在误差。从理论上来看，如果我们把世界上所有国家的贸易赤字和贸易盈余全部加总起来，那么最后的得数应该是零。然而实际情况却并不是这样。根据国际货币基金组织的统计数据，2015 年世界各国的经常账户总盈余几乎达到了 2 500 亿美元。显然，这在理论上是不可能成立的，除非我们与其他星系有某种贸易往来。出现这种现象的原因是，统计销往世界各地的汽车和收音机的价值相对比较容易，但是要精确地度量销往世界各地的服务的价值则比较困难。所有的贸易统计数字中，都会存在一定程度的误差，进而导致一定金额的资金似乎从这个世界上消失了，就像你家里总有一些东西掉到了沙发的背后，你再也找不到了。

不管是在购买本国的产品和服务时，还是在购买高附加值的进口产品时，中国的精英阶层的消费习惯都变得越来越接近美国消费者的消费习惯。这是因为，中国精英阶层的收入水平正变得越来越接近美国人的收入水平。算清楚一个国家的富裕阶层究竟拥有多少财富总是很困难的。但据估计，在 2016 年，中国的百万富翁（身家超 100 万美元）的数量超过了 150 万人。那么中国的巨富阶级的规模又有多大？根据瑞银集团的估计，中国目前约有 300 人的资产超过 10 亿美元，并且这个巨富俱乐部的成员每 5 天就会增加 1 人。白手起家的资产超过 10 亿美元的女性富豪中，有 2/3 来自中国。这个数据在一定程度上反映出中国巨富阶级的扩大影响着世界经济的整体格局。虽然中国的巨富阶级在总体人口中只占一个很小的比例，但是这个比例在日渐提高。这个阶级的壮大产生了明显的影响。从普拉达到巴宝莉，再到香奈儿，目前世界上 1/3 的奢侈品销售额来自中国。

虽然刚刚富裕起来的中国精英阶层正在大量购买名牌手表和包袋，但是中国的经济转型并不是没有代价的。自 2010 年以来，中国的坏账数量一直在急速上升。美国和欧洲的明星经济体中，也出现过同样的情况。最终，这些国家都在 2008 年全球金融危机中受到了重创。世界各地的许多媒体评论员都认为，中国也许学到了西方世界的成功经验，却并没有认真地总结西方世界的失败教训。

尽管中国面临上述风险，但是随着中国消费者日渐展现出雄厚的消费实力，以及中国逐渐成为越来越多海外国家的目标市场，中国在国际舞台上越来越清楚地展现出自己的经济实力。然而，从外贸到内需的巨大经济转型并不能完全满足中国的雄心。中国手中仍然持有大量从海外获得的美元，这些资产意味着获取更多权力的机会。世界范围内显然存在比股票或债券回报率更高的投资选择。毕竟，任何食客都不会只点一个菜，中国也不会把所有的资金都用来买债券。如果说某种投资选择在提供合理回报之外还能给中国提供就业机会和商业机会，甚至能让中国重新用上因为外贸需求下降而闲置的机器，那么中国显然会对这种投资表现出很高的兴趣。

对中国而言，现在正是扩大海外投资的良好时机。对易会满这样的银行领导而言，实施这种策略并不困难。毕竟在易会满的职业生涯中，他看到许多外国企业通过在中国设立办公大楼和工厂而获得丰厚的利润。中国越来越清楚地认识到，自己也希望成为这样的全球玩家，自己也希望将部分投资从国内移到海外。

通过国际贸易将世界各国连接起来并不是什么新鲜事。2 000多年前，中国的汉朝就已经建立起了名为“丝绸之路”的贸易网络。丝绸之路从东向西连起了古代世界中的各个贸易区域。在21 世纪的今天，中国发起了“一带一路”倡议。中国将为世界构筑一条和平、包容和自由贸易之路，并将帮助各国摆脱贸易战争和互相对抗的旧模式，引入一种经济外交的新模式。该计划的核心是建立一个由公路、铁路、港口、电站以及石油管道组成的网络，并通过这个网络将中国和南亚、中亚、中东、非洲以及欧洲各国联系在一起。

离开自己的国家，前往偏远的海外国家永远是一种充满了惊喜的冒险活动。对中国而言，选择承担这样的风险标志着巨大转变，但是中国已经充分拥抱了这些风险。中国的这种政策转变也意味着，我们追踪的 1 美元不会永远躺在北京金融街的金库中。它已经整装待发，准备踏上新的旅途了。接下来，这 1 美元将会离开中国，横跨 7 个时区来到尼日利亚。在尼日利亚，它将会沿着铁路展开一场发现之旅。

第 3 章

在尼日尔河三角洲寻找爱：
从中国到尼日利亚

古老的港口城市卡拉巴坐落在尼日利亚的东南角。卡拉巴有植物园、博物馆和野生动物保护区，从表面上看，这似乎是一个宁静的乐园。但是在美丽的外表下，卡拉巴有一段黑暗的历史。17—19 世纪，卡拉巴是一处重要的奴隶贸易港口，也是人口贩卖链上的重要一环。在卡拉巴的奴隶博物馆中，我们仍然可以看到这段悲惨历史的许多物证。今天的卡拉巴已经成为一座旅游休闲中心，当地一年一度的狂欢节被称为“非洲最大的街头派对”。

中国把手头的部分美元送到了距离北京大约 11 162 千米的卡拉巴。从表面上看，这一选择毫无道理。但是，中国人民银行并不是来卡拉巴参加派对或者晒日光浴的。对于如何利用手头的美元储备，中国人民银行有着非常精细的计划，从中国送往卡拉巴的每一美元都是这个复杂计划的一部分。卡拉巴并不是第一次受到外国投资者的关注。早在 18 世纪，西方人就出现在了西非的土地上，这些西方人是殖民主义的先驱。而从某种角度来看，殖民行为可以被看成是一种投资行为——这种投资的目的是掠夺尼日利亚的原始资源，并从中获取利润。当时，尼日利亚的主要资源是人口（奴隶）。如今，卡拉巴又一次成了世界贸易游戏中的一名玩家。

卡拉巴与尼日利亚的金融中心——拉各斯相距约 800 千米。随着大量美元从中国流入非洲，不少城市因此获益，卡拉巴也是其中之一。2014 年，尼日利亚政府与中国铁建股份有限公司签订了一份价值 120 亿美元的合同。按照这份合同，中国铁建将为尼日利亚建造一条连接卡拉巴和拉各斯的沿海铁路，并且该项目的大部分资金都来自中国提供给尼日利亚的贷款。这笔贷款中的美元可能来自某家中资银行的金库，比如，中国工商银行的金库。我们追踪的这 1 美元先离开了劳伦的钱包，后来到了深圳的明天电子公司，接着又被明天电子公司存入了中国工商银行。

建设这条铁路的目的并不只是给拉各斯的金融精英们提供一条方便的沿海交通线路。这条铁路设有 22 个站，穿过尼日利亚 36 个州中的 10 个州。最重要的是，这条铁路途经盛产石油的尼日尔河三角洲地带。2016 年，尼日利亚的石油日产量最高可达 200 万桶。虽然这个数字已经很大了，但是 2016 年尼日利亚的石油产量还排不进全世界的前 10 位。在产油量上，尼日利亚不仅比不过沙特阿拉伯，甚至连加拿大也不如。但是，尼日利亚的石油并不是以数量取胜的，而是以质量取胜的。尼日利亚出产的石油是世界上等级最高的石油之一，主要用于汽车和飞机。卡拉巴的铁路能把尼日利亚的经济中心和石油产区的心脏地带连接起来。尼日利亚政府提出了宏伟的 25 年计划——《尼日利亚愿景 2020》，该计划的目标是在 2020 年之前把尼日利亚建设成世界上最重要的国家之一。从拉各斯到卡拉巴的沿海铁路就是这个计划的一部分。为了让尼日利亚实现这个宏伟的目标，中国伸出了援助之手。

中国企业为什么要用自己手中的美元在世界的另一侧修铁路？尼日利亚的这个铁路项目需要一笔非常大的资金，这个项目的建设地点离中国非常远，似乎也不能为中国人民带来什么明显的好处。

中国正在急切地寻求走向世界的通道。在过去的 10 年中，中国的海外投资规模发生了爆炸性增长。2014 年，中国对海外的投资金额首次超过了海外各国对中国的投资金额。中国决定将数十亿美元的资金投向海外，这些资金主要来自中国的国有企业，我们追踪的这 1 美元就是这数十亿美元中的一分子。

目前，在世界各国海外投资金额的排行榜上，中国已经进入了前三名。中国的投资兴趣也非常广泛。除了尼日利亚的沿海铁路以外，英国好几家足球俱乐部现在也是中国的几家集团的资产。这些足球俱乐部包括阿斯顿维拉足球俱乐部、狼足球俱乐部和西布罗姆维奇足球俱乐部。此外，中国的大型集团还拥有制作哥斯拉电影的电影公司，以及机票比价网站天巡。纽约最著名的酒店之一——华尔道夫–阿斯托里亚酒店——也被中国某集团收购，该集团打算把这处物业部分改建为豪华公寓。举起欧洲足球比赛的奖杯是中国人证明自己在世界舞台上举足轻重的方式之一。这些投资的实际经济回报可能并不大，所以这些投资项目在很大程度上属于一种荣耀。

中国应更注重战略性长期投资。中国握有欧洲的电站和供水企业的大量股份，甚至还在美国投资了退休公寓。中国的投资遍布世界各地，以上的这些例子只是中国的海外投资涉足的一部分领域而已。中国手中的美元还流入了其他行业，从房地产到娱乐业，从消费者商品到基础设施。虽然中国的财富主要是靠低附加值的制造业积累起来的，但是如今的中国已经远远不满足于做世界的流水线和制造厂了。上述海外投资彰显了中国的宏伟目标。

上述项目被称为外国直接投资项目。外国直接投资项目一般会购入建筑物或其他有形商品，但购入一家公司的大部分股份也属于外国直接投资。所有类型的外国直接投资都有一个共同的特点：不管投资的对象是工厂、铁路，还是公司，投资者都可以通过这种投资获得一定的控制权。

2016 年，中国投向欧洲国家的资金达到了欧洲国家投向中国的资金的 4 倍。中国企业的投资和收购活动规模越来越大，反对这些活动的声音也随之变得越来越强烈。原因之一是，海外投资者无法反过来通过类似的投资方式投资中国的关键产业，因为中国对外国直接项目有许多限制。中国企业在世界各地投资了许多产业。2008 年国际金融危机以后，欧洲蒙受了严重的损失，而中国企业填补了许多缺口。

中国企业收购了一些相对不那么重要的公司。2012 年，光明集团出人意料地收购了英国的一个标志性的品牌——维多麦。被光明集团收购以后，维多麦麦片的味道是否还会和以前一样？光明集团在一个习惯以肉包子为早餐的国家，为什么要收购一家经营全麦麦片的公司？事实证明，维多麦并不符合中国消费者的口味，于是 2017 年，维多麦公司又被光明集团转手卖给了美国。中国投资了英国的某些新电站的建设，还购入了英国多家水务公司的股份。

就在过去的 75 年间，所有权和经济控制权的全球版图发生了巨大的变化。现在，外国直接投资在世界各国都很普遍。但是在 20 世纪中期之前，拥有海外投资能力和海外消费能力的国家主要都是西方国家，如美国、英国、法国等国。通过和拥有大量自然资源的地区进行贸易，这些国家既赚到了大量的金钱，又获得了经济上的权力。之后，由于世界各国的交通和工业快速发展，对石油的需求大幅提高，因此石油这种重要的自然资源的价格也随之大幅上涨。这造就了中东的石油大亨，他们掌握了大量能产生影响力的资金。沙特阿拉伯和挪威等石油资源丰富的国家积累了大量现金结余，这笔现金结余构成了这些国家的主权财富基金。为了给手头的主权财富基金找到最合适的投资地点，这些国家通常会在全世界范围内寻找回报率最高、最能用资金换取影响力的投资机会。

除了国家的主权财富基金以外，年纪越来越大的劳动者也存了一笔退休金，这笔钱叫作养老基金。养老基金有增值需求。养老基金的特点是，所有人很可能要到许多年以后才需要提取这笔资金，因此养老基金的管理者通常并不追求快速的短期回报，而是希望寻找回报率较高（并且安全度也较高）的长期投资项目。富裕地区的大公司手头的养老基金数额最大，美国和日本的公共养老基金是全世界规模最大的养老基金。由于这些养老基金管理者既有雄厚的资金实力，又有追求利润的野心，因此向尼日利亚的海上油田提供系泊缆的公司的实际所有人可能是加拿大的教师（或者说是加拿大教师的养老基金）。通过一根一根的系泊缆，尼日利亚的经济命运和这些加拿大教师的经济命运紧紧地连在了一起。然而，这些养老基金的所有人对控制尼日利亚的石油产业并没有什么兴趣，他们只希望自己的退休金能有一个不错的回报率。

那么，这些外国直接投资资金最终会流向哪里？2016年，最受全球投资者欢迎的投资目的地包括世界最大的消费市场，以及消费欲望不断膨胀的新兴消费市场——中国位列第三，夹在中国和美国之间的是英国。（为什么小小的英国能够成为全球第二大投资目的地？这主要归功于一些大公司的收购行为，这些收购行为甚至产生了世界上最大的啤酒制造商。）投资者希望为他们手中的美元找到安全的投资项目，因此，自然资源丰富、市场成熟的国家，比如，荷兰、巴西、澳大利亚，也在上述榜单中排进了前10位。虽然尼日利亚盛产石油，但是目前尼日利亚还没有进入这份榜单的前10位。

进行境外投资的时候，投资者希望他们花出去的每1美元都能换回一定的利润和权力。全球范围内的资金流动导致所有权和经济控制权的版图不断变化。中国之所以愿意投资尼日利亚的铁路工程，是因为想通过基础设施的建设加深两国之间的贸易联系。

尼日利亚的铁路建设项目能为中国企业提供合同和就业岗位。这是帮助中国制造业进一步向高科技、高技术、高附加值的制造业转型。中国希望在全球范围内投资这类基建项目，尼日利亚的铁路只是这些项目中的一个。

流入尼日利亚的外国直接投资大部分来自海外的石油公司。比如，英国-荷兰壳牌石油公司，和美国的埃克森美孚石油公司。虽然尼日利亚盛产自然资源并且拥有不错的经济潜力，但是大部分外国投资者并不愿意投资尼日利亚的项目。对这些投资者而言，尼日利亚的投资项目风险过高，收回本金的概率很低，获得额外收益就更不可能了。

富裕国家的政府或者民营企业，必须决定将手头的资金投向哪里。这种投资决定事实上和网络相亲有不少相似之处。不管是投资者还是想在网上找对象的人，都面临大量的选择。在进行网络相亲时，基本上你必须根据一些因素给候选人打分，这些因素包括候选人的外貌、幽默感、有没有共同语言以及用完牙膏会不会盖上盖子。然后，你得根据重要程度给这些因素排序。这个过程也许显得有些冷酷无情，但这么做是有回报的——填完这份评分表，也许你就能找到真爱。

对潜在投资者而言，筛选投资机会的过程与筛选相亲候选人的过程无异——投资者的目标是为他们手中的美元找到真爱，然后开始一段回报高、摩擦少（最好还能长长久久）的“恋爱关系”。但是投资者需要考察的因素和上一段中提到的那些不同，从一群青蛙中挑选王子的过程要用到的评分因素不是外貌和性格，而是风险和回报。

投资者是希望在远离本国的地方建立基地，谈一场“异地恋”，还是想找离本国较近的相对安全的投资项目？这些投资项目的吸引力有多高？知名度高不高？这些项目能不能既产生较高的经济回报，又为本国人民提供商业机会和就业岗位（尼日利亚的沿海铁路项目就能为中国提供商业机会和就业岗位）？这些投资项目的风险如何？投资目的地的政治气候如何？当地的政府值不值得信任？当地政府会不会随时修改政策法规，给投资项目带来负面影响？考虑到各种不确定情况以后，投资项目的前景究竟如何？投资目的国会不会发生动乱？以上只是投资者在选择项目前需要考虑的一小部分问题。

在19世纪，英国之所以选择对尼日利亚进行殖民统治，是因为尼日利亚既有丰富的自然资源，又能为英国制造的商品提供一个“由供货者垄断的市场”。出于同样的原因，欧洲的其他国家也对非洲的其他国家进行了各种殖民统治。在19世纪，吸引英国殖民者的主要是棕榈油，而吸引今天投资者的是石油。棕榈油可以用来制造肥皂，也可以用来润滑欧洲殖民者工厂里的机器。然而，在19世纪，西方殖民者一心掠夺非洲的各种自然资源（比如可可、棕榈油和咖啡），而忽略了其他领域的发展。他们也没有把自己的先进工业知识分享给尼日利亚人。殖民者虽然在尼日利亚修建了一些公路和铁路，但是这些交通设施完全是为了满足宗主国的经济需要。不管是财富还是权力都集中在一小部分部门和少数人手中。20世纪中叶，各大殖民帝国相继瓦解。随后，为了争夺权力，非洲频繁发生种族冲突和地区冲突。

由于有这样的历史背景，提到尼日利亚，人们想到的不仅有油田，还有政治的不稳定、权力的滥用、贪污腐败以及内乱。这些因素令西方投资者不敢投资尼日利亚的项目，却正好给中国带来了机会。事实上，非洲还有不少和尼日利亚一样拥有殖民地背景的国家。一般来说，外国投资者认为在这些国家投资的风险过高，因为当地的投资项目回报率虽高，但不足以抵消高风险的负面影响。由于尼日利亚的领土范围较大，并且拥有石油储备，因此尼日利亚可能是这类国家中的一个比较极端的例子。加纳和肯尼亚过去的殖民地历史和尼日利亚十分类似，只不过这两个国家为殖民者提供的主要资源不是棕榈油，而是可可、咖啡和茶叶。这些非洲国家的自然资源虽然诱人，但是当地不稳定的政局令投资者们望而生畏。

在 20 世纪后半叶，尼日利亚曾多次陷入军事独裁。1999 年，尼日利亚回归民主政体，但是不稳定的政局和内乱并没有因此而终结，贪污腐败和挪用资金的丑闻层出不穷，这些丑闻有时甚至直接指向政府的最高层官员。和殖民地时代一样，只有很少一部分尼日利亚精英以及外国公司能够享受到石油带来的权力和财富。这些外国公司包括壳牌石油公司、埃克森美孚公司、埃尼集团、雪佛龙公司以及道达尔公司，这些公司都是西方国家的石油巨头。2015 年，布哈里当选尼日利亚总统。布哈里总统承诺打击腐败和推进经济改革，但是许多人并不相信。

根据世界银行的统计数据，在尼日利亚的能源板块中，有 80% 的收入流入了只占全国人口 1% 的少数人的口袋中。愤怒、贫困和不满不仅导致尼日利亚南部出现了武装冲突，还加剧了其国内各族群之间的紧张关系。这些社会矛盾有时候会升级为暴力行为，输油管道和石油的生产设施因此受到攻击和破坏。外国石油公司的员工甚至受到了绑架的威胁，因此这些公司不得不花重金加强保安措施：石油公司的员工居住的营地、街道甚至整个区域都有重兵保护，这些保安措施的开支自然是由这些公司承担。这些重兵把守的社区内部有各种生活设施，酒店、学校、餐馆一应俱全。有时这种社区大至整个城郊区域。这种封闭社区就像一个个与周围完全隔离的肥皂泡。在肥皂泡里，SUV（运动型实用汽车）、空调等最先进的产品随处可见。这些社区的环境不仅与尼日利亚当地的贫困环境有着天壤之别，甚至比这些石油公司本国的生活环境还要豪华舒适。外国社区与本国社区的隔离使人们容易回想起殖民地时代的情况。当然建立这些封闭社区的初衷并不是炫耀财富，而是出于安全方面的考虑。因为尼日利亚有安全风险，石油公司必须给员工开出更高的工资才能吸引他们去尼日利亚工作。外国石油公司的员工一直是各种绑架和攻击的目标，即使是去一趟机场也必须有武装保安护送才能出行。

今天的尼日利亚仍然是一个高度不平等、各族群之间隔阂很深的国家。尼日利亚有大约一半的人口是穆斯林，这部分人口主要居住在北部地区。非穆斯林人群中的大部分人信仰基督教，他们更多地聚居在盛产石油的南部地区。然而，生活在南部石油产区的尼日利亚人也未必能过上富足平安的生活。各种种族矛盾和宗教矛盾经常导致政治争端，各个阵营之间的权力争斗从来没有停止过。

在尼日利亚的北部地区，博科圣地极端组织给政府带来的威胁越来越大。2014 年，博科圣地极端组织从奇博克镇的公立学校中绑架了 200 多名女学生，此事登上了许多国际媒体的头条。伊斯兰圣战组织要求成立哈里发国，这种极端行为已经在当地造成了人道主义危机，将近 200 万人被迫离开家园。而在尼日利亚的南部，由于输油管道经常遭到反政府组织的袭击，石油生产经常受到严重的干扰。虽然有国家向尼日利亚政府提供了军事设备，还帮助尼日利亚政府训练武装人员，但是尼日利亚政府仍然面临地区安全方面的重大挑战。

除了安全方面的问题以外，外国石油公司还要缴纳高额的赋税。此外，石油价格的波动也很大。在以上这些因素的综合作用下，即使是对财力最雄厚的石油公司而言，在尼日利亚进行投资也是一项成本很高、压力很大的事业。许多投资者很快发现，在尼日利亚的投资项目必须耗费许多的金钱和精力才能维持下去。

尼日利亚石油业的基础设施很不完备。虽然尼日利亚有 4 家炼油厂，但是这 4 家炼油厂的情况并不理想。因此，尼日利亚虽然可以从地下源源不断地泵出黏稠的原油，但没有能力对这些原油进行深加工。讽刺的是，虽然尼日利亚盛产原油，但该国民众和企业需要的精炼油有超过 80% 依赖进口。而且尼日利亚进口的精炼油的价格远远高于出口的原油的价格。面对这种情况，中国与尼日利亚签订了总价值约 800 亿美元的协议，资金将用于炼油厂、输油管道以及其他设施的修缮和建设。

我们可以预见到，未来尼日利亚将从中国获得更多的资金。然而，尼日利亚也有可能发现中国的“追求热度”逐渐冷却。中国开始环顾世界的其他地方，寻找新的投资机会。有传言称，中国的下一个重点投资目标可能是拉丁美洲国家。如果我们继续把跨国投资行为比作网络相亲的话，外国直接投资就好比是一位轻浮的浪子，下一美元随时可以流往另一个大陆上的其他目的地，就像浪子随时会看上下一位热辣模特。

虽然尼日利亚目前可能还不是国际经济舞台上的主要演员，但是在撒哈拉以南非洲，尼日利亚是吸引国外投资数量第二高的国家，仅次于安哥拉。安哥拉之所以能吸引大量的外国投资以及国际媒体的关注，一方面是因为该国拥有大量的石油资源；另一方面是因为该国政府与其许多邻国一样，对外国投资者的态度十分殷勤。埃塞俄比亚也在吸引越来越多的外国投资。虽然埃塞俄比亚并没有太多石油储备，但该国有其他自然资源，而且人口众多，所以对外国投资者而言，它仍然是一个很有吸引力的投资目的地。目前，越来越多的资金从金融服务板块、电信板块以及技术板块流入埃塞俄比亚。然而，这些非洲国家吸引到的境外投资有一个共同的问题：这些项目虽然能为一部分人带来大量的财富，但并不能在当地创造大量的就业机会。所有发展中国家都面临着和尼日利亚同样的问题：为了吸引外国投资者的资金，这些国家不仅要保证投资国的经济增长前景，还必须提供相对稳定的政治环境和商业环境。目前埃塞俄比亚正试图吸引外国投资者来修建尼罗河上的一处大型水坝。这种大型基础设施项目不仅能为西方投资者带来财富和收益，还能帮助像埃塞俄比亚这样的国家从贫困走向富裕。

尼日利亚的交通部部长盛赞卡拉巴铁路是尼日利亚发展战略中的一条“关键性的经济走廊”。这种说法绝非夸大其词。虽然尼日利亚有潜力生产全世界消费者都想购买的商品，但是因为生产或开采过程很复杂，成本高昂，消费者无法以合理的价格买到这些商品，所以尼日利亚并不能从这种潜力中获益。要想从本国的石油资源中充分获益，尼日利亚必须建设一套比较完备的基础设施系统，包括学校、能源、通信系统以及交通网络。

很长一段时间以来，尼日利亚国内的交通系统迫切需要改善。在 21 世纪初，尼日利亚国内一共只有两条主要的铁路线路。这两条铁路线路的设施老旧，许多地方年久失修，并且只能负担低速火车的运行。由于货运行业带来的负担，尼日利亚的公路系统损坏严重，却又长年得不到修理和维护。年久失修的公路系统和拥堵的交通情况严重影响了行车速度。在新建成的沿海铁路上，火车能以每小时近 130 千米的速度运行。从卡拉巴到拉各斯，走公路需要 12 小时才能到达。有了这条沿海铁路，上述时间可以缩短一半。尼日利亚政府表示，这条沿海铁路除了能将卡拉巴和拉各斯这两个商业中心连接起来以外，还能每年运送乘客 5 000 万人次。而据中方合作伙伴的估计，沿海铁路的建设项目总共可以创造 20 万个就业岗位。对一个人口爆炸性增长、就业机会的增速远远赶不上人口增速（这种现象在市区表现得尤为明显）的国家而言，这实在是一个重大的利好消息。对尼日利亚而言，来自国外的每一美元都是非常珍贵的。该国有 60% 的人口日均生活费还不足 1 美元，来自国外的每 1 美元都可能是能救命的 1 美元。

对尼日利亚而言，完全实现经济目标还有很长的一段路要走。多年以来，石油业一直是尼日利亚的支柱性产业，尼日利亚的大部分收入也都来自石油。这种不健康的产业结构已经持续了太长时间。尼日利亚曾经是可可和棕榈油的主要出口国之一，但由于该国政府长期将所有注意力都放在石油产业上，这些传统产业逐渐走向了衰退。目前，在尼日利亚的人口中，仍有 2/3 的人从事农业劳动。尼日利亚本来有资本成为世界主要的食品出口国，但是由于政府对这些行业缺乏必要的关注，农业领域的生产效率长期得不到提高。尼日利亚虽然拥有丰富的自然资源，但需要进口食品来满足日益增长的人口的需求。更先进的铁路交通网络也许能在很大程度上帮助尼日利亚解决上述问题。但是，就算尼日利亚政府手中有足够的资金（事实上并没有），该国也缺乏建设高速铁路项目的必要技术。

对尼日利亚而言，来自中国的投资能带来显而易见的好处。先进的铁路系统也许还能让石油产业产生的财富更平均地分配到全国的各个地方。目前，尼日利亚的总人口是 1.8 亿，其中 60% 的人仍然生活在极端贫困的状态下——他们每天的生活费不足 1 美元。中国的投资和援助也许能改善这些贫困人口的生活。并且，这些投资项目对中国和尼日利亚双方都是有利的。

在拉各斯的主要集市上，颜色鲜艳的传统安卡拉印花布曾经随处可见。一米安卡拉印花布的价格在1美元左右。当地居民习惯在婚礼和葬礼上大量使用这种布料，因为这种织物价格低廉。然而，如今这种布料除了上面的印花是传统图案以外，其他方面可能都已经和传统不沾边儿了。如今在拉各斯的集市上，许多安卡拉印花布都是中国制造的。这种由机器制造的安卡拉印花布的质量虽然比不上家庭手工织造的布料，但是价格比后者低许多。在从中国进口低价布料的竞争下，许多当地的布料生产厂家破产。布料以外的其他产品也面临类似的命运。比如，尼日利亚国内工厂需要的机器设备越来越多地来自中国，而欧洲的供应商已经逐步被挤出了当地市场。对尼日利亚当地的消费者而言，低价是对他们有利的。

美元从中国银行的金库流向尼日利亚，中国进入了尼日利亚的消费者市场，中国的生产制造企业也因此获得了好处。中国认识到糖永远比醋效果更好，友善和亲切的援助永远比敌意效果更好。通过帮助尼日利亚修建铁路，中国希望赢得普通尼日利亚人民对中国以及中国制造的产品的好感。中国的最终目标是增加自己的“软实力”。在21世纪的今天，如果一个国家想要登上世界舞台的中心，那么在对外政策上，它所追求的终极武器就是这种软实力。

中国和尼日利亚还在文化和教育上建立了各种联系，这些活动的规模虽小，但很重要。两国不仅合作举办电影节，还组织了留学生的交流计划，这些活动都取得了不同程度的成功。更见成效的是电视方面的合作：中国的四达时代传媒有限公司获得尼日利亚电视管理部门的批准，在尼日利亚设立了一种收费的电子电视服务。尼日利亚的家庭只需要每月缴纳 1 美元多的费用，就可以收看数十个频道的电视节目。

2014 年，英国广播公司的一项调查显示，尼日利亚是世界上对中国好感度最高的国家。尼日利亚是中国建筑企业的最大海外消费市场。由于中国国内对建筑业的需求放缓，尼日利亚市场的开放对中国国内的建筑企业而言是一个来得非常及时的利好消息。从各方面来看，中国和尼日利亚之间似乎已经建立起了非常坚固的关系，这种关系的基础是经济上的互惠和中国不断增长的影响力。如果这是一个童话故事，那么故事讲到这里，我们的两位主角——中国和尼日利亚——似乎就应该幸福地永远生活在一起了。

然而，每一个童话故事背后都会有一个阴暗面。中国向尼日利亚注入了后者急需的大量资金，帮助尼日利亚修整了国内破旧不堪的基础设施，甚至还帮助尼日利亚新建了一些基础设施，尼日利亚人民的生活水平也随之获得了提高（至少一部分人的生活水平有所提高）。

由于尼日利亚的经济高度依赖于石油产业，因此尼日利亚始终面临巨大的产油压力。在这种压力下，尼日利亚必须不计成本地从地下抽取原油并加以精炼。然而，这样的经济行为会进一步伤害尼日利亚国内本来已经不受关注的农业板块和制造业板块，使这两个板块无法健康发展。在理想的情况下，来自外国的投资应该为尼日利亚提供更多的技术，并且帮助尼日利亚培养出一个更有知识、生产效率更高的劳动力群体。如果外资带来的财富能够平均地分配给尼日利亚人民，那么上述理想情况下的目标也许确实能够达成。但事实上这些财富的绝大部分都流入了精英阶层的口袋。

随着尼日利亚北部紧张局势的日益升级，数百万尼日利亚人面临饥饿的威胁。与此同时，尼日尔河三角洲地区每年会发生数百起原油泄漏事故，这些事故给当地的生态环境带来了深重的灾难。

2015 年，由于石油价格下跌，流入尼日利亚的外国直接投资资金下降到了 31 亿美元。尽管如此，外国直接投资仍然在数量上赶上了尼日利亚获得的海外资金援助。虽然大量美元流入尼日利亚境内，但大部分尼日利亚人的生活水平并没有因此而得到提高。这些流入尼日利亚境内的美元究竟给尼日利亚带来了什么？这可能是一个相当有争议的话题。

尼日利亚是否应该依靠外国的投资改善尼日利亚人民的生活？难道提高国内人民的生活水平不是尼日利亚政府的责任？但是石油价格的下跌导致了资金短缺，再加上政府运作的失灵和经济管理方面的失误，很长时间以来，尼日利亚政府显然并没有尽到提高人民生活水平的责任。既然当地政府无能为力，尼日利亚是否应该依靠外国的援助来达到这个目的？

事实上，国民的生活水平并不仅仅取决于该国的平均收入水平——尼日利亚尤其如此。在尼日利亚，很小一部分人拥有上亿美元的财产，而大部分人的年收入只有几百美元。如果把全国所有人的收入加起来，再除以全国的人口总数，那么我们会误以为尼日利亚人的平均收入并不低。为了评价一个国家的发展水平，或者评估一个国家居民的生活水平，世界银行除了考察该国的平均收入以外，还会考察其他因素，包括该国居民的平均寿命、能获得清洁饮水的人口数量以及识字率。今天出生的尼日利亚人的预期寿命是 53 岁；每 5 个尼日利亚人中只有不到 4 个人拥有小学文凭；尼日利亚全国有超过 4 000 万人无法获得清洁的饮水，这部分人占全国人口的 1/4 以上。尼日利亚不仅拥有丰富的自然资源，还拥有规模巨大、平均年龄较低的劳动力。一个条件如此优越的国家完全可以给人民更好的生活。

除了进行数据统计以外，世界银行的工作目标还包括为像尼日利亚这样的国家创造一个更好的未来。世界银行的首要目标是“在一代人的时间内消除极端贫困，促进共同富裕的实现”。这是一个雄心勃勃的目标。从理性角度来看，要实现上述目标，这些贫困国家就必须获得大量的贷款和援助。这些资金一方面可以支持这些国家的长期建设项目，另一方面可以为这些国家提供一些应急性的资金援助。除了世界银行以外，其他国际非政府组织也在为了类似的目标而努力，这些组织包括联合国、国际货币基金组织，以及非洲发展银行。

此外，一些慈善组织也会向贫困国家提供资金，既包括国际慈善组织乐施会、红十字会等，也包括只在本国运作的小型慈善机构。英美等发达国家也承诺向贫困国家提供一定数量的资金。2015年，尼日利亚通过以上所有渠道获得的救助资金达到了近25亿美元。

谈到对撒哈拉以南非洲的经济援助，很多对20世纪80年代还有记忆的人首先会想起那些反映埃塞俄比亚的饥荒惨状的照片。受这些照片影响，世界各地在“拯救生命”的横幅下举办了一系列演唱会和音乐会。2005年，为纪念“拯救生命”系列演唱会举办20周年，世界各地又举办了一场以“让贫困成为历史”为主题的慈善演唱会。然而，“让贫困成为历史”再次提醒我们，许多人道主义问题在2005年仍然没有得到解决。进入21世纪以后，尼日利亚仍然需要来自国外的人道主义援助。2017年初，受到政府的忽视、干旱的肆虐、长期贫困问题、博科圣地极端组织等多重因素的影响，尼日利亚北部地区约有300万人受到饥荒的威胁，联合国急需为这300万人提供食品。这些地区的农业社区缺少种子和种植工具，很多资源也被破坏，国际社会如果不能在下一个播种季节之前帮助尼日利亚解决这些问题，当地就有可能出现连续歉收和长期饥馑的问题。

国际社会为尼日利亚提供的大部分资金用于建设尼日利亚一些长期的基础设施工程。国际社会希望这些项目能帮助尼日利亚的一些因为缺乏经济吸引力而被外国直接投资遗忘的地区。通过填补外国直接投资的空白，这些援助资金也许能为尼日利亚提供必要的生产工具，从而帮助尼日利亚挖掘在全球经济中的潜力。

国际社会的援助到底能给尼日利亚带来多大的变化？虽然石油给尼日利亚带去了财富，但是在提高人民的生活水平和经济能力方面，尼日利亚一直没有取得太大的进展。当然，尼日利亚政府在防止艾滋病扩散等方面还是做出了一定贡献的。尼日利亚的拉各斯是撒哈拉以南非洲最大的城市。拉各斯的人口超过 2 000 万，并且这个数字还在不断增长。拉各斯急需建立一个公共交通系统，世界银行为这个建设项目提供了部分资金。这个公共交通系统能为拉各斯各阶层的人们提供便利，即使是该市比较贫困的区域也能因此受惠。但是，世界银行认为这个建设项目仅仅取得了“比较令人满意”的结果。在该项目完成之时，实际建设成本已经超过原计划的两倍，这是世界银行没有对该项目的结果做出更高评价的重要原因之一。

但是，批评的声音很快就出现了。有人指出，国际社会提供的援助资金在实际操作中很容易被挪用，还有人指出有些援助项目在设计上存在根本性的缺陷。为了帮助尼日利亚将国内的能源系统私有化，英国为尼日利亚提供了超过 1 亿美元的援助资金。结果该项目完成后，尼日利亚的能源价格更高了，就业岗位更少了，还发生了一些停电事故。有时候，国际社会的援助资金和贷款是有条件的。尼日利亚必须按照资金提供方的要求完成经济改革，然而这些经济改革措施似乎根本不符合尼日利亚人民的利益。国际货币基金组织等组织经常向贫困国家提供此类有条件的援助。但是一些批评者认为，这种在援助上附加条件的做法虽然出发点是好的，但常常好心办坏事，因为这种不顾各国具体情况而一味推行统一标准的做法本来就是有害的。

还有一些批评者认为，资金提供国常常给被援助国提供手把手的过度指导，这种做法在被援助国中培养出了过度依赖外国的习惯。这些批评者还认为，来得太容易的援助资金意味着贫困国家根本就没有动力整肃国内秩序、高效合理地利用出口收入以及为实现自给自足而努力发展经济。

在向贫困国家提供国际援助方面，虽然有一些例子是成功的，但也有很多例子显示援助并不能弥补投资短缺带来的问题。这些不太成功的例子说明：并没有哪种计划能保证帮助所有落后国家摆脱贫困，将人民生活水平提高到富裕国家的水平。事实上，有时候石油等自然资源越丰富的国家在脱贫道路上面临的困难反而越多——在后面的章节中，我们会看到伊拉克和俄罗斯就是两个这样的例子。

为什么中国（或者任何其他国家）要用美元来对尼日利亚进行投资？为什么中国和尼日利亚之间签订的合同要使用远在世界另一端的第三个国家的货币？为什么不用人民币，或者尼日利亚的货币奈拉？这个问题的答案很简单：因为美元是全球通用的金融语言，是贸易和投资活动的标准结算货币。美元价值明确、可靠度高、使用方便……如果两个发达程度较低但从很多方面看更有活力的经济体想要进行交易，那么美元会是一种非常亲切可靠的媒介。

尼日利亚从国外进口的食品、纺织品等商品的绝大部分都是以美元支付的。几乎每个国家以美元结算的贸易量都大于该国与美国的贸易量，尼日利亚也不例外。出现上述现象的原因之一：大宗商品是以美元计价的。但是，在尼日利亚用来购买进口商品的美元中，1/5 流向了中国。即使我们不考虑中国在尼日利亚投资铁路和石油管线的资金，只计商品的进出口，中国也是这个西非国家最大的贸易伙伴。虽然石油必须用美元来结算，但是其他商品并不一定要用美元来结算。为什么不多使用本国的货币来进行贸易？

事实上，中国和尼日利亚确实在向这方面努力。2015 年，中尼两国的央行都宣布将拨出一定数量的本国资金，以支付从对方国家进口商品的货款。这种操作叫作“货币互换”。近年来，中国频繁与他国进行货币互换，这是彰显人民币实力的一种方式。按照中国的说法，这种货币互换协议是为了提振贸易和稳定市场。

那么这种情况是否意味着中国和尼日利亚可以和美元说再见了？至少目前还不行。虽然中尼两国之间的货币互换协议很重要，但在削弱美元影响力的道路上，中尼两国才刚刚走出了一小步。尼日利亚从其他国家进口的大部分商品仍然必须以美元支付。此外，每年还有数十亿美元的资金以投资或者援助的形式流入尼日利亚。尼日利亚也把美元当作重要资源紧紧地握在手里，因为在尼日利亚，不管政府愿不愿意，美元为王的局面目前并没有改变。

多年来，尼日利亚出口高价石油，换回大量的美元。如果人们想要尼日利亚的石油，就必须用尼日利亚的货币来购买这种商品。这种情况导致奈拉对美元的汇率居高不下。但是，近几年国际石油价格下跌，到 2016 年初石油价格已经跌到了 11 年来的最低点。石油价格的下跌意味着流入尼日利亚的美元减少，也意味着对奈拉的需求降低了，因此奈拉对美元的汇率应该随之下跌。如果奈拉对美元的汇率下跌，奈拉的价值就会下降。在这种情况下，如果尼日利亚政府想购买美元，就必须付出更多的钱（奈拉）。

对尼日利亚政府而言，最简单的一种选择是让奈拉的汇率自然下跌。事实上，其他产油国家都在这么做。面对油价的变化，尼日利亚政府不得不在一定程度上让奈拉贬值：在 2015 年 2 月前的 6 个月中，奈拉的价值下跌超过 25%。2015 年 2 月的汇率是 1 美元兑 198 奈拉，而 6 个月前的汇率大概是 1 美元兑 160 奈拉。接下来，尼日利亚政府决定阻止奈拉进一步贬值，这是一种有争议的策略。尼日利亚政府认为，奈拉大幅贬值会让尼日利亚的国力变得更加衰弱，且奈拉汇率下降会导致进口商品价格上升（确实是这样），从而推高国内生活成本——对高度依赖进口商品的尼日利亚而言，汇率对国内生活成本的影响尤其明显。

为了阻止奈拉进一步贬值，尼日利亚政府决定鼓励尼日利亚人购买本国生产的商品，同时，政府还决定增加一些本来依靠进口的商品的国内产量。近年来，“支持国货”成了一种在全球范围内都十分流行的经济哲学。为了保护本国人的利益，“支持国货”等反全球化性质的运动如火如荼。但是，尼日利亚政府选择用一种非常极端的方式来支持本国的产品：尼日利亚央行公布了 41 种商品，并宣布不再提供用于进口这些商品的美元。这 41 种商品包括稻米和私人飞机。

尼日利亚央行对美元实施管控是因为流入尼日利亚的美元变少，其不希望自己手中的美元储备快速耗尽。在尼日利亚的国际贸易中，核心的部分是靠美元结算的，因此美元的短缺对尼日利亚政府而言是一种非常危险的情况。

但是收紧美元供应会产生非常严重的反作用：这种政策会导致本国货币的进一步贬值。尼日利亚政府的这种政策事实上进一步加剧了奈拉贬值。

在尼日利亚，许多人的生活依赖于进口商品，而进口商品是以美元计价的。为了购买需要的进口商品，人们必须想方设法地换取美元。因此，尼日利亚出现了美元黑市。黑暗小巷里的某些商店以及网上的电子美元黑市能为急需美元的尼日利亚人提供美元。由于美元供应的短缺，美元的价格日益上升。2016 年，尼日利亚政府人为设定的汇率大约是 1 美元兑 300 奈拉，而黑市上的实际汇率已经高达 1 美元兑 400 奈拉左右。

同时，由于尼日利亚政府的进口限制令，尼日利亚国内的工厂原材料短缺，超市的货架上也出现了供货不足的现象。尼日利亚国内物价飞涨，人们认为导致物价飞涨的罪魁祸首就是“美元问题”。美国的美联航和西班牙的伊比利亚航空等航空公司停飞了以尼日利亚为目的地的航班，因为这些公司无法把售票所得的奈拉兑换成美元。

尼日利亚政府选择紧紧握住本国的美元储备不放，这种行为不仅导致了尼日利亚资源的流失，也导致了该国政府信誉的流失，还催生了走私和腐败。石油价格的走低本来就会降低尼日利亚对外国投资者的吸引力，尼日利亚政府的不合理外汇政策又导致外国投资者进一步撤资。尼日利亚政府越是试图抓紧万能的美元，给整个国家造成的损失就越大，流入尼日利亚的美元变得更少了。

尼日利亚政府和中国政府签订的奈拉–人民币互换协议可以在一定程度上缓解该国的美元危机，但是这个协议的效果相当微小。尼日利亚的国内局势日益混乱。2016 年 6 月，尼日利亚政府似乎解除了对美元兑换的限制，奈拉对美元的汇率几乎立刻跌到了黑市的价位，这说明黑市上的汇率更能反映尼日利亚国内对美元这一短缺商品的真实供需关系。讽刺的是，尼日利亚政府的初衷是保护奈拉的价值，结果相关政策却导致美元将在更长的时间中成为尼日利亚国内最受信赖的货币。美元为王的情况在尼日利亚还会继续保持下去。

这次货币危机也没有让尼日利亚人购买更多本国生产的产品。交洛夫炖饭可能算得上是尼日利亚的国菜（虽然有些人认为这道菜最早来自塞内加尔）。在尼日利亚，没有交洛夫炖饭的宴席就算不上是一个完整的宴席。交洛夫炖饭的主要原料包括制作酱汁所需的番茄、辣椒和洋葱，当然，还包括大米。在尼日利亚，大米是一种非常流行的食品，尼日利亚人甚至会把袋装的米当作圣诞节礼物。在尼日利亚国内，任何一个大米市场上都会有大量的进口米。尼日利亚人每年要吃掉 500 万吨大米，其中大约有一半是进口米。尼日利亚政府对进口大米征收 60% 的关税，再加上奈拉危机的影响，进口米的价格在尼日利亚几乎翻了一番。

尼日利亚本国生产的大米并不能满足全国人民的需求。基础设施（包括公路、仓库和分销系统等）的缺乏是尼日利亚大米种植业发展的障碍。在尼日利亚，种植大米的农场通常规模较小，稻农无法获得低利率的贷款，无法扩大生产规模、购买机器设备或者提高谷物产量，因此大米的产量一直无法提高。尼日利亚总统布哈里已经把提高大米产量列为该国的优先经济目标之一。布哈里表示，尼日利亚将在 2017 年底实现大米的自给自足，这是一个很难实现的目标。

因此，目前尼日利亚的大米市场上仍然会有大量来自印度或者泰国的大米。尼日利亚国内的消费者用奈拉购买这些大米，但是经营这些大米的零售商必须向国外的供货商支付美元。

不管怎么说，货币危机也无法说服尼日利亚人放弃进口大米，改买国产大米。大部分尼日利亚人相信进口大米比国产大米好，更有利于健康。就算进口大米的价格飙升，比较富裕的尼日利亚人还是愿意购买进口大米。在沃尔玛购物的劳伦更注重商品的价格，而尼日利亚的一些消费者却认为购买进口大米是一种身份的象征。

于是，进口大米仍是拉各斯人日常生活中的一部分。为了获得国菜交洛夫炖饭的原料，进口商总能说服尼日利亚央行拿出美元来购买进口大米。于是，美元离开了尼日利亚央行，流进了大米中间商的口袋，而这些大米中间商代表的是几千千米以外的外国稻农。因为尼日利亚人喜欢进口米做成的交洛夫炖饭，我们追踪的这 1 美元最终离开了尼日利亚，流向了东方的印度。

第 4 章

成功菜谱的创新做法：从尼日利亚到印度

在印度，我们追踪的这1美元被花在了一种作物上，这种作物作为人类粮食的历史比其他任何作物都长：水稻。当然对大部分人来说，他们更习惯于把这种作物称为“大米”。目前大家认为，耕种水稻的行为最早起源于中国，后来这种技术逐渐流传到了其他国家。今天，各国人民餐桌上的大米有1/5来自印度。

全世界有76亿张嘴需要吃饭，因此对大米的需求量是非常巨大的。农业虽然并不是什么时髦的行业，但它是维系人类生存的重要行业。用来种粮或者放牧的土地总量是一定的，而全球人口却在不断增长。据估计，到21世纪末，全球人口将达到现在的3倍。虽然农业生产的效率在不断提高，但是为世界上的所有人提供足够的粮食仍然是一项非常艰巨的任务。

事实上，目前在全球人口中，大约1/8的人营养不良。这究竟是因为我们无法产出足够的食品，还是因为我们无法把食品送到正确的地方，让所有地方的食品都达到供求平衡？每个人都需要吃饭，但是不是每个人都有能力购买每日必需的食品。美国和欧洲国家是世界上最富裕的国家，也是居民平均腰围最大的国家；而居民平均腰围最小的国家则是贫困的撒哈拉以南非洲国家。美国得克萨斯州的劳伦花在食品上的钱大约占其收入的20%。而一个尼日利亚人要把56%的收入花在购买食品上。

各国居民吃的东西也很不一样。贫困地区的人主要食用富含淀粉的食物，比如，大米。而富裕国家的饮食则更丰富。比如，中国人富起来以后，肉类、奶制品和蔬菜在膳食中占的比例都提高了。对许多发展中国家而言，第一家麦当劳的进驻象征着该国的经济已经发展到了一定的水平。然而在被快餐败坏了胃口的美国，麦当劳的金色拱门标志却被认为是肥胖的象征。在全球范围内，人口的增长（尤其是亚非的发展中国家人口的急剧增长）和收入的提高导致了食品价格的上涨。根据经济合作与发展组织的估计，世界的食品产量只有在 2050 年前提高 70%，才能满足全球人口的需要。未来，粮食短缺问题可能会变得更严重。食品（以及生产食品或者购买食品的能力）就意味着权力。

在种植水稻的过程中，稻农一般需要在插秧的同时或者是不久后往稻田里灌满水。水稻成熟后产出的大米有许多不同的品种：短粒米、长粒米和糯米等。在印度出产的大米中，最著名的大概要属巴斯马蒂米，也就是印度香米。但是，任何一位懂行的非洲厨师都知道，要想做出地道的交洛夫炖饭，绝对不能用印度香米，而必须使用长粒的蒸谷米。印度每年会向尼日利亚出口超过 100 万吨大米，其中大部分都是长粒的蒸谷米。

印度和尼日利亚有很多相似的地方：第一，两国都曾沦为西方殖民地；第二，两国的人口都具有平均年龄低、种族和宗教高度多样化的特点；第三，两国人民都喜食大米。印度和尼日利亚之所以能成为重要的贸易伙伴，两国人民对大米的共同爱好无疑是原因之一。除了大米以外，印度还向尼日利亚出口许多其他的商品，比如，摩托车、药品。在拉各斯，街头的出租车有不少是印度生产的摩托车。尼日利亚的药品有 1/3 来自印度。而从尼日利亚出口到印度的最重要的商品是石油——印度是尼日利亚石油的最大进口国。难怪印度和尼日利亚都希望保持和发展两国之间的双边贸易关系。为了建立促进经济发展的双边关系，印度和尼日利亚两国政府做出了不少努力，两国的交流活动包括官方互访、贸易展销会以及关于共享技术成果和投资基础设施建设的研讨会。

印度和尼日利亚两国正以各种新的方式交换手头的美元。虽然这些美元要经过中间商之手才能到达对方国家，但是美元仍是构成印度和尼日利亚之间亲密关系的一个重要元素。

大米从印度流入尼日利亚的渠道非常成熟。尼日利亚的批发商从一些国际贸易公司那里购入大米。这些国际贸易公司专业从事从油脂到小麦的各种食品原材料的收购、销售和运输业务。虽然这些国际贸易公司的名字并非家喻户晓，但是实际上我们餐桌上的食品在很大程度上都是由这些国际贸易公司控制的。在这个领域中，最大的几家公司被统称为 ABCD，其中 A 代表 ADM 公司，B 代表邦吉集团，C 代表嘉吉公司，而 D 代表路易达孚公司。这些跨国公司拥有非常成熟的仓储网络和运输网络，它们参与从作物种植到食品加工的各个环节。

全世界所有的进出口食品中，有 1/3 要经过这 4 家跨国公司的手。而在全世界的粮食贸易中，这 4 家跨国公司占有大约 75% 的份额。所以，你每天吃下的食品中，几乎总会有 ABCD 经手过的东西。但是，你不能从 ABCD 直接购买食品，因为这 4 家公司只经营批发业务，它们的商品会被卖给政府、食品加工厂以及像联合利华这样的跨国生产公司。在食品贸易领域，少数几家公司掌握了经济权力。乐施会等慈善组织认为，这几家大公司利用手头的经济权力剥削处在食物加工链底端的农民和体力劳动者，却不肯按照成本的降低幅度来降低食品的售价。而ABCD则认为，它们致力于推广更高效的可持续农业生产模式，因此一直在保证未来食品供应的前线奋战。

由于这些大型贸易公司都是跨国公司，所以它们的贸易活动不是以奈拉或者印度卢比结算的，而是以美元结算的。尼日利亚将美元交给这些跨国贸易公司，然后这些跨国贸易公司扣除利润后再把剩下的美元交给印度的粮食批发商。印度批发商收到货款后会把美元兑换成印度卢比，然后再把这些印度卢比支付给稻农。生活在印度南部的卡纳塔克邦的阿俊·库玛就是这样一位稻农。2016年，1美元大约可以在印度买到1公斤多的大米。但是，这1美元永远不会流到阿俊的口袋中。事实上，阿俊收到的印度卢比换成美元也远远不到1美元。

我们常常会听到关于发展中经济体、公平贸易以及贸易道德问题的讨论。这些领域的争论焦点是如何帮助这些发展中经济体实现经济上的独立。国际社会希望能帮助这些发展中国家减少对援助的依赖，还希望能减少这些国家的贫困人口，并让这些国家的人民能在全球经济中找到自己的一席之地——因为我们每个人都是全球经济的一分子，发展中国家的人民也不例外。

然而，对这些发展中国家而言，发展的道路常常是复杂而艰辛的。印度就是一个非常好的例子。印度仿佛是一个沉睡的巨人，在未来的国际舞台上，印度必将获得更高的影响力。不管是西方世界的我们，还是远在地球另一侧的中国人，都会在媒体上看到越来越多的来自印度的消息。

首先（也是最重要的一点），不管一个国家打算如何发展和致富，它都必须保证本国的人民能获得充足的粮食。一个国家要想保证充足的粮食供应，就必须从发展农业开始。粮食种植听起来像是一个很简单的过程：播种、浇水、等待，然后便到了收获的季节。虽然农业被称为“初级产业”，但是生产粮食的过程其实是一个非常复杂的过程。

世界人民餐桌上的粮食来自数百万农民的劳作，阿俊便是这数百万农民中的一员。从小的方面来看，阿俊和他的家人每天要面对耕作、种植、收割等环节的种种挑战。从国家层面来看，一个国家必须有足够多的粮食来满足全国人民的需求。这就是我们所说的“粮食安全”。

虽然阿俊出售大米是为了出口，但是印度人也需要吃饭。近年来，西方国家的城镇地区兴起了“减少食物千米数”、鼓励人们购买和食用本地食品的运动。但是，除了赶时髦以外，食用本国出产的食品还有一层更深刻的意义：如果一个国家国内生产的食品能满足本国人民的需要，那么国外发生的变化就不会威胁到该国的食品供应。一个国家的人民只有获得充分的营养才可能高效率地投入生产活动中。

大部分国家都把粮食安全视作非常重要的问题。20 世纪 60 年代的印度也出现过鼓励购买本国食品的潮流。当世界各国人民纷纷转向本国食品的时候，印度的农民也经历了他们自己的转型过程。绿色革命给印度农民带来了产量更高的作物品种、新的耕作方法以及更高的技术含量。印度农业和美国农业一样以提高产量为发展重心，不同的是印度的农产品主要供本国人民食用，而美国的农产品主要用于出口。在全球出现粮食短缺现象时，印度甚至会停止出口大米。此外，印度政府还一直向国内的食品生产提供补贴。当然，在美元的巨大吸引力下，许多印度农民还是会选择出口他们生产的大米，大米的出口为印度带来了宝贵的外汇收入。

从表面上看，印度的情况非常理想。印度拥有全球最大的种植小麦和大米的耕地，水稻田是全国各地随处可见的风景。印度还是全世界牛奶、荚豆和香料产量最大的国家。

既然印度能够生产出这么多食品，我们是不是能据此推断印度人民营养摄入充足、经济上也比较富裕？如果你告诉一个印度人他看起来很“富裕”，那么他会理解为你在说他长得丰满。对印度人来说，“丰满”是一个褒义词，印度的神像都特意设计得圆滚滚的。印度人认为吃得多、吃得丰盛是一件好事。那么，印度是不是一个牛奶、蜂蜜满地流淌，食物多得吃不完的国家？下面我们就要说到，印度的情况并不是这样的。

阿俊种出的大米能让印度获得美元，但是种植大米并不是一个很赚钱的生意。印度有一半人口以农业生产为生——对一个现代经济体而言，这个比例是非常高的。但在印度每年的 GDP 中，农业产生的 GDP 只占 1/6。也就是说，印度在农业上花费了大量的人力，却只得到了很少的金钱回报。

此外，农业还是一种靠天吃饭、变数很高的产业。也就是说，靠种植大米获得印度卢比的阿俊每年都承担着很大的风险。农业的风险主要不是需求方面的风险，毕竟每个人都要吃饭，随着人口的增长，农产品需求只会越来越高。食品需求不仅很稳定，而且未来肯定有增无减。即使大米或者小麦的价格飞涨，对这些食品的需求也不会突然大幅下降，因为人必须吃饭，而且每个人每天都不能缺少食品。用经济学的术语来说，对食品的需求属于刚性需求，也就是说需求对价格的变化不敏感。如果电视机的价格大幅上升，人们就会继续看旧的电视机，而不愿意购买新的电视机，因此对电视机的需求显然不是刚性需求。奢侈品的需求弹性比较大。

不管是在印度的德里，美国的特拉华，还是阿联酋的迪拜，收入越低的人在食品上的支出比例就越高——这是一个在世界各地都普遍成立的规律。因此，如果食品价格飞涨，那么收入越低的人就越可能减少食品的消费数量。换句话说，低收入人群对食品的需求弹性比高收入人群对食品的需求弹性略高。

对阿俊以及世界各地的许多像他一样的农民来说，他们面临的挑战是以农业为主业能否带来足够的收入，以及能否以有竞争力的价格供应足够的农产品来维持自己的生计。

水稻的种植需要大量的土地和相当数量的劳动力——印度的

土地面积和劳动力数量都很充裕。但是，除了土地和劳动力以外，种植水稻还需要消耗大量的水。在印度，灌溉系统的成本很高，因此超过半数的稻农只能依靠雨水。阿俊最关心的问题是西南季风什么时候来，在印度，他不是唯一关心这个问题的人。印度 2/3 的土地易受旱灾影响。通常，印度每年有 3/4 的降雨出现在 6—9 月。但是降雨的情况并非每年都一样。2016 年，印度迎来了 3 年来降水量最大的季风，不仅卖雨伞的商人因此获益，印度农民的收入也得到了提高。在印度，天气预报和每年的第一场大雨与下一部宝莱坞大片一样备受期盼。

为全世界提供粮食是一个非常复杂的工作。不仅收成的不确定性很高，印度的农民还面临其他问题。印度农民的农场通常规模很小，每个农场的平均面积不到 2 公顷。因此，像阿俊这样的稻农常常承担不起安装灌溉系统的开支，也没有资金去投资能提高单位土地产量的机器设备。如果阿俊能够扩大农场的面积，或者把自己的农场和邻居的合并，他就能够因规模经济效应而获益。如果农场的面积较大，投资一台拖拉机就会划算得多，每公斤大米能产生的利润也会相应提高。

那么，为了赚到更多的美元，阿俊为什么不试图扩大农场的规模？印度的国土长约 3 000 千米，土地并不是什么紧缺的资源。但是，问题并没有表面看上去那么简单。复杂的规章制度、官僚主义的问题、来自世界其他国家企业的竞争都给印度农民带来了很大的困难。从英国殖民时期开始，印度就形成了一套官僚主义的文化，没完没了的手续和审批步骤，以及永远填不完的表格就是这套文化的具体表现。印度关于产权的法律和规章异常复杂，令人费解，调出某处产业的所有权信息简直困难重重。虽然印度进行过无数轮的土地改革，但是大部分改革不仅没有保护小农场主的利益，反而有损他们的利益。

就算阿俊能克服上述所有障碍完成农场的扩建，他也未必能躲过存储和分销方面的问题。在印度农民生产的食品中，1/3 的食品在售出前就腐坏变质了。由于仓库和公路的状况不佳，印度农民生产的粮食常常无法被及时运到该国的其他地区。

就算粮食能在腐坏之前被及时运到港口，印度的港口也无法及时处理这个工业经济体产出的大量商品。复杂的手续和严重的官僚作风让这种情况雪上加霜。在美国，商品只要几小时就能通关；在印度，这可能需要好几天。粮食的出口让印度获得了美元，但是出口粮食的整个过程是非常复杂和困难的。

上面这些问题是许多发展中国家的小农场主共同面临的问题。虽然有些问题在印度表现得特别严重，但这些问题并不是印度独有的。

许多发展中国家在粮食种植方面面临比印度更加严峻的问题，比如，不适宜耕种的土地、不利于农业生产的气候条件、劳动力的缺乏，等等。许多农民产出的粮食太少，农产品带来的收入很难维持生计。尽管农场能产出足以维持农民最低生活水平的粮食，但由于农场的规模太小，这些农民的生计仍然很不稳定。在世界粮食市场上，粮食的价格是由产量很高的“大玩家”决定的，小农场主生产粮食的成本比这些大玩家高，但又无力影响粮食的收购价格。在国内市场上，这些小农场主也可能要面对进口农产品的低价竞争。比如，在非洲的粮食市场上，小农场主的产品得和大量从欧洲“倾销”到非洲的农产品竞争。这些欧洲国家的政府向国内的食品生产者提供高额补贴。欧盟的农民可以按政府保证的价格销售自己生产的糖，同时欧盟还限制从非洲进口糖。

公平贸易运动正是为了解决发展中国家贸易上的不平衡问题，主要目标是为发展中国家的农民争取公平以及足以维持生计的农产品销售收入。在印度，公平贸易运动已经涵盖了多种农产品，超过100万名小农场主和农业劳动者因此获益，但是这些人在印度的总体农业人口中仍然是极少数。

对印度政府和像阿俊这样的稻农而言，出口农产品换取美元是一个很有吸引力的生意。但是，农产品的大量出口可能意味着印度人无法获得充足的食品。农业是一项风险很高、收入很不稳定的产业，因此从事农业劳动的人有时买不起自己生产出来的食品。印度虽然有政府支持的食品补贴项目，但是由于印度存在腐败和效率低下等问题，这些项目有时候反而让粮食的价格变得更高了。

农业是一个非常古老的产业，对很多人来说，“农业”一词仍然意味着贫困。为了生存，许多独立的小农场主正在现代化的全球经济中苦苦挣扎。他们的产品虽然是需求很高的必需品，但要满足消费者的需求并不容易。全球食品贸易的运作方式导致农民只能获得微薄的利润。阿俊的生计常常处在危险的边缘。就算阿俊能够侥幸维持一家人的生活，阿俊雇用的临时工很可能无法获得维持最低生活水平的收入。印度有一半人口的年龄低于 25 岁，因此为全国人民提供食品是一项艰巨的任务。虽然印度的稻米产量和牛奶产量都居世界第一，但全世界营养不良的人口有 1/4 在印度。

农业是劳动密集型产业，农业吸收了印度全国劳动力的很大一部分，但甚少能为这些劳动者带来富裕的生活。阿俊靠出口大米为印度换回了美元，但分到他手上的美元并没能给他带来致富的希望。

目前，转型中的中国的经济增速暂时放缓，因此虽然像阿俊这样的稻农面临种种严峻的问题，但是印度仍然成了全世界经济增长速度最快的大国。2017 年，印度的 GDP 增长了 7%。当然，这个统计数据不一定完全可靠，尤其对印度这样一个幅员辽阔的国家来说，统计数据中含有一定水分是常见的事情。

在一定程度上，印度完全有理由庆祝自己取得的成就。印度不仅每年都能通过出口贸易获得额外的收入，教育、卫生等方面的多项指标也在不断提高。印度儿童的存活率比以前高了，更多的国民的寿命能超过 65 岁。印度的识字率也有所提高：目前印度人口的识字率已经超过了 70%。

在19世纪，印度曾是世界第二大经济体。但后来印度的经济发展明显滞后。为了再次追赶上先进国家的脚步，印度选择了一条非正统的发展道路，这条道路自然也给印度带来了非正统的发展结果。印度之所以会走上这条非正统的发展道路，英国殖民者留下的经济传统显然是原因之一。在英国殖民印度期间，英国的主要目标是获取印度的茶叶和香料等自然资源，以满足自身需要。因此，自然资源的出口贸易一直是印度经济发展的重点。印度为此大力发展支持这些出口贸易活动的服务设施，包括铁路系统和庞大的行政系统。包括制造业在内的其他板块则被政府严重忽视。印度独立时，印度经济体的财富大量流失，经济结构也很不平衡。接下来，印度选择了一条很不寻常的经济发展道路，这一方面是因为印度复杂的国情，另一方面（我们不得不说）是因为政府规划不足和政策的缺失。有些人认为，印度选择的这条独特的发展道路既有精心设计的成分，也是偶然因素造成的。

西方国家已经总结出了一套成功模式，它包含几个清晰的步骤，经济的繁荣和国家的现代化可据此实现。只要跟随旧资本的脚步，一个国家获得的每一美元就都能增值数倍。这套经典的致富模式适用于过去、现在和未来，只要稍做变通，世界上的每一个国家就都可以重复这套模式。这是近些年来越南等国转型的原因。

这套标准化的致富模式最早成型于18世纪。当时，工业革命的发生彻底改变了英国传统产业的运作模式。具体来说，这种“传统产业”就是农业。到了20世纪60年代，美国经济学家华尔特·罗斯托提出了一套理论，解释了一个经济体在发展过程中需要经过的几个典型阶段。这套理论就像一份菜谱，在经过几个典型的步骤以后，各种食材和原料就变成了一道美食。华尔特·罗斯托认为，经济体的发展要经过以下的几个典型阶段。

传统社会阶段：一个几乎没有贸易活动、靠耕种实现自给自足的农业社会。辅助工具和机器设备的供给十分有限，因此劳动者的生产效率不高，也没有太多的富余产品可供销售。

起飞准备阶段：农业的机械化程度提高，更多的产品用于交易。国家出现了对物理环境的投资，比如，对灌溉系统的投资。储蓄和整体投资的数额都有所提高，但是提高的幅度不大。国家开始关注社会的流动性，更注重国家认同感和共同经济利益的发展。在此阶段，额外的资金可能会注入该国，比如，来自外国的资金援助或者由海外劳工输送回国内的资金。

起飞阶段：虽然制造业中包含的具体行业数量不多（纺织业和制衣业常常是最先发展起来的行业），但制造业已经变得更加重要了。农业的重要性下降。虽然从事农业生产的人口仍占全国人口的大多数，但是许多人从农村涌向城市，以寻找报酬更高的制造业工作机会。政治制度和经济制度不断完善。在这一阶段，国家有时需要更多来自国外的资金。储蓄和投资的规模进一步增加。

趋于成熟阶段：工业进一步发展，行业的多样性提高。工业生产的重点进一步集中在产品和机器设备的制造上。交通和社会基础设施（比如学校和医院）高速发展。随着技术及其应用的提高，经济增长和收入提高的现象扩散到全国各地。

大规模消费阶段：工业成为经济的主导产业。产出水平提高后，消费支出也随之增长，奢侈品的消费支出也增长了。中产阶层变得越来越重要，因此第三产业随之增长。第三产业包括餐馆业、美发业以及其他服务行业。

在华尔特·罗斯托的模型中，完成第 5 个阶段以后，经济体的发展过程就结束了。华尔特·罗斯托起飞模型主要描述了第一次工业革命和第二次工业革命期间的经济发展方式。在第一次工业革命中，人们用水和蒸汽来实现机械化生产。在第二次工业革命中，人们用电来提高机械化生产的效率。但是，在 21 世纪的今天，要想成为一个成熟的、全球化的发达经济体，除了上述 5 个阶段以外，一个国家还需要完成几个额外的阶段。

考虑到消费者的重要性会继续提高，国家应继续扩大服务板块的规模，直到服务板块成为经济体中最大的板块。接下来，国家还必须合理利用手中的美元——将这些出口收入和公司利润投资于国外的公司和其他事业，以扩大自身的影响力。除了以上的两点以外，在现代世界中，这些国家还必须建立和保持与各国的联系，并且给予科技创新更高程度的重视。有人用“知识经济”的提法来概括这种趋势，也有人将这种趋势称为“数字时代”或者“第三次工业革命”。但是不管用什么样的术语来称呼这一趋势，科学技术已经成为一个国家的发展模型中必不可少的也是最流行的元素。如果一个国家能始终处在科学发展和技术进步的前沿，这个国家就能获得最高的回报。在人工智能即将取代大部分基础工作岗位的今天，这一点显得尤其重要。这意味着各国都得准备好迎接第四次工业革命。在第四次工业革命中，一系列技术的发展和应用将会模糊物理世界、数字世界和生物世界之间的界限。

一个国家的发展是一个艰辛的过程，这项任务的最终目标是增加经济价值，并且提高人民的财富水平。然而，经济的发展有时也会带来贫富差距扩大的负面影响。但是从理论上来说，一个国家发展的标志就是该国手中的现金数量增多了。比如，在 19 世纪，由于机器时代的来临，英国的收入翻了一番（这一数据已经根据通货膨胀进行了必要调整）。

在了解了华尔特·罗斯托的起飞模型以后，我们就不难理解为什么平均每个美国公民拥有的美元数量远远大于平均每个布基纳法索公民拥有的美元数量。布基纳法索是目前世界上最贫困的国家之一。从华尔特·罗斯托起飞模型的角度来看，布基纳法索还处在经济发展的初级阶段：该国有 67% 的人口仍然在从事农业劳动。

那么，关于印度以及印度获得美元的方式，起飞模型可以推出哪些结论？阿俊的情况是否具有典型性？印度目前处在罗斯托起飞模型的哪个阶段？与印度有竞争关系的许多高速发展的亚洲经济体采用的是这样的发展路线：依靠本国的廉价劳动力优势和外国投资来发展制造业，然后将制造业产品卖给西方国家。这是这些国家获得美元的方式。然而印度并没有采取这样的发展模式。虽然印度是一个 GDP 高速增长的大型经济体，但是到目前为止，印度还没有完成建立大规模制造产业的阶段。印度似乎并不打算走曾经的宗主国——英国的发展道路。事实上，在英国殖民时期，印度几乎没有花什么精力去打造本国的制造业或者企业家精神。在印度独立后，政府也并没有提高对制造业的重视程度，当时印度的治国重点是解决印巴分治以后的种种问题，以及设法让这个高度多元化、高度分散化的国家重新运转起来。直到最近这些年，印度政府才开始考虑如何将印度的制造业建设成具有全球影响力的重要产业。

到目前为止，印度仍然没有表现出争夺海外权力的野心。印度对海外的投资数额只有中国的1/36。这一方面是因为印度确实没有中国那么多的出口收入和外汇储备积累，另一方面也是因为印度并不希望通过海外投资向世界展示自己的金融实力。事实上，印度似乎抛弃了传统的经济发展模型，走上一条非传统的道路。印度的这种选择使经济发展结果变得十分独特和有趣。

自2000年以来，印度人的平均收入几乎增长了2倍，但这并不意味着所有印度人都拥有更富裕的生活。稻农阿俊仍然每年祈祷季风的来临，祈祷自己的那台生锈的拖拉机不要彻底坏掉，祈祷土地所有人不会将地租翻番。有1/5的印度人每天的生活费不到2美元，其中的大部分人是像阿俊这样的农民。虽然印度人的整体生活水平和教育水平有了一定程度的提高，但是这些人的孩子仍然可能读不完小学。

那么，到底是哪些印度人在享受经济发展的成果？印度的收入增长究竟来自哪里？从地理上来看，印度的经济增长热点距离阿俊生活的地方并不远。这些新建的公司大楼仿佛是印度的一座座现代神庙。这些大楼里的寂静而闪亮的走道中，藏着印度经济增长的秘密。这些公司有大量的软件工程师，他们的各项证书看起来就像一本本大学招生时发行的宣传册。

班加罗尔在印度就是“信息技术”的同义词。班加罗尔是印度信息技术产业的中心。这座城市距离阿俊的农场只有不到 200 千米的距离，然而这里与阿俊生活的地区是如此不同，我们几乎很难相信它们处在同一个星球上。在班加罗尔，各种各样的电话中心紧靠着外包技术部门和数据处理工厂，它们的服务对象是地球另一侧的银行、大公司以及其他客户。这些印度企业为客户提供各种各样的技术服务，从最普通的信息技术支持到最尖端的机器人服务。在客户意识到自己面临某种问题之前，这些企业可能就已经开始研究这些问题的虚拟解决方案了。欢迎来到印度的技术板块，在这里工作的人是印度最优秀的人，也是印度最富裕的人。技术板块的爆炸式发展为印度创造了技术淘金的热潮。

比如，塔塔咨询服务公司在 1974 年才争取到第一份来自海外的客户合同。然而到了 2005 年，塔塔咨询服务公司已经拥有了 4.5 万名员工。2017 年，塔塔咨询服务公司已经成为印度最大的公司之一，该公司雇用的员工人数超过了 30 万。在印度，有许多像塔塔咨询服务公司这样的公司，这些公司提供信息技术服务、咨询服务以及商业解决方案，每日处理大量数据，而它们向客户收取的费用远远低于西方同类公司。西方公司将信息技术部门和电话客服中心大量外包到印度，将制造业转移到中国，这两种行为的动机是完全一样的，引发的反对呼声也非常类似。

技术外包趋势所产生的效应是巨大的。今天的印度已经成为全世界的信息服务中心，印度的技术板块通过向几十个海外国家的客户提供服务，源源不断地从这些客户手中赚取美元。25 年前，印度的技术板块的总价值只有 20 亿美元，而现在这个数字已经超过了 1 000 亿美元。在过去的 10 年中，印度的各类服务行业的年平均增长率在 7%~10%，服务板块的增长速率是农业板块增长速率的数倍。

2016 年，高新技术企业已占印度经济的近 8%。因为高新技术企业的发展，少数印度人获得了大量的财富。在印度，全国超过一半的财富属于 1% 的富人。根据世界经济论坛公布的数据，从总体上来看，印度的贫富差距超过了美国和俄罗斯。

那些在高新技术企业中工作的人也许从来没有见过 1 美元的纸币，也从来没有逛过沃尔玛超市。但是在班加罗尔的沃尔玛实验室中，软件工程师们每天的工作任务就是研究如何才能让几千千米外的劳伦把她钱包里的 1 美元交给沃尔玛的收银员。通过处理大量的数据和信息，这些软件工程师分析如何才能让劳伦在沃尔玛的购物变得更方便、更具互动性，进而提高沃尔玛的销售利润。从零售商的角度来看，沃尔玛的数据科学家们正在创造一种全球范围内的云数据体系，以便从大数据中提取大商机。身处印度的软件工程师为沃尔玛分析客户消费体验的每个阶段：从物流订货到将食物运至各个沃尔玛零售店，再到如何在店内摆放各种商品以最大限度地刺激消费者的消费欲望。如果某地的气温突然上升，他们就会计算沃尔玛的冰柜里应该摆出多少排骨，以满足人们即兴烤肉的需求。通过大数据的分析，超市零售商们发现，新生儿的父母不仅会大量囤积尿布，还会大量囤积啤酒，因为孩子的出生意味着这些夫妇未来会有更多的夜晚在家中度过。根据这一分析结果，零售商改变了摆放啤酒的冰柜的位置。大数据等同于大笔的金钱。身处印度的软件工程师们通过数据分析如何获得更多的美元，但是支出这些美元的消费者处在世界的另一侧。

班加罗尔的一座座由玻璃和混凝土建成的现代神庙中，进行着大量类似的数据分析项目。其他印度城市也在效仿班加罗尔的做法。

从起飞模型的角度来看，20 世纪的印度也许跳过了几个关键阶段。印度没有发展出大规模的制造业，而是直接拥抱了信息技术的革命。如果我们把经济发展的标准模型比作一份经典菜谱的话，那么印度根据自身的需要和口味修改了这份菜谱。在班加罗尔，富裕的软件工程师们喜欢光顾最新潮的餐馆。这些餐馆里有许多将传统与创新融为一体的奇异菜品。而印度的经济发展成果也像是根据自创菜谱做成的新潮的混搭美食。

印度是怎样取得这种经济发展成果的？印度拥有大量的年轻

劳动力，这其中的大部分劳动者属于低技术劳动者。但是，从英国殖民时期开始，印度就非常重视对工程师的培训；此外，印度还在英国殖民时期发展出了一套铁路系统。这两个因素为印度提供了一些高新技术的劳动者。在数字革命的时代，这些劳动者随时可以拿起键盘、拥抱新技术。印度的数字革命发生于距离首都德里 2 000 多千米的班加罗尔，这并非偶然。正是因为班加罗尔相对远离政府的管控，也不用面对那么多令人喘不过气来的规章制度，其才成为最适合孕育新产业的沃土。和印度的其他城市相比，班加罗尔也拥有相对发达的基础设施，这使塔塔咨询服务公司、威普罗、印孚瑟斯等企业的发展和壮大成为可能。

除了向海外出口技术服务以外，印度还因向海外输出一流工程师而闻名。虽然美国本身也是一个人口大国，但是硅谷的“模范儿童”（按照相对年龄来看，应该说是“模范青少年”）谷歌和微软在寻找高层管理人才的时候纷纷把目光投向了印度。微软的首席执行官萨提亚·纳德拉出生于印度的海得拉巴，毕业于印度马尼帕尔大学的电子工程系。马尼帕尔大学犹如一个培养专业技术人才的“孵化器”。谷歌的首席执行官桑达尔·皮查伊出生于印度的泰米尔纳德邦，他在一个只有两个房间的公寓里长大，后毕业于西孟加拉邦的一所专业大学的冶金专业。

然而，近年来，最有野心的高级人才已经越来越不愿意离开印度，特别是考虑到班加罗尔已经成为印度的硅谷。班加罗尔有成熟的市场体系，有意创业的工程师们能够比较方便地找到投资人，因为后者非常希望在印度的技术热潮中分一杯羹。除了美国以外，印度的班加罗尔已经成为寻找下一个数字技术热点的风险投资人最喜欢的投资地点之一。当然，要想不辜负这些投资人的期望，印度还需要做出许多努力。比如，在过去的10年中，随着电子商务产业的发展，印度拥有了本土的线上零售品牌弗利普卡特；但是，从公司的市值上来看，弗利普卡特目前还远远无法与电商巨头亚马逊和阿里巴巴比肩。目前，亚马逊和阿里巴巴都收紧了对印度市场的控制。

在现阶段，常规技术和常规服务的外包仍然是印度的拳头产业。而且，这一产业的发展速度恐怕能比得上光纤宽带的传输速度。随着云计算和数字服务的发展，公司不断以新的眼光看待信息技术在商业发展中扮演的角色：其追求的是更高的价值和更具创新性的服务。虽然各大咨询公司都在进行大规模投资，但是它们的服务性质意味着未来需要技术性更强、数量更少的员工。印度必须及时做出调整才不至于落后。

与此同时，印度的这些企业面临着双重压力：一方面必须降低成本，另一方面又不得不提高员工的薪酬。工程师不可能在一夜之间被培养出来，在劳动力市场上，工程师的供给是有限的，因此这些公司的员工开始要求更高的薪酬和更好的待遇。印度的用工成本已经不再像以前那样低了。印度的软件工程师们要求加薪的理由和中国的制造业工人要求提高工资的理由是一样的。随着国家经济的发展，劳动者薪酬的提高是一个不可避免的副产品。

未来，印度的技术产业可能会发生很大变化，很可能会发展得更复杂、更高端。技术产业从来不是劳动密集型产业，该产业未来雇用的员工人数还会进一步减少。印度已经是世界上贫富差距最大的国家之一，而技术产业从业人员数量的减少会进一步加大印度的贫富差距。目前，信息技术产业创造的 GDP 占印度 GDP 的 8%，而创造这些 GDP 的人们获得的收入远不止全国收入的 8%。根据印度的官方数据，印度劳动力总人口超过 4.6 亿，信息技术产业的员工只占劳动力总人口的不到 1%。印度是一个拥有 13 亿人口的大国，在全世界所有处于工作年龄段的人口中，有 1/5 的人口居住在印度，而且这个比例还在不断增长。印度每月必须新创造 100 万个就业岗位，才能赶上人口增长的速度。然而，自 2016 年以来，印度各家大型技术公司纷纷放缓了招聘新员工的速度。要想保持国家经济的高速增长，印度很可能需要寻找新的经济增长点。

技术产业的发展为印度创造了大量的财富，但并非所有印度人都享受到了这笔财富。技术产业在仍不发达的印度创造出了一个规模很小但相对普通人而言超级富裕的新兴中产阶层。精英阶层的快速致富并不能帮助稻农阿俊脱离贫困，也不能帮助印度成为经济强国。技术产业的发展无法实现全国人民的共同富裕。印度政府希望从海外获得美元，美元也确实在源源不断地流入印度国内，但是印度政府不应该只重视少数明星产业，而应该吸引美元流向能为更多人提供就业机会的其他产业。

有时，经典的菜谱之所以能成为经典是有原因的。经典菜的味道也许缺乏新意，但经典菜谱会让出错概率降低很多。虽然标准化的经济发展模式也会带来贫富差距扩大的问题，但是印度选择的这条非传统的发展道路会让贫富差距的问题变得更加严重。问题尚未解决，印度仍需努力。我们很快就会谈到印度正在采取的措施。

科技产业的成功反而彰显了印度经济的分裂。班加罗尔也许是世界信息技术的前沿，但是班加罗尔的情况并不能反映印度其他地方的情况。

根据世界经济论坛公布的数据，印度只有 15% 的家庭能够上网。在印度的网民中，80% 的人是通过手机连上互联网的。因此，在印度，只有买得起智能手机的大都市精英阶层才能访问互联网。在城镇区域以外，能上网的人就变得更少，甚至完全不存在。在互联网的访问率上，印度与邻国处于同一水平。在所有发展中国家中，平均有 40% 的民众能够访问互联网，印度的网络访问率甚至还没有达到发展中国家的平均水平。为什么民众的互联网访问率是一项重要指标？根据世界银行的估计，如果贫困国家民众的互联网访问率能提高一倍（达到 75%），全世界的总收入就将因此增加 2 万亿美元，这一变化还能创造出超过 1 亿个就业岗位。互联网带来的好处不只是访问社交网站和进行线上购物。

在印度，能连上互联网的人也经常处于掉线的状态。由于印度的电子基础设施相当落后，互联网的网速也非常慢。只有5%的印度家庭购买了宽带服务。印度是世界第二大智能手机市场，但是真正使用手机的人很少。虽然10亿印度人拥有手机，但是信号不好、网络覆盖不足等问题使得很多人的手机根本派不上用场。许多印度人的手机只是一种身份的象征，而根本不能当作一种通信工具来使用。

随着低价技术产品的普及，特别是低价智能手机的普及，许多发展中国家的人在不知不觉间快速进入了现代化时代。从以农民为目标群体的应用程序，到电子银行软件，这些新科技的产物都是经济发展的催化剂。如果继续把经济发展的模型比作一份菜谱的话，那么有了这些原料，我们就能以更短的时间制作出美食。在这些科技产物的帮助下，新的市场可能会被开拓出来，人们也许能以从前完全无法想象的方式进行各种交易。

对生活在农村的阿俊而言，技术的发展也许决定了他的农场的经营情况。在更先进的科学技术的帮助下，阿俊也许能够更好地应对气候和物流的挑战，更及时地将农产品送到客户手中。当然，这些科技的发展都需要资金的支持。在很多情况下，像阿俊这样的个人是没有这么多资金的。但是，印度是一个能以5美元的成本生产出智能手机的国家。印度既有这方面的需求，又有具备相关知识的专业技术人才，因此印度完全有能力正视和满足本国人民的技术需求。比如，在班加罗尔，一些新创公司已经开发出了针对农民用户群体的软件，这些软件能够为农民预测天气变化、预测农作物的产量和质量，还能提醒农民采取必要的预防措施。还有一些公司研发出了更环保的杀虫剂和土壤添加剂以及能帮助农民测量和控制灌溉水位的更先进的机器设备。

印度的技术产业只需要政府扫平道路上的障碍。目前，印度政府已经在尝试推广一些现代化的改革，希望技术带来的好处能够惠及所有印度民众，而不局限于少数人。2015 年，在与硅谷的各位技术领袖进行会谈以后，印度总理纳伦德拉·莫迪提出了 9 项目标，包括提高无线网络的覆盖率，以及扩大电子产品的生产和制造。也许出于对祖国的感怀，谷歌和微软的首席执行官分别承诺为印度的 500 个火车站提供无线网络服务，以及为印度农村地区的 50 万名村民提供价格低廉的宽带服务。此消息一出，有些人认为这是促进印度经济发展的利好消息，但也有一些人怀疑印度将再次成为西方国家的殖民地——数字化的殖民地。不管人们以怎样的眼光看待来自西方国家的援助，印度要想取得成功，继续推广这方面的改革就可能是关键一步。

现在，印度的农民和批发商已经可以通过网络平台在全国范围内报价和比价。在印度，电子钱包和电子支付系统的使用率正在指数式增长，而印度政府也希望鼓励和帮助这些系统发展。更加高效的交易系统能为像阿俊这样的农民带来很大的好处。这些技术的发展和推广不仅能让 13 亿印度人的生活变得更加便捷，还能照亮印度经济最黑暗的角落，让人们看清这些不透明的区域中究竟在发生怎样的事情。此外，这些技术还能为印度提供更多的资金。

为了获得助力印度经济发展的收入，政府首先必须知道国家在向哪些项目或者哪些人征税，然后还得确保这些税款能被征收上来。严重的官僚主义作风和烦冗的文书手续一直是印度的重要特征，因此印度政府常常找不到应缴税款的纳税人，或者无法从这些纳税人手中拿到税款。对于每 1 美元以工资或利润形式产生的产出，印度政府只能收到 17 美分的税款。虽然这个数字和大部分发展中国家的数字差不多，但是印度的目标是与一些更加富裕的发达国家进行竞争，而这些发达国家的政府能征收到的税款比例几乎是印度的 2 倍。2013 年，有大约 50% 的美国居民向政府缴纳了收入税，而在印度，只有不到 3% 的人向政府缴纳收入税。出现这种现象的原因之一是印度有许多居民（尤其是农民）因收入过低而达不到收入税的起征点，但是即使考虑到这样的情况，3% 的收入税缴纳比例仍然太低了。

问题出在冰冷无情的现金上。在这里，我们说的现金不是美元，而是印度卢比。在印度，各种交易中的卢比有 90% 是以现金的形式转手的，这种情况直到最近几年才发生改变。不仅小额交易常常以现金作为支付媒介，连大额交易也常常以现金来完成支付。人们常常用一捆捆的 1 000 卢比纸币来支付房款。大约有一半的印度居民根本没有银行账户，85% 的印度居民以现金的形式领取工资。对那些住在最偏远的村庄中的印度人来说，去最近的银行可能也要花上几个小时。许多商家在收款的时候只接受纸币和硬币，而不接受其他支付形式。印度共发行了 2 500 万张信用卡，也就是说每 50 个人中只有 1 个人拥有信用卡；同时，自动取款机的数量也非常有限，每 5 000 个人才拥有 1 台自动取款机。在这样的环境下，像阿俊这样的农民自然只能选择把现金都存放在家里。如果需要购买种子，那么阿俊会选择用现金来支付货款。

现金的存在和流行自然有道理。所有商家和个人都接受现金作为支付手段，取得现金也非常容易，尤其是如果你把现金放在家中的抽屉里的话。因此，现金是所有金融资产中流动性最高的一种。以其他形式持有的财富（从银行存款到房地产）都不如现金那么容易取用，花起来也没有现金那么方便。

然而，和国际上的其他竞争对手相比，印度对现金的依赖程度特别高。不管是中国人还是美国人，都不像印度人那样依赖现金。当然，高度依赖现金也不完全是一件坏事：某些人认为，正是因为印度人高度依赖现金，印度才没有受到 2008 年全球金融危机的严重影响。在其他国家中，由于银行发放了借款人根本无力偿还的过量贷款，整个国家的经济受到了严重的负面影响。因为印度银行系统的发展程度严重不足，所以这种类型的银行贷款在印度非常少见。

印度人依赖现金有两个重要原因。一是许多像阿俊这样的低收入农民根本无法接触到银行的服务，二是一些高收入者希望通过现金交易来逃避税收机构的监管。因为许多交易活动都以现金作为支付媒介，因此整个印度经济中可能有高达 3/4 的交易根本不受政府的监管。这部分经济活动属于“黑色经济活动”：从政府的角度来看，这部分经济活动是不存在的。这部分经济活动可能包括受贿等见不得光的行为，政府没有办法对它们征税。

印度政府如何才能打击非法经济活动，保证经济体的公开透明，并且有效地征收税款？印度总理莫迪认为，印度政府可以通过一次突然的震慑行动来解决这些问题。

2016 年 11 月 8 日，莫迪对全印度人民进行了一次事先没有通知的讲话。在这次讲话中，他突然向全印度人民宣布，面值为 500 卢比和 1 000 卢比（价值分别相当于 7.5 美元和 15 美元）的纸币很快将不再是印度的合法货币，这两种面值的纸币将变得一文不值。所有持有这两种面值的纸币的人必须在不到两个月的时间内将手中的纸币存入银行或者邮局。如果人们能提供这些钱款的来源证明，那么每人最多可以兑换价值 4 000 卢比的纸币。同时，政府将重新发行面值为 500 卢比和 2 000 卢比的新版纸币。莫迪的这次突然讲话意味着，在印度经济体中流通的所有纸币中，可能有超过 80% 的纸币很快就会作废，即将作废的纸币总面值达到了 2 200 亿美元。这是一次规模巨大的突然袭击。

这项政策出台以后，人们纷纷涌向银行。印度的金融部部长称，在这项政策出台后的 4 天中，超过 400 亿美元的纸币被存入了印度的各家银行。银行门口排起了长队，等待存款的人甚至为了争夺队伍里的位置而大打出手。由于印度政府未能及时印刷和分发新版纸币，在全国范围内，各种金融活动因货币不足而全面停滞。为了应对货币不足的问题，印度政府又出台了一些新的法规来限制人们的取款数额。然而政府对取款数额的规定经常变化，民众常常感到迷惑不解，全国上下一片混乱。

从各种各样的故事中，我们可以看出莫迪的这项政策给印度的民众带来了极大的不便。由于缺乏货币，有的家长无法支付孩子的医疗账单，这甚至导致出现了儿童死亡的严重事件。还有一些人由于缺乏货币而不能为家庭购买食品。因为没有货币，工厂无法购买产品生产所必需的原材料，或者无法支付员工的工资，许多工厂的生产大幅放缓。莫迪宣布这一政策的时候，正是印度的婚礼高峰季节。按照印度的婚嫁传统，父母们本该在儿女的婚礼上快乐地挥霍掉毕生积蓄，然而由于货币短缺，许多家庭的婚嫁庆典仪式被迫取消，这样的情况引起了全印度民众的愤怒。印度政府不得不签发特别命令，将要办婚礼的人的取款上限提高到 25 万卢比（约合 3 600 美元）。

莫迪推出的这项政策事实上取消了印度境内流通的大部分现金，此举虽然让逃税者和其他罪犯无所遁形，但也给印度民众造成了极大的损失。强烈的痛苦和不便将全印度的人民团结了起来，从班加罗尔的精英阶层到像阿俊这样的普通农民都对政府的这一政策表达了强烈的不满。这项政策对阿俊妻子的影响也许比对阿俊本人的影响更大。在印度，数百万女性都有存私房钱的习惯，这些私房钱通常被她们藏在衣柜里或者床垫下面。近年来，在印度，妇女的经济地位不仅没有提高，反而有所下降。联合国的数据显示，10 年前印度有超过 1/3 的女性属于劳动力大军中的一员，而如今这个数字已经下降到了 1/4。每 10 名印度妇女中有 8 人根本没有银行账户。藏在衣柜里或者床垫下面的私房钱是许多印度妇女手中唯一的经济控制权力，而莫迪的政策却让这些妇女的重要积蓄变成没有用的废纸。如果不能在政府公布的期限之前将这些现金存入银行或者兑换为新版纸币，印度妇女就会陷入绝望。然而，要想把手中的私房钱存入银行或者兑换为新版纸币，这些妇女就必须提供有法律效力的文件来证明这笔资金的来源。

这项政策取得的正面效果是否配得上数百万印度人民付出的巨大代价？这项政策是否真的让偷税漏税的人和进行其他非法交易的人无所遁形了？据报道，在莫迪总理的演讲结束后，印度的珠宝商通宵营业，因为大量避税者急于把手中的现金兑换成安全性仅次于现金的资产——黄金。印度国内的黄金价格随之大幅提高。但是，从总体上看，有组织的犯罪行为毕竟是“有组织的”——这些犯罪者早已将从非法交易中获得的利润换成了珠宝、房地产或者其他形式的资产。此外，据报道，腐败分子还通过贿赂银行工作人员等手段来开办虚假的银行账户。因此，与农村的家庭妇女相比，这些犯罪者反而能够更轻松地保护手头的现金。印度政府称，在所有宣布作废的纸币中，有1/5的纸币不符合兑换或存款要求，也就是说，政府的这项政策一共清理了价值450亿美元的非法资金。事实上，被这项政策清理掉的非法资金只有官方数目的一个零头而已。

莫迪的这项政策也取得了一定的成效。印度官方称，这项政策实施以后，政府的税收收入有所提高，国库里的资产数量也获得了喜人的增长。在旧版纸币作废之后，印度的数字支付系统普及率几乎立刻上升。使用电子钱包应用程序的人数激增。网上支付变得越来越流行，员工的工资、付给人力车夫的车费，都可以通过网上支付的手段来结算。也许莫迪的这项政策并没有如他希望的那样彻底清理印度经济中隐藏的各种污垢，但是这项政策确实稍稍加快了印度金融系统现代化的步伐。

废除旧币的政策目标不仅在于增加政府收入，事实上，莫迪的这项政策还以一种相当激进的方式鞭策了仍在发展过程中的印度经济。在这项政策的影响下，印度不得不快速融入现代化的金融世界。每个想成为具有全球影响力的经济体都必须完成这项任务。然而，一旦一个国家获得更多美元，成为全球金融体系的一部分，这个国家就必须改变自己的行为模式。

城市化的过程是促成经济发展的常见元素之一。在发展中国家，随着人口的增长，许多人离开贫困落后的农村地区，前往城镇地区生活。当这些人到达城镇地区以后，政府面临的重要挑战是为这些人提供足够的就业岗位。

在印度的农村地区，人民的生活十分困苦，因此我们不难理解为什么许多人想离开农村地区，前往城镇地区生活。在完成了与拜占庭式的各种土地法律[①]的漫长斗争以后，许多农民终于可

① 拜占庭式的法律：据说拜占庭的法律系统非常烦琐，因此拜占庭式的法律形容极度烦琐、令人难以应对的法律。——译者注

以去城镇地区追求新的生活了。

然而，印度的城镇地区也并非黄金遍地。目前，印度有1/6的城市居民住在贫民窟中。根据印度官方人口普查文件中的定义，“贫民窟”是指不适宜人类生活的居住环境。也就是说，住在这种不适宜人类生活的居住环境中的印度人共有6 500万，这个数字比全英国的人数还要大。印度的贫民窟确实是不适宜人类生活的居住环境——充满了各种临时性的设施，拥挤局促，供水不足，卫生条件极差。这些贫民窟简直成了疾病、害虫、老鼠和有组织犯罪行为的温床。在过去的15年中，由于大量印度农民放弃了艰苦的农耕生活，来到城镇地区生活，因此在贫民窟中生活的人的数量增长了一倍。

这6 500万人以前从事农业劳动的时候很难享受到美元的好处，如今，住在贫民窟中的他们就更难享受到美元的好处了。住在贫民窟中的城市贫民即使有工作，其工作也通常是一些临时性的工作，比如，捡垃圾或者做些缝缝补补的零活儿。对印度政府而言，城市中的贫民窟也许是其眼中钉，但是对生活在贫民窟中的民众而言，他们的生活在很大程度上是完全不受政府监管的。

随着城市化进程的加快，印度国内的制造业也悄悄地发展了起来。中国的经验可以充分证明，当一个国家拥有大量廉价劳动力时，发展制造业是一种相当不错的选择。根据印度的官方统计数据，目前有3 000万印度人在制造业中工作。也就是说，印度制造业的雇员人数已经超过了美国制造业雇员人数的2倍。但是，这些印度制造业工人的生产效率远远比不上美国的同类劳动者。除了少数几家大公司的雇员以外，印度的大部分制造业工人只能在规模较小、发展程度相对较低的工厂或者作坊中工作。这些小工厂和小作坊的供应链系统通常都相当落后。

除了这 3 000 万正式工人以外，还有许多妇女和儿童通过分包的方式接受一些缝纫的工作，靠这些活计获得的现金能帮助他们勉强摆脱赤贫的经济状态。众所周知，印度的制衣行业善于生产手工刺绣的衣物，年轻劳动者灵巧的双手最适合完成这些复杂的工作。由于许多刺绣工作常常被外包给在家里工作的劳动者，因此就算是最注重生产道德的零售商，也很难完全做到不雇用童工。

印度正在试图改变这样的情况。在更大的尺度上，印度试图完成自己的制造业革命，从而为本国劳动者创造更多的就业岗位。一方面，印度政府希望继续赚取美元；另一方面，印度政府希望以更加可靠的方式赚取美元。

2014 年，莫迪推出了一项名为“印度制造”的计划。莫迪具有很强的印度教民族主义倾向，是一位富有争议的政治人物。在竞选过程中，莫迪承诺振兴印度经济，靠着这一承诺，他以很大的优势赢得了总理的竞选。多年以来，由于印度的相关法律和管理制度异常复杂，不仅国外的大型制造厂商不愿意在印度开设工厂，甚至连印度国内的公司也不愿意将工厂设在本国。莫迪承诺废除各种不必要的管理措施，让印度的环境不仅适合小麦和大米的种植，而且适合各种企业的成长。

一些清楚的信号表明，莫迪的计划取得了一定的成功。在他宣布这项计划后的6个月中，流入印度的外国投资增长了40%。波音、福特、可口可乐、五十铃以及其他外国公司纷纷在印度开设工厂，或者扩建印度境内已有的工厂。松下公司一边在印度北部的哈里亚纳邦生产冰箱，一边在班加罗尔与塔塔咨询服务公司合作研究机器人技术。最重要的是，生产iPhone等小型设备的富士康表达了把各种生产设施全面迁往印度的意向。目前，富士康已经计划在印度建立生产手机的工厂，同时还在印度投资各种应用程序，比如，提供短信息服务的应用程序Hike。而在印度已有两家工厂的小米则宣传其印度工厂每一秒钟就能制造出一部手机。印度之所以能够吸引这些公司的投资，一方面是因为印度拥有廉价劳动力，另一方面是因为印度不断壮大的中产阶层能提供巨大的消费需求。

那么，这些现象是否意味着印度很快就能从中国手中抢走沃尔玛的订单？恐怕还不能。如果我们继续把印度的经济发展过程比作按照菜谱做出美食的过程，那么印度要完成目前这个发展阶段还有很长的路要走。菜谱上的一种非常重要的原料是印度没有的。

这种非常重要的原料就是基础设施，比如，仓库、道路、学校。建成这些设施的最普通的一砖一瓦现在已经成为制约印度经济发展的重要因素。不管是在卡纳塔克邦的稻田里，还是在哈里亚纳邦的工厂中，印度赚取美元的能力都可能因为这些基础设施的缺乏而受到限制。为了保证种出的农作物能以良好的状态被及时运送到市场中，阿俊需要交通系统和良好的仓储设施。

在印度，有一半的道路是没有铺过沥青的原始道路。当载重较大的车辆经过的时候，这类道路很容易被损毁。印度境内的制造工厂常常因为无法及时取得必要的生产原料而不得不将生产计划延后。据估计，在印度的高速公路上，车辆的最高时速只能达到 40 千米。这还是所谓“高速”公路上的速度，在城市道路上，车辆行驶的速度肯定会更慢。而在美国，车辆在高速公路上行驶的常规时速接近 100 千米。在印度，每 3 吨货物中有 2 吨要靠卡车完成运输，这要么是因为两地之间根本没有铁路线路，要么是因为两地之间的铁路线路无法完成运送这些货物的任务。这样的情况听起来熟悉吗？是的，印度和尼日利亚之间的共同点不仅仅是贸易。

随着越来越多的印度农民涌入城镇地区，交通堵塞已经成为人们生活中的一种常态。城市人口的爆炸性增长意味着印度政府必须为这些城市居民提供价格合理的住房和高效的交通系统。此外，印度政府还必须为民居和工厂供应充足的水电。因为不愿面对每日断电数小时的风险，许多大型制造商选择用自己的发电机组发电。但是，从发电成本上看，这种做法显然很不经济。

在印度，许多方面的基础设施还存在巨大的空白。如果印度的未来是由印度人民的素质决定的，那么印度政府只有为儿童提供充分的医疗和教育保障，才能保证未来的印度劳动力大军拥有足够高的生产技能。虽然基础设施不能直接促进经济发展，但是基础设施能让整个经济体更高效、更平稳地运转。因此，基础设施的提高能够间接提高印度劳动者的生产效率和收入水平。

印度的政客和商业领袖们自然也明白这个道理。印度政府承诺将印度的 65 万个乡村全部用公路连接起来。印度政府设定的目标是每天建设约 40 千米的新公路，然而，目前的实际施工情况却离这个目标越来越远。莫迪提出了一系列的计划，根据这些计划，印度将用 1 万亿美元建设公路、铁路和机场。在这笔巨大的投资中，2/3 的资金来自私有板块。既然印度是目前世界上增长速度最快的大型经济体，投资者怎么可能拒绝这块大蛋糕？

然而，实际情况是许多外国投资者完全能够抗拒这块大蛋糕的诱惑，而且他们做出这种决策的理由也非常充分。投资基础设施项目以后，投资者很可能需要等待几年的时间才能确定该项目能否竣工，以及能否收到投资回报。比如，全面翻修印度的铁路系统是一项艰苦费力的工作。外国投资者不仅要在签订合同和施工的过程中不断与印度的官僚主义问题做斗争，还很可能会碰上腐败问题。能源项目和土地项目都具有建设周期长、复杂度高、高度不透明的特点，投资者辛苦运作了多年，最终的大部分利润却被既得利益集团攫取。印度不像尼日利亚等国那样拥有丰富的自然资源（尤其是石油）。尼日利亚的石油储量能像磁铁一样吸引外国投资资金流入，打消外国投资者的所有顾虑，但是印度并不具备这种得天独厚的条件。

对发展中国家而言，腐败常常是一个严重的问题。不管是真的存在严重的腐败现象，还是外国人因为信息不足而夸大了对腐败程度的想象，该国的经济发展都会因此受到严重的负面影响。世界经济论坛认为，印度通过私有板块的投资实现国家现代化的最大障碍就是国内的腐败问题。在印度，一项有利可图的合同的达成，常常需要依靠中间人的运作，甚至还要靠贿赂。此外，获得银行的贷款也非常困难。为了让外国公司能够更轻松地在印度开展投资活动，印度政府已经放松了很多监管措施，然而对外国投资者而言，印度复杂的法律法规仍然相当令人迷惑。在克服了以上所有困难以后，投资者还必须解决各种争端，以保证合同的履行。就算是最有前途的商业创意也常常被各种障碍拖垮，无法付诸实施。

但是，印度政府下定决心要改变这样的现状，目前已经通过一系列极富创新性的方式推行这方面的改革。比如，印度政府提出，只要外国公司愿意投资建设印度的高速公路，政府就可以为这些公司面临的各方面风险提供担保。已经有越来越多的外国资金慢慢流向了印度的基础设施建设项目，但是在 1 万亿美元的总投资中，1/3 的投资应该由印度政府承担。就目前的情况来看，这笔用于建设各种建筑、港口、铁路等设施的政府资金似乎并没有到位。要印度政府拿出 3 500 亿美元的基础建设投资就意味着每一位印度人大约需要出资 300 美元。由于印度政府已经通过废除旧币等措施控制了印度境内的更多现金，因此印度政府的支付能力应该有所提高。

为了建设国内的基础设施系统从而促进经济增长、增加就业机会、提高人民收入，印度政府需要石油。印度政府雄心勃勃的公路建设项目绝对需要用到大量的沥青（又称柏油），而沥青是从重质原油中提炼出来的。尼日利亚无法为印度提供数量如此巨大的石油——尼日利亚产出的石油类型并不是印度需要的石油类型，而且尼日利亚也无法以合适的价格为印度提供这么多石油。由于伊拉克的石油生产商愿意以相对低廉的价格向外国出售石油，伊拉克已经成为印度石油的最大来源。哪里有石油，哪里就有美元。印度的大米批发商刚把他们赚到的美元存入银行，这笔钱就流到了印度斯坦石油公司的手中。接下来，印度斯坦石油公司将把我们追踪的这 1 美元送到伊拉克的油田上。

第 5 章

黑金的黑暗代价：从印度到伊拉克

人在太空中是孤独的，就像英国著名歌手艾尔顿·约翰的《火箭人》那首歌中唱的那样，“人在太空中，一定很孤单。”但是每天傍晚，地球上的一道美丽的风景都会让国际空间站中的宇航员们想起他们的家园。德里时间6点，印度全境的灯火逐渐亮起，闪烁的灯光为印度的城市带来巨大的光晕，成千上万的小村庄也像星星般一一亮起。

无数航班将印度次大陆和世界其他地方联系在一起。如果你恰好在傍晚时分坐在其中的某一架飞机上，那么你看到的美景也会和宇航员们看到的风景非常类似。在一张航线地图上，我们可以看到数千条纵横交错的线段，这些线段追踪着旅客们的旅途，也追踪着全世界范围内的商业活动和创意流动的足迹。印度次大陆和世界其他地方之间会发生数不清的贸易行为，沃尔玛会从印度购买信息技术服务，斯里兰卡会把茶叶卖给澳大利亚。如果我们可以追踪这些贸易行为，那么我们也能够绘制出一幅与航班地图类似的贸易地图。在这幅贸易地图上，每一条“航线”代表着数十亿美元的流动。这些美元的流动加强了各国之间的联系，也使许多经济活动成为可能。

不管是在航线地图上，还是在贸易活动的资金流动图上，流量最大的线路都是从印度次大陆到中东的线路。中东各国既没有发达的工业，也不是主要的旅游胜地（除了少数几个国家以外）。从宇宙空间站中的宇航员们的视角来看，当印度城乡各处的灯火开始闪烁的时候，中东地区仍然沐浴在渐渐变暗的夕阳中，而没有太多灯光亮起。然而，如果没有中东输出的石油，印度次大陆就不可能有那么多明亮的灯火。中东地区最吸引人的东西并不是骆队旅行或椰枣，而是石油。

要想用公路把印度的65万个村庄连接起来，印度政府必须用“黑金”去铺这些公路。米森油田坐落在伊拉克南部城市巴士拉北侧几百千米的地方，其位置接近伊拉克和伊朗的边境线。从表面上看，这里荒凉而单调，和其他沙漠毫无区别。很多年来，这个地方是个体农民的保留地，农民靠这片沙尘满天的土地勉强维持贫困的生活。然而，1975年，此处发现了石油，在冒着泡的黑色液体从地下涌出的那一刻，这里的一切都改变了。发现石油以后，伊拉克政府控制了这片土地，并邀请海外的大型石油公司前来经营这片油田。虽然我们有时在邻近米森油田的草地上仍能看到牛儿吃草的情景，但是许多农民都已经从该处迁走，他们的农舍被土耳其等国的石油公司管理人员的住处取代。油田的建立导致大量农民被迫迁居，米森油田甚至专门成立了特别赔偿委员会来处理相关的赔偿问题。出于公众关系方面的考虑，米森油田向一些当地人提供了就业机会，比如，看守油田的工作。油田的安全保卫工作是一项重要工作，因为能产出巨大财富的米森油田地处伊朗和伊拉克边境地区，伊朗和伊拉克两国对此处的国境线有争议，而伊拉克的这位邻居又是出了名的坏脾气。

对任何一个国家而言，只要能在国境内发现油田，不仅大量的美元会从天而降，国家还会因此获得极大的权力。因此，人们将石油这种宝贵的资源称为“黑金”。然而，家门口的自然资源有时也会给这些国家带来动荡和混乱。从这个角度来看，黑金既是一项慷慨的馈赠，也可能是一道不祥的诅咒。

石油不仅对产油国的人民和当地的石油大亨们来说很重要，也和我们每一个人的生活息息相关。对我们中的大部分人而言，如果没有石油，日常生活就无法正常进行。但是，对石油的依赖也会给我们带来负担。也许你曾产生过这样的疑问：为什么汽油价格可以快速上升，而油价下跌的速度却从来没有那么快？为什么美国政府似乎非常急于向某些国家宣战，却对另外一些国家中发生的冲突视而不见？这些问题的答案与石油板块的运作方式有关。石油板块不是一个简单的领域，上游、下游、油井架、人字架——就连这个产业中的术语也似乎要故意让人听不懂，但试着理解这个板块很有必要。接下来，我们即将跟随 1 美元的脚步来到中东，这里是世界上最迷人的区域之一，也是对整个世界的运作影响最广泛的区域之一。

要想深入挖掘关于石油的故事，我们必须了解一些与化石有关的知识。石油不仅是制造高速公路表面材料的关键原料，也是生产从化学试剂到塑料瓶的各种产品所必需的原料。腐烂的动植物被淤泥包裹，然后在沉积岩的角落里经过成千上万年形成一种质地浓稠、气味恶臭的液体。有了这种燃料，世界各地的汽车才能在公路上奔驰。对许多国家来说，油田的发现不仅意味着财富，还意味着权力。

如果一个国家花得起大量的美元购买石油，那么这个国家很可能正走在通向富裕的道路上——对于这一点，印度可以说是深有体会了。为了满足高速增长的国内需求，印度的道路建设公司需要沥青。这些道路建设公司从供应商那里订购沥青，而这些供应商又必须先从石油处理厂购买沥青，也就是说供应商不得不敲响由政府控制的印度斯坦石油公司的大门。印度斯坦石油公司每年要提炼 1 600 万吨的石油，然后这些提炼出的石油通过 300 千米长的输油管道输送到印度各地。在印度，我们追踪的这 1 美元先被大米批发商在银行兑换成印度卢比。然后，银行又将这 1 美元给了印度斯坦石油公司。印度斯坦石油公司旗下的一家炼油厂会用这 1 美元向伊拉克购买一桶石油。

多个世纪以来，石油的各种用途已经很明显了。古埃及的金字塔中就有石油的痕迹。古埃及人把石油提炼出的焦油涂在包裹木乃伊的布上，这样做起到了密封作用。拉丁文单词“petroleum”(“石头的油”）最早出现于 16 世纪。将石油称为“石头的油”非常贴切：因为在 19 世纪以前，大部分石油都是从岩石中流出的液体里提取出来的，这种含有石油的液体被称为“油苗”。19 世纪，人们主要依赖鲸鱼的油脂来点灯。1850 年左右，加拿大地质学家亚伯拉罕·格斯纳从石油中蒸馏出了一种新的燃料——煤油，于是煤油逐渐取代了鲸鱼油脂。煤油价格更低廉，而且煤油灯也比用鲸鱼油脂点的灯更加清洁。亚伯拉罕·格斯纳的这个发现拯救了大量鲸鱼的生命。

随着工业化进程的飞速前进，各个国家对石油的需求也大幅上升。大约在同一时期，美国宾夕法尼亚州的泰特斯维尔发现了大量石油储备。1901 年，世界首个大规模商业油田——纺锤顶开始产油。此时正处于内燃机的使用开始普及的年代。没有内燃机，就不会有飞机和汽车。石油是带领人们走进现代的重要元素。从此以后，石油统治了整个世界。

“原油”是一个统称，这个词可以指代从地下或者海底开采出来的各种等级的油类。不同种类的原油在密度、黏度、毒性等方面有很大的不同。虽然人们将原油统称为“黑金”，但是事实上原油可以呈现各种不同的颜色，从深黑色到浅黄色都有可能。最轻质的原油的流动性很高，很容易从地下抽取出来，蒸发的速度也很快。原油的密度越小，其潜在的危害性也就越低。而最重质的原油通常呈泥浆状，这类原油最难从地下抽取出来，也是对环境危害性最高的一类原油。如果重质原油发生泄漏，这种油就会附着到海鸟的羽毛上。

今天，汽车和飞机使用的汽油是精炼程度最高的轻馏分油。如果某种饮料的宣传语中出现“轻”这个字的话，那么通常它是一种代糖饮品。但是在形容石油的时候，“轻”这个词表示纯度更高的意思。精炼程度较低的中等级别油品可以用于生产塑料和各种化学产品，或者作为轮船、发电站以及家庭取暖的燃料。而精炼程度最低的重油则非常适合沥青的生产，因此这类原油才是印度政府最感兴趣的原油。

印度正在花大量美元购买巴士拉重质油。巴士拉重质油的价格相对便宜，适合预算有限、不愿购买更高级的巴士拉轻质油的买家。虽然印度在孟加拉湾和拉贾斯坦邦等地也有石油储备，但是为了满足国内的石油需求，印度还是必须从国外进口石油。通常情况下，伊拉克每天向印度出口的石油多达 100 万桶，其中有 1/5 是巴士拉重质油。

在整个世界经济系统中，从中东进口石油是每天都会发生的常规交易。目前，全世界每天大约需要消耗 1 亿桶中等级别的石油，也就是说，每个人（包括男人、女人和孩子）平均每天要消耗超过 2 升的石油。这个数字还没有包括其他形式的能源的消耗。

不同国家的石油消耗量差别很大。不出意料，世界上石油消耗总量最大的国家是美国，每个美国人平均每天要消耗大约 10 升石油或者石油产品。美国的石油消耗量之所以如此巨大，原因之一是美国人非常喜欢驾车旅行。美国的用油高峰之一是适合驾车旅行的夏季。而另一个用油高峰是寒冷的冬季，因为东北部的严寒气候导致取暖消耗的石油数量大幅提高。紧随美国之后的世界第二大用油国是拥有大量制造业工厂的中国。排在第 3 位和第 4 位的通常是印度和日本，这两个国家的排名顺序有时会发生变化。排名第 5 的国家则是俄罗斯。美国能源信息署的数据显示，以上 5 个国家平均每天要消耗 4 000 万桶石油。（但是如果我们改看人均石油消耗量的话，以上这几个国家的排名就不是最靠前的。人均耗油量最大的国家是像新加坡这样的小型岛国：这类国家人口不多，却拥有规模巨大的航运业。）

大量进口石油是一个国家经济快速增长的标志，印度和其他发展中国家在这方面的表现都非常抢眼：从 2010 年至今，全球的石油消耗量平均每天增长 1~2 个百分点，也就是说，每天全世界消耗的石油量大约比前一天多出 100 万桶。导致石油消耗量大幅上升的主要原因是中国等国工业活动的快速增长，这些国家的许多人把他们新获取的财富花在了汽车上。虽然全球金融危机和中国经济增速的放缓在一定程度上抑制了石油消耗量的增长，但是各个国家对石油的需求并没有下降，只是增长的速度有所减慢而已。

当中国的经济增速开始放缓的时候，其他国家却加速了致富的脚步。从印度身上，我们便可以清楚地看到未来石油需求的巨大潜力。尽管印度政府出台了极富野心的公路修筑计划，但是印度的石油消耗量目前仍然只有每人每天半升左右，这个数字只相当于美国人均石油消耗量的 1/20。然而，只要印度能够完成公路网络的建设，并进一步挖掘自身的经济潜力，这种情况很快就会发生改变。国际能源署预测，在未来的 20 年中，印度将成为原油消耗量增长速度最快的国家。而印度的巨大原油需求能否被完全满足则是另一个问题。

世界前五大产油国依据年份的不同常常发生变化，但是俄罗斯和美国在大部分年份中都会跻身前五。此外，经常名列前五的国家还有沙特阿拉伯、伊朗和伊拉克。产油最多的国家并不是用油最多的国家。因此，一些国家对另一些国家的资源虎视眈眈。对石油的渴望导致了特殊关系、拉帮结派、竞争，甚至流血冲突。石油的价格问题不仅是一个金融问题。

度量石油的单位来自中世纪的英格兰。一“桶”石油相当于159升。“桶”最初指的是一种老式英国葡萄酒酒桶。今天，装石油的容器已经不是桶，而是油罐，就像今天的葡萄酒也是装在玻璃瓶中售卖，而不再按桶售卖。在21世纪，1美元已经远远买不到一桶石油了。

要给一桶石油定价是一件比听上去困难得多的工作。石油的价格问题是举足轻重的问题。如果印度每天购买100万桶石油，并且修建20千米的公路，那么石油价格上下浮动几美元都会对印度产生巨大的影响。那么，石油究竟是如何出售的，又是怎样定价的？在石油的定价过程中，我们可以看到世界经济中的一些最复杂、最奇怪的运作机制。

就像“石油”一词可以指代一系列不同的产品一样，世界上并不存在一个单一的“石油价格”。当然，在新闻媒体的头条上，我们经常会看到“石油价格”的提法。事实上，每个地区产出的每种等级的石油价格都有所不同。当新闻记者谈论石油价格的时候，他们通常指的是布伦特原油的价格，这是度量石油产品价格的一项关键指标。布伦特原油是产自北海油田的一种轻质原油。布伦特原油的价格之所以受到如此多的关注，是因为布伦特原油是人们最喜欢的一种原油。这种原油很容易被提炼成汽油，并且可以从海底直接抽出，因此运输方便。人们用布伦特原油的价格来衡量石油的总体价格。由于世界各地的各种石油产品的价格都在不断变化，因此要计算所有种类的原油的平均价格是比较困难的，而关注布伦特原油这一种产品的价格则要简单得多。

价格是由交易的过程决定的，也就是说，价格是由买卖双方的行为共同决定的。从美国银行一尘不染的交易室到伊拉克露天市场沙尘漫天的小巷，不管交易石油的市场是怎样的，这些市场的运作原则都是一样的——所有市场都必须将买方和卖方连接在一起，并且必须设定一个能将供给和需求匹配起来的价格。让我们以巴格达露天市场上的一颗石榴为例，这颗石榴的价格不仅反映出生产石榴的成本，比如，天气对石榴收成的影响，运输和杀虫剂的价格等，还反映出有多少人想购买石榴。如果市场对石榴的需求很高，那么卖这颗石榴的人也许就可以提高石榴的价格，从而增加自己的利润。相反，如果石榴在当年获得了大丰收，并且露天市场中的买主没几个，那么卖石榴的人就可能降低石榴的价格，以避免货物积压。巴格达露天市场上的卖石榴的人的目标是在一天结束时卖完摊位上所有的货品，并且从这些交易中赚取尽量多的现金。

与售卖石榴的小贩一样，产油商也希望将自己的利润最大化。但是，决定石油价格的过程比决定石榴价格的过程复杂得多，石油的买方不能直接跑去油田掏出一叠美元购买石油。石油的买方和卖方散布在世界各处，这些买方和卖方的需求（比如对石油产品的等级的要求）也非常多样。由于抽取石油和处理石油的过程非常复杂，因此石油的买方和卖方都必须面对一些复杂的问题。卖方要想把石油运输到世界各地的买方手中，需要借助一个由油罐和输油管道组成的网络。通常，石油的买方希望获得一定桶数的石油，因此买方还必须对石油的存储做出安排。

购买石油需要依赖许多基础设施的辅助，还需要做好大量计划和安排。通常，石油的买方必须提前几个月确定购买多少石油以及未来的石油价格是多少。为此，石油的买方和卖方发明了一种非常巧妙的金融工具——石油期货合同。简单来说，石油期货合同规定买卖双方将在未来的某个时间点、以某个事先规定的价格交易一定数量的石油。签订期货合同意味着买方（在我们的例子中，买方是印度斯坦石油公司）有义务在某个特定的日期（通常是 3 个月以后）以一个固定的价格购买一定数量的石油。而卖方（石油期货的卖方通常是产油商）则有义务在上述特定日期以这个固定的价格向买方出售一定数量的石油。

从总体上来看，在今天这个全球化的时代中，买方直接从产油商处购买石油的情况已经十分少见了。石油交易通常是通过一个中央化的市场中的专业交易人员完成的。如果印度需要购买一桶石油，那么决定这桶石油价格的是几千千米之外的大宗商品交易员，他们是这笔石油交易的经纪人。石油期货合同本身只是一张纸，印度斯坦石油公司甚至可以通过交易员从另一位石油买家那里购入一份这样的合同。购入石油期货合同以后，印度斯坦石油公司有权在几个月以后以合同规定的价格买入一定数量的石油。

根据石油的供给和需求来决定石油价格已经相当复杂，但是在这两个因素以外，还有另外两个因素能够影响石油的价格：市场情绪和投机行为。市场情绪和投机行为在很大程度上与中间人所扮演的角色有关。大宗商品交易员事实上是一群高级市场交易者，因此他们有时会被比作推着手推车在市场上贩卖货品的货郎。大宗商品交易员可以交易从地下开采的或者农场种植的任何东西，包括能源、金属和食品。这种靠专业交易行为获利的职业就和人类文明本身一样古老。最初，这类交易员交易的是以金银定价的牲畜。随着市场网络不断向全球各地延伸，被交易的商品变得越来越复杂，这些交易员的交易模式也随之发生了改变。阿姆斯特丹的股票交易市场是第一个演化为大宗商品市场的交易市场，但是人们一般认为芝加哥期货交易所是全球首个主要的官方期货交易市场。芝加哥期货交易所成立于 1864 年，当时大规模的石油开采活动还没有开始，因此芝加哥期货交易所早期交易的主要产品是小麦、玉米、牛和猪。从前，交易员穿着鲜艳醒目的外套，在交易大厅通过公开喊价的方式进行大宗商品交易。随着技术的发展，公开喊价的交易方式现在已经被淘汰了。如今，这些交易是以电子形式完成的。交易员可以远程提交订单，计算机会自动为这些订单找到匹配的交易方。

今天的分析师和交易员仍然必须对他们交易的产品以及这些产品的市场有极为详细的了解。他们的决策和行为决定着世界各地的工厂能否开工、车轮能否正常运转。分析师和交易员需要认真研读世界各地的各种能源团体每周发布的报告。他们可以据此判断全球范围内的石油库存量，即有多少桶石油正在仓库中等待出售。然后他们还需要进一步判断目前对石油的供给和需求之间的匹配度有多高。在供给方面，这些分析师和交易员不仅需要研究目前的石油产量，还需要考虑可能在未来几个月中影响石油供给的一些事件和趋势。比如，尼日利亚的石油公司是否会受国内叛乱活动的影响。而在需求方面，他们也需要考虑各种各样的因素，比如，中国的制造工厂是否正在放缓生产进度、削减消费支出。以上这些都是影响石油价格的基本面信息。根据现有的证据，基本面信息决定了一桶石油的价格。

交易员还需要根据直觉来评估未来的各项风险。他们是否有必要担心尼日利亚的石油供给会受到影响？海湾地区的局势是否有可能出现动荡？中国的制造业工厂停止生产的风险有多高？对这些问题的判断有时是基于交易员的直觉，有时是基于他们听到的市场上流传的谣言甚至酒吧里的八卦消息。所有这些因素汇总在一起，就形成了所谓的“市场情绪”。虽然市场情绪有时就像第六感那样神秘莫测，但是市场情绪的乐观与悲观能让印度购入一桶石油的价格上下浮动不少。

市场情绪之上还有投机行为。市场情绪是理智与情感的结合，根据这两方面的因素，人们对石油市场未来的价格走向做出了判断。而投机行为则是根据上述判断采取的行动。在投机行为中，人们买卖石油并不是因为需要石油产品，而是为了从这些交易中获利。投资者既不会真的把一桶桶石油运送到买方那里，也不会真的从卖方那里接收一桶桶石油。投资者就像一群赌徒，他们赌的是未来的石油价格究竟会上升还是会下降。如果投资者认为未来的石油价格将会上升，他们就会买入更多的石油。他们并不打算真的持有这些石油。在期货合同到期之前，投资者就会将手中的石油期货合同转卖给其他人，并且从这项交易中获利。如果投资者能够正确判断石油价格的走势，现金就会流进他们的口袋。这些投资者交易期货合同的目的和许多投资者在股市上投资股票的目的一样。

石油的赌局是一项巨大的生意。根据某个大宗商品交易市场的数据，虽然每分钟都有数千笔石油交易进入电脑系统，但是在这些交易中，只有不到 5% 的交易真的涉及实物石油的买卖。印度斯坦石油公司买入的这张纸（石油期货合同）可能来自某位根本不需要石油的投资者，他买入期货合同不是为了在未来购入石油，而是为了将这份合同转售给印度斯坦石油公司，并从中获利。他从交易员手中可以买到以各种类型的石油为标的物的期货合同。如果投资者认为某种石油产品的需求很高，他们就会推高这种石油产品的价格。而如果他们认为某种石油产品的需求低迷，或者这种石油产品供大于求，他们就可能抛售这种石油产品的期货，从而拉低这种石油产品的价格。如果由基本的供给和需求关系决定的价格是某种石油产品的理性价格的话，那么市场上的投机行为有可能导致这种石油产品的实际市场价格背离上述理性价格。全球各地的投机交易者纷纷用最受欢迎的大宗商品进行赌博，这些投机行为扭曲了市场。

投机行为能对石油的价格产生很大的影响。事实上，投机行为可以导致石油价格的巨大波动，也能产生极高的不确定性。世界另一端的投机交易者的行为决定了印度买入沥青的价格，决定了印度政府铺路的开支，还决定了美国消费者在汽油上的花费。从最终的结果来看，这些投资者的行为影响着世界各国的财富和权力结构。

虽然这种行为看起来非常疯狂，或者至少看起来相当不公平，但是投机行为是现代金融产业中的一个利润极高的部分，因此没人愿意取缔投机行为。禁止投机行为不符合金融家的利益。虽然某些国家的政府对投机行为深感头痛，但是在一个市场深度融合的全球化时代中，这些国家的政府光靠自身的力量，根本不可能禁止投机行为。这些国家的政府也不可能通过禁止期货合同的交易来抑制投机行为，因为对制造工厂、航运公司、汽油供应商甚至整个国家而言，期货合同都是命脉。

既然无法取缔期货合同的交易，我们自然就会提出这样一个问题：难道不能通过其他方式控制石油价格？石油输出国组织正是为了这个目标而成立的。1960 年，石油输出国组织成立于距巴士拉只有 400 多千米的巴格达。石油输出国组织的现有成员国不仅包括波斯湾地区的产油大国沙特阿拉伯、伊拉克、伊朗、科威特，非洲地区的产油大国尼日利亚和安哥拉，还包括石油产量相对较小的赤道几内亚等国。石油输出国组织成员国的总产油量大约相当于世界石油总产量的 40%，出口量相当于世界总出口量的 60%。

石油输出国组织并不只是这些产油国家为了交流感情而组织的一个“联谊会”，这个组织的目标是协调和统一各成员国的石油政策，保证石油市场的稳定性，为消费者提供高效、经济、稳定的石油供给，为石油供给方提供稳定的收入，并保证石油产业的投资者能够获得公平的资本回报。虽然上述目标听起来十分正面，但是从批评者的角度来看，石油输出国组织的本质是一个卡特尔组织，其存在的目的是通过影响石油价格来维护这些国家自身的利益。

石油输出国组织的各成员国应该定期通过会谈协调石油产量，从而保持油价的稳定。达成上述目标的主要手段是限定各国的石油产量，因为从理论上来说，降低石油的产量应该能够推高石油的价格。石油输出国组织会为各成员国制定石油的生产目标，这就意味着当油价低迷的时候，石油输出国组织会命令某些成员国减产，以期拉高石油的价格。各成员国应该同意石油输出国组织设定的限额和其他限制条件。然而，这种理想的机制有时很难付诸实施。从理论上来说，石油输出国组织的最大成员国沙特阿拉伯对该组织享有支配权和控制权，但是从总体上看，其他成员国几乎都具有相当的重要性，因此几乎所有成员国都可以对该组织的运作发表自己的看法。结果，每个成员国都可以无视石油输出国组织发出的减产命令，继续自私地大量生产石油。当一个国家怀疑其他成员国正在偷偷生产石油的时候，就更加有理由这么做了。自 1980 年以来，石油输出国组织设定的大部分生产限额都没有得到切实执行。由于石油输出国组织各成员国的国情和地理位置各不相同，因此在该组织内部，这些国家纷纷作弊、互相猜疑，各成员国之间的关系也常常变得十分紧张。

随着美国和俄罗斯的产油量的提高，石油输出国组织的影响力日益下降。即便如此，石油输出国组织仍然是国际原油市场上的重要玩家，该组织甚至有自己的油价指标——欧佩克一篮子。石油输出国组织各成员国每年的总产油量大约相当于美国石油产量的4倍。因此当交易员试图判断未来的石油价格时，他们仍然必须考虑石油输出国组织发出的信号以及该组织的实际行动。

给世界上最重要和最受欢迎的商品之一定价是非常复杂和变数很大的工作。这并不新鲜。因为一系列的原因，自石油被广泛使用的那一天起，石油的价格就常常出现剧烈波动。在19世纪60年代早期，石油价格突然大幅飙升的最主要原因之一是美国南北战争的爆发。此后，各种基本面信息的变化常常导致油价出现大幅波动。20世纪20年代，美国汽车拥有量的提高，苏伊士运河危机和大萧条都曾导致油价剧烈波动。但是，在大部分时段中，油价仍然在一个相对较小的区间中波动。如果我们把各时段的油价统一换算为今天的价格，那么油价为每桶20~40美元（以当时的价格计算，结果是在每桶5美元以下）。假如印度在100年前就开始修建国内的公路系统，那么印度政府应该能够比较准确地预测石油价格。

然而，从20世纪70年代开始，情况发生了变化。受地缘政治、市场运作等诸多因素的影响，世界石油价格发生了过山车似的剧烈波动。在价格最低的时候，每桶石油的价格曾经跌到4美元以下；而在价格最高的时候，每桶石油的价格居然超过了120美元。从表面上看，石油价格升至原来的30倍。虽然在这一时段中，标准生活成本也在不断上升，但是即使剔除通胀因素，石油价格仍然升至原来的 6 倍以上——这样的涨幅相当惊人。石油价格的上升影响着世界上的每一个国家、每一个人。

在 20 世纪中期，随着汽车拥有量的爆炸性增长，世界经济的能源基础发生了重要的变化。20 世纪 60 年代以后，石油价格不断上涨，像沙特阿拉伯这样的大型石油生产国发现自己成了西方国家急于讨好的对象。这些产油国家的官员随口说出的一句话都能成为石油交易者反复研究的重要信息。1973 年，以色列对埃及发动了赎罪日战争。为了抗议美国和其他西方国家对以色列采取的支持和庇护的态度，阿拉伯的石油产出国决定通过石油禁运对美国和其他西方国家进行抵制和惩罚。此举导致石油价格在 1973—1974 年上涨到了原来的 4 倍。这次石油危机的爆发让石油输出国组织获得了巨大的权力，从此，该组织各成员国发出的任何微小的声音都会引起极大的国际关注。沙特阿拉伯的国王也因此获得了数量极其巨大的财富。

当时，根据布雷顿森林体系，美元是国际交易的结算货币，也是一种全球通用、由黄金支持的货币。布雷顿森林体系的目标是通过将美元设定为全球经济的储备货币来保持全球金融的稳定性。然而，在世界范围内流通的美元数量越来越多，而从金矿中开采出的黄金却无法以同样的速度增加。最终，布雷顿森林体系崩溃，美元的地位和声誉都受到了很大冲击。

为了重建美元在世界范围内的信誉，1973 年，美国与沙特阿拉伯签订了一份协议。这份协议规定，所有石油产品都必须以美元计价和交易。随着这份协议的签订，美元保住了原有的地位，继续担当商业世界中最重要的币种。世界各国对碳氢化合物的渴望是永无止境的，这种坚挺的需求成了对美元价值最有力的支持。由于世界各国都需要石油，因此对美元的需求也就一直居高不下。作为回报，美国利用自身的影响力支持沙特阿拉伯，帮助沙特阿拉伯保持区域稳定，尤其是牵制伊朗和伊拉克。由于上述三个国家所处区域的局势极不稳定，因此这是一种非常有价值的政治安排。

对美元的依赖意味着这些产油国都必须在更大程度上服从美国的外交政策。也就是说，即使这些国家在某些方面与美国产生分歧，它们也不敢贸然对美国采取报复行动。然而，事实证明以上的判断并非总能成立，因为后来美国还是与这些产油国家发生了一些摩擦和冲突。但是，不管怎么说，所有石油出口国都需要美元来维持国力的强盛。因此，1973 年签订的这份协议总体来说是对美国有利的。

随着石油价格的快速攀升，这些产油国家的利润也随之快速增长。靠出口石油积累起来的财富很快有了一个新的名字——“石油美元”。随着时间的流逝，各大产油国的政府都开始以越来越复杂和成熟的方式用手中的石油美元投资。这些产油国政府的投资方式之一是将这些石油美元送回美国，以购买美国的债券。近几年来，中国政府也选择以类似的方式使用美元。

多国的政府都认识到，如果想不断地买入石油，就必须保证本国能获得稳定的美元供给。因此，多国的政府都希望本国货币的价值能与美元挂钩，因为这样才能避免突然面临巨大而不可预测的成本。假设美元相对某国货币突然升值，那么这个国家购买同样数量的石油所需支付的本国货币的数量就有可能在一夜之间突然翻番，任何一个国家的政府都不希望看到这种情况。

伊拉克和印度之间的友谊和贸易关系已经有若干个世纪的历史。对伊拉克和印度而言，石油以美元计价的安排使得整个进出口贸易的过程变得十分不方便。印度斯坦石油公司从伊拉克进口巴士拉重质油，而伊拉克则从印度进口大米、拖拉机以及药品。如果两国之间的贸易不涉及石油和万能的美元，那么印度和伊拉克两国只需互换卢比和伊拉克第纳尔就能进行交易。一桶石油的价格每上涨一美元，都会产生重要而深远的影响。

不难想象，所有石油进出口交易必须以美元计价的规定引起了许多石油进口国和出口国的不满。美国以这种方式彰显美元的实力，招致了许多国家的敌意。于是，包括委内瑞拉和伊朗在内的一些国家试图签订条约来用自己的货币交易石油。要求用其他方式计价的呼声从未停止过。但是从总体上看，美元仍然在世界石油市场上占统治地位，出现这种现象的原因至少有两个：一是美元得到了石油市场上的主要玩家的支持，二是以美元计价能让石油市场上的交易变得更简单。

赎罪日战争的爆发引起了地缘政治环境的变化。之后，在20世纪七八十年代，由于货币市场逐渐走向自由化，大型银行和其他投资者开始以石油价格为标的物进行投机活动。1978年，能源期货市场的诞生又为这些投资者提供了更多赚大钱的机会。这些能源期货合同可以在纽约商品交易所中进行交易。纽约商品交易所成立于一个多世纪以前，最初成立这个交易所的目的是让人们在这里交易黄油和奶酪，以提高乳制品价格的统一性和稳定性。今天的纽约商品交易所已经成为一个期货平台。通过提前在这里购入石油期货合同，需要石油的企业可以规避未来石油价格大幅上升的风险。但是，这个期货平台也为投资者提供了快速获取大额利润的机会。如今，不仅整个世界都必须依赖美元的价值来获取最重要的能源，石油价格本身的波动也变得极为剧烈。这种情况导致各国都必须应对极高的不确定性，因此我们不难理解为什么世界上的大部分国家都希望尽最大可能控制本国的能源供给。

石油价格波动带来的焦虑感对世界多国的对外政策和外交行为都产生了重要的影响，如美国及其盟友不得不与沙特阿拉伯保持亲密的关系。因此，虽然沙特阿拉伯的人权状况存在争议，但是西方国家一直对这个问题睁一只眼闭一只眼。由于西方国家同时又对其他地方的人权状况提出了非常严厉的批评，这种双重标准的行为很难不被贴上伪善的标签。

自从美苏冷战结束之后，美国已经与伊拉克发生了两次战争，与阿富汗发生了一次战争，与利比亚发生了一次战争。1991年，全世界的电视观众都在屏幕上看到了科威特的油田上燃烧的熊熊烈火。十多年后，多国部队再次回到了伊拉克。此次战争的表面任务是要找出萨达姆·侯赛因隐藏起来的大规模杀伤性武器，事实上军事行动主要都在该区域的大型石油储藏地点之间展开，这可不是什么巧合。美国对阿富汗的战争也许是美国对基地组织发动的“9 · 11 恐怖袭击事件”的报复行为，但是控制一些重要的石油管线无疑是美国发动这场战争的另一个原因。

这些冲突让美国有机会向全世界展示：美国随时愿意充当世界上所有产油国的“警察”。保护某些产油国就是保护美国自身的利益。对美国而言，在中东地区争取一些盟友是非常关键的战略。这些盟友能为美国的公司提供石油和生产合同，这对美国和美元继续在世界经济中保持垄断地位起着非常重要的作用。美国的这种战略能保证国内经济的运转，能为美国的石油工人提供就业机会，还能巩固世界各国对美元的需求。

对所有与石油贸易有关的国家来说，石油既是一项慷慨的馈赠，也可能是一道不祥的诅咒。在某种程度上，我们每个人的生活都依赖于美元，依赖于由世界石油市场决定的一桶石油的价格。上述任何一个因素改变，都会对全球经济产生连锁反应。

对像印度这样大量进口石油的国家而言，石油一方面帮助印度加速了经济发展的脚步，另一方面也让印度经济变得脆弱。当石油价格上升，印度斯坦石油公司每进口一桶石油就必须花费更多的美元，每修建 1 000 米高速公路的成本也会相应提高。油价的上升意味着印度必须寻找更多的资金，因此如果印度希望继续推广公路网络的修建计划，就必须征收更高的税金。国际石油价格的上升还意味着印度国内的汽油价格也会随之上升，因此印度人的驾车成本也会随之上升。印度国内的贫困家庭必须把收入的更大一部分花在燃料上。而比较富裕的印度人由于手头可支配的现金减少，便会减少在餐馆、商店等处的消费，因此餐馆和商店的经营者也会感受到国际石油价格上升带来的负面影响。让问题变得更加复杂的是，工厂、办公室和商店都需要燃料，如果燃料成本上升，这些机构就不得不提高自己所销售的商品和服务的价格。不管印度政府的各种经济调控手段有多么细致入微，它都不可能控制油价和美元的价值，而这些不可抗因素会对印度的经济发展产生长期影响。不仅印度政府要面对这个问题，世界其他国家的政府也必须面对这个问题。

但在许多国家中，极端的石油价格给本国经济带来的影响已经不如以前那么大了。在西方世界中，20 世纪 70 年代初石油的价格突然涨到了以前的 4 倍，这让民众的经济状况变得非常糟糕。随着油价的飙升，加油站的队伍越排越长。在英国等国家中，日常用品的价格迅速上升了 20% 以上。工会要求雇主按物价上涨的幅度提高工人的工资，导致工厂因无力支付生产成本而停工。一场全球范围内的经济危机就这样开始了。

1979 年，由于两伊战争的爆发，国际石油价格进一步上涨，全球范围内的经济增长速度因此而普遍放缓。1990 年，第一次海湾战争的爆发也产生了类似的影响。从这些事件中，我们可以观察到一个规律：对消费石油的国家而言，当国际油价上升时，国内的油价以及相关经济活动量会快速大幅上升；然而当国际油价下跌时，国内油价的变化却没有那么明显。对世界上的大多数消费者而言，国际石油市场的波动对他们产生的主要影响是给汽车加油时的花费会随之变化。但是，石油的成本只是购买汽油产品的一部分成本而已。当我们购买一升汽油的时候，我们付的钱大部分都是政府征收的税费，还有一部分是承担炼油厂的炼油开支。加油站每售出一升汽油只能赚到几分钱。石油价格的下降意味着石油公司和炼油厂的利润也会随之下降，因此石油公司和炼油厂会努力让汽油产品的价格在高位上保持尽量长的时间。因此，汽油价格下跌的速度总是比汽油价格上涨的速度慢很多。由于影响终端汽油产品价格的因素有很多，因此汽油价格并不能精确反映石油的价格波动。

21 世纪 10 年代初，世界石油价格再次大幅增长，油价达到了与 20 世纪 70 年代相当的水平。然而，面对这次石油危机，世界各国的反应从总体上看远没有前几次石油危机时那么大。20 世纪 70 年代的几次石油危机使得世界各国不得不改变自己的行为模式，增强对国际油价变化的抵抗力。西方各国花了很长的时间、付出了艰苦的努力，重新审视了自己使用石油的方式。许多西方国家现在已经不再是当年那种油耗巨大的工业化国家了。工厂和汽车的能源效率大大提高，这就使这些国家的企业和消费者不再那么容易受国际石油价格上涨的影响了。如今，世界最大的几个经济体更多地依赖服务业，服务业成为国家创收的主要来源，而这些服务业（比如银行）并不像工业那样需要大量的石油以维持运转。工厂没有能力改变油价，只能坐等下一次高油价的冲击。在金融机构的交易大厅中，投资者却可以从石油价格的波动中获利。金融机构更担心的是国际石油价格走高会影响中国和印度的经济增长。

另一个同样重要的原因是，目前在国际能源市场上，石油的地位已经不如以前那么重要了。各国为寻找主流的替代能源而进行研究和投资，这么做的动机也许并不是解决全球气候变暖和污染的问题，而是规避石油的高昂成本。如今，全球范围内的水电（主要是水坝产生的电能）供应能够支持的经济活动总量已经相当于日本、德国和英国三国的经济活动总和。

可再生能源并不只是富裕国家的专利。就连印度也一边雄心勃勃地推行高速公路网络的建设，一边计划在 2030 年以前完全停止生产以汽油为燃料的汽车。当然，我们必须承认，这些电动车所使用的电能仍然绝大部分来自化石燃料。但是，根据国际能源署的估计，目前已有 23% 的电能来自可再生能源。在我们消费的能源总量中，目前大约有 13% 的能源来自可再生能源——据估计，占比会在 2040 年之前增长到现在的 3 倍。当然，即使上述估计能够成为现实，到 2040 年，人类消耗的能源仍然会有超过 60% 来自化石燃料。但是不管怎么说，这方面的进步已经是一项相当惊人的成就了。在短短数十年的时间中，人类使用能源的模式已经发生了重大的变化；在未来，这方面还会产生更加巨大的变化。随着发展中国家能源需求的提高，可再生能源的开发是一项刻不容缓的任务。

随着油价的上涨，一些国家也开始开发本国的石油储备。由于这些石油储备的开发成本较高，因此在从前油价较低的时候，这些国家宁愿选择从国外进口石油。这方面的例子包括英国的北海油田、印度拉贾斯坦邦的石油储备，以及美国得克萨斯州页岩内的石油储备。随着国际油价的上升，使用本国自产的石油成了一个越来越有吸引力、越来越可行的选择。只有在美国国内的油价超过每桶95美元的时候，从页岩中开采石油才有利可图（石油公司才愿意开采页岩中的石油）。以前，美国产出的页岩油数量极少，而在最近几年，页岩油已经建立了比较稳定的产量。到2015年，美国的页岩油产量已经达到了每天500万桶，也就是说，页岩油产量已经占美国石油总产量的一半以上。由于技术的发展和更加高效的开采方式的普及，从页岩中开采石油的成本已经大幅下降了。

2016年，美国的石油产量首次超过了美国的石油进口量。虽然2017年美国未能继续保持这一数据，但是这一现象显示，美国希望降低对外国能源的依赖度的政策已经产生了一定的效果。据估计，目前美国的石油总储量比沙特阿拉伯或者俄罗斯的石油总储量还要大。

上述问题的核心是能源安全问题。当世界能源市场上发生价格或者供给方面的冲击时，美国希望本国的经济活动能够尽量少受这些冲击的影响。为了保证本国的能源安全，美国还必须关注能源供应链的各个环节，包括发电、输电以及电力的分配。能源安全政策的终极目标是，美国希望本国的经济活动不再受中东各大产油国的控制。《经济学人》杂志将这种情况形容为“酋长和页岩人之间的选择”。石油储备分布方面的变化有可能改变美元的流向和权力的分布，地缘政治的地图也会因此被改为对美国更加有利的样子。从长期来看，如果我们的世界最终能摆脱对石油的严重依赖，那么美元的支配地位也会因此而受到威胁。但是页岩油的开采在一定程度上将这一变化发生的时间推迟了一些。

和美元地位下降的问题相比，未来的石油供应问题显然是一个更加严重的问题。地下埋藏的石油总量是有限的，目前新发现的油田越来越少，并且大部分新发现的油田的规模都不大。虽然不同的专家有着不同的意见，但是有些专家认为，在未来的几十年中，人类有可能迎来石油产量的最高峰。汇丰银行的分析师认为，如果人类无法继续提高石油产量，那么到 2040 年时，世界的石油产量将无法满足世界的石油需求量，两者之间的差距可能达到每天几百万桶。每天几百万桶石油相当于 4 个沙特阿拉伯的石油总产量。我们试着想象到时世界市场上的石油价格会发生怎样的变化吧。即使可再生能源的产量有所提高，也很可能无法完全填补石油产量上的缺口。要想让世界各地的电灯每晚能及时亮起，并让人们点得起灯，我们就必须赢得一场和时间的竞赛。

当然，在现阶段，石油仍然能给产油国带来巨大的财富。油价的上升尤其能给像沙特阿拉伯国家石油公司这样的国有企业带来巨大的好处。据估计，沙特阿拉伯国家石油公司目前的市值大约在 2 万亿美元。也就是说，沙特阿拉伯国家石油公司的市值比苹果或者谷歌母公司 Alphabet 的市值还要高。在国际石油价格波动幅度很大的情况下，旧产业的表现仍优于新产业。

丰富的石油储备虽然能为一个国家带来巨额的财富，但也可能让这个国家的经济结构变得脆弱。只要国际市场上的石油价格下跌，这些产油大国的经济就会受到巨大的冲击。沙特阿拉伯全国的 GDP 大约有一半来自石油。几十年来，由于手头的石油美元多得花不完，沙特阿拉伯政府启动了一系列花费巨大的公共项目。而如今，为了保持财政收支的平衡，沙特阿拉伯政府必须把石油价格稳定在一个较高的水平上。

2014 年，沙特阿拉伯石油产量大，而中国对石油的需求量却下降了。同时，投资者还担心未来中国的石油需求量会进一步下降。在这几个因素的共同作用下，国际石油价格走低。面对油价的下跌，沙特阿拉伯政府不得不削减政府开支，这还是 15 年来的第一次。沙特阿拉伯和石油输出国组织的其他成员国共同决定降低石油产量。沙特阿拉伯同意在 2017 年将石油产量降低近 1/20。对沙特阿拉伯而言，这是一个不寻常的举动，说明沙特阿拉伯政府面临的财政困难已经非常严重了。

和沙特阿拉伯一样，伊拉克也必须尽一切努力控制从石油出口中赚到的每一美元。2014 年，伊拉克的几乎所有的外贸收入都来自石油的出口。如果一个国家的经济像伊拉克这样严重依赖于某一种产品，那么我们就说这个国家的经济是一种“单一产品经济”。在伊拉克，全国的GDP大约有一半来自石油，经济体中的许多其他经济活动也都靠石油产生的资金来支持。对这样一个经济体而言，国际油价的下降可能导致全国范围内的巨大问题。

单一产品经济的问题还不是伊拉克面临的唯一问题。在伊拉克，黑金诅咒的影响范围极广，因此这个问题有了不同的名字，比如“富足的悖论”和“资源的诅咒”。令人悲伤的事实是，在经济发展、民主进程、人民生活水平提高等方面，某种自然资源（比如石油）储备特别丰富的国家的发展速度反而赶不上自然资源较少的国家。

这些自然资源储备特别丰富的国家还常常面临经济和政治上的动荡。对一个在收入上高度依赖石油的国家而言，不管是在产权、法律法规方面，还是在国家权力方面，石油的利益都常常成为压倒一切的支配性力量，所以这种国家被称为单一产品经济体可谓名副其实。在这样的情况下，石油产业的收入自然会与其他产业的收入拉开距离，贫富差距也会因此不断扩大。石油价格的变化可能导致国家收入的剧烈波动，失业问题和社会骚乱问题也随之产生。比如，在2014年油价下跌时，委内瑞拉国内就出现了商品配给失灵、经济混乱和抢购食品等问题。

有时候，石油和天然气等资源的发现也会对一个国家的经济产生广泛的影响。“荷兰病”并不是一种影响家畜或者植物的病毒，这个词描述的是荷兰在1959年发现天然气资源以后面临的一系列问题。20世纪70年代初，荷兰的出口收入（美元）在短时间内大幅上升，因此人们对荷兰当时的货币——荷兰盾的需求也大幅上升。荷兰盾在短时间内大幅升值。与尼日利亚不同，荷兰政府允许本国货币的价值根据国际市场上的供需情况自由浮动，荷兰国内的农民和工厂主因此付出了代价。荷兰盾大幅升值以后，他们出口的产品变得过于昂贵，在国外市场上失去了竞争力。1971—1977 年，荷兰国内的失业率上升到了以前的 4 倍以上，国内的投资数额下降。除了产油行业和产气行业以外，荷兰国内其他行业都因此蒙受了长期的损失。

当所有国家争相追逐全世界最受欢迎的大宗商品时，出产这种大宗商品的国家就更容易卷入各种冲突之中。一个自然资源储备特别丰富的国家很容易成为别国军事侵略的对象。萨达姆·侯赛因之所以会在 1990 年入侵科威特，就是为了控制科威特的石油资源。而美国在伊拉克的军事行为也显然有着比人道主义更深层的原因，因为美国公司（包括哈里伯顿这样的巨头）能从与伊拉克签订的石油合同中获得巨大的好处。2014 年，伊拉克再次因为国内丰富的石油资源而成了被攻击的对象。在这一年中，伊拉克不仅因为国际油价的下跌而受到了重创，还受到了“伊斯兰国”的攻击。

如果没有石油，那么伊拉克的经济前景并不是很乐观。除了石油以外，伊拉克唯一的大型产业是水泥产业。虽然伊拉克有着丰富的石油资源，但是伊拉克人的平均收入还不到美国人平均收入的 1/10。伊拉克人口的平均年龄只有 19 岁，有大约一半的成人没有受过中学教育。在 1990 年之前，伊拉克的教育系统曾被认为是世界一流的，从国民教育水平的变化上，我们不难看出这个国家承受了多少战争和冲突带来的创伤。虽然伊拉克国内有大量的土地用于耕种，但是该国仍大量进口食品。伊拉克本来就是一个相当脆弱的国家，而各种冲突又进一步增大了该国发展的阻力。伊拉克是一个容易攻击的目标，“伊斯兰国”看得十分清楚。

恐怖组织攻击了伊拉克的西北地区，控制了许多油田。这些油田的总产油量接近每天 6 万桶。虽然恐怖组织没有控制伊拉克南部的巴士拉油田，但是其恐怖活动已经产生了非常巨大的影响。根据某些组织的估计，“伊斯兰国”每天可以通过出售这些油田出产的石油获得 70 万美元的收入。这些石油通常被出售给叙利亚、伊朗或者一些临时的炼油厂。此外，“伊斯兰国”还抢夺并出售古董和其他财物，以及通过绑架人质获取赎金。靠着这些不义之财，“伊斯兰国”成了世界上资金最充足的恐怖组织。充足的资金意味着该组织可以在伊拉克和世界其他地方招募新的恐怖分子，其不仅有钱给这些“战士”发“工资”，还能给他们配备先进的武器装备。

对伊拉克而言，“伊斯兰国”的恐怖活动不仅导致了石油收入受损，还造成了大型的人道主义危机。在被“伊斯兰国”占领的地方，大规模屠杀、强奸、绑架等罪行每天都在发生。近 300 万伊拉克人被迫离开家园。联合国组织认为，约有 1 000 万伊拉克人需要国际社会的救助。在被“伊斯兰国”包围的城市费卢杰，有大量的市民正在挨饿。这些市民遭受了恐怖组织的可怕暴行，他们的房屋和道路被摧毁。因为恐怖组织对“黑金”的渴望，无辜的平民付出了高昂的代价。

以美国为首的多国部队对“伊斯兰国”目标发动了空袭，包括被该组织控制的油田。目前，这个极端组织在国际社会的打击下已经被迫撤退，其对油田的控制也随之放松。到 2017 年年中，多国部队的战略重点已经变成了收复“伊斯兰国”的最后一个战略要塞——摩苏尔。为了向在地面与“伊斯兰国”进行战斗的部队（包括伊拉克政府军和库尔德人的佩什梅格武装组织）提供武器和装备，伊拉克政府不得不动用手中的石油资金。为了保护本国的人民和石油产业，伊拉克政府必须把从印度斯坦石油公司那里赚到的美元花出去。在购买石油的时候，印度斯坦石油公司把我们追踪的这 1 美元交给了伊拉克的国有石油公司。这 1 美元随后进入了伊拉克政府的国库，这 1 美元将用于伊拉克政府的国防建设。

长期以来，伊拉克一直和俄罗斯保持着不错的关系。2014 年，俄罗斯宣布愿意为伊拉克提供武器装备，帮助伊拉克政府打击国内的恐怖主义活动。在伊拉克最需要帮助的时刻，俄罗斯伸出了援助之手，伊拉克则交出了手中的美元。接下来，我们追踪的这 1 美元离开了石油产业，进入了军火产业。

第 6 章

为毁灭工具提供资金：从伊拉克到俄罗斯

在俄罗斯的伊热夫斯克，目之所及的都是工厂。自 19 世纪早期以来，机器的轰鸣声就是这个城市的居民们熟悉的声音。在伊热夫斯克，工厂里的工人组装和测试各种军用步枪、霰弹枪和猎枪。多年以前，这些工人的父母很可能也从事过类似的工作。当时，生产多少武器、如何生产这些武器都受到政府的严格控制，因为生产武器是为了满足军事需要。如今，情况已经发生了变化。虽然伊热夫斯克的军工厂空前忙碌，但如今这些工厂生产武器已经不是为了满足克里姆林宫的需求，而是为了赚取美元。

一位军火制造商德米特里·索科洛夫是一家公司的所有人之一。这家公司生产的是令俄罗斯远近驰名的装备。德米特里·索科洛夫当然是虚构的，但是在我们的故事中，他代表苏联解体后利用国家资产发了大财的那些俄罗斯人。不管是高射炮、坦克，还是米格战斗机，俄罗斯的军火商都可以提供。目前，在石油换军火的交易中，美元把世界经济中的这两个最富争议的领域连接在一起。2012 年，为了重建国内的军队，伊拉克政府花了 42 亿美元从俄罗斯进口军火，这些军火产品包括 28 架米-35、15 架米-28NE 攻击直升机。2013 年，俄罗斯向伊拉克交付了伊拉克订购的第一架直升机。此后几年内，在伊拉克政府军试图从“伊斯兰国”手中收复费卢杰的战斗中，这架直升机和其他从俄罗斯进口的军火都在前线发挥了作用。

对伊拉克政府而言，和这笔丰厚的石油收入告别并不是一件轻松的事情。但在持续不断的冲突中，购买武器很可能是比投资基础设施和人民福利更加重要的事情。俄罗斯提供军火并承诺帮助伊拉克政府提高战斗防御能力，保卫国家和人民的安全。从结果上来看，俄罗斯输入伊拉克的武器也确实起到了这样的作用。

对俄罗斯而言，和伊拉克签订的合同为其国内的军火产业做出了关键性的贡献。自千禧年以来，俄罗斯军火行业的出口收入增长了5倍。俄罗斯有两个战略目标：一是增强本国的地缘政治权力，二是提高本国经济的抗冲击能力，军火出口是上述战略的一部分。俄罗斯是一个重量级的国家，但俄罗斯经济是轻量级的。在经济发展的道路上，俄罗斯走得很不轻松，而俄罗斯的老对手——美元，到目前为止似乎仍是一个不可战胜的对手。在21世纪的全球经济中，俄罗斯仿佛是一头体型巨大却力量不足的熊。由于有沉重的历史负担，这个国家在经济发展的道路上走得十分吃力，而对美元的依赖也令其很不自在。如果俄罗斯想获得美元，就必须将自己生产的军火运出去。

1991年，美苏冷战宣告结束。苏联的解体显然进一步巩固了美元的地位。事实上，导致苏联解体的最主要问题是苏联国内的经济问题。

1955年，欧洲社会主义阵营国家签订了一份共同防御条约——《华沙条约》。《华沙条约》的签订令西方资本主义世界分外紧张。于是，美苏双方阵营都开始大规模地囤积武器装备，并且展开了太空技术方面的竞赛。然而，在这场军备竞赛和太空竞赛进行到20世纪80年代以后，苏联方面终于耗尽了手头的资金，无力继续购买武器。在苏联，中央调控制度已经失灵：整个经济体仿佛是一台燃料不足的机器，全国人民疲惫不堪、情绪低落。这些情况最终导致了苏联的解体。今天我们看到的俄罗斯的军事工业事实上是在美苏冷战的过程中发展起来的。

俄罗斯每年能够通过向其他国家出售军事设备获得数十亿美元的收入。伊拉克交给俄罗斯的这 1 美元只是这数十亿美元中的一分子。俄罗斯是仅次于美国的世界第二大武器出口国。和其他大宗商品一样，枪炮也是以国际贸易的通用货币——美元来计价的。在冷战中，美苏两国之间的军备竞赛不仅是枪炮、手榴弹等常规武器的竞赛，苏联也在核武器、化学武器和神经毒气等方面进行了大量的投资。到冷战结束之时，苏联已经拥有了世界上最大的武器储备。之后，俄罗斯还掌握了大量武器方面的知识和技术。在武器的研发方面，俄罗斯处于世界领先的地位。现在到了俄罗斯将这些资本变现的时候了。俄罗斯的军火企业能够设计、制造、出售武器。这些军火企业要么是国有企业，要么是由国有企业和像德米特里·索科洛夫这样的私人投资者共同拥有的合营企业。过去，俄罗斯的军火产业主要是为了满足本国的需求，而现在到拓展海外市场的时候了。

要找到潜在的客户并不困难。虽然冷战已经结束，但是对于谁是自己的盟友，俄罗斯十分清楚：美国不愿意向哪些国家出售军火，这些国家就自动成了俄罗斯的盟友。美国拥有世界上最大的军火产业，美国的供货对象是北约各国以及像沙特阿拉伯这样的中东国家。而俄罗斯军火产业的目标客户则是其他正在崛起的军事大国，比如，印度、其他中东国家以及东南亚的大部分国家。在军火贸易中，不管是买家还是卖家都会非常小心地不踩到对手的地盘，美国军火产业和俄罗斯军火产业的客户群体通常很少有交集。但伊拉克是一个特例。虽然目前伊拉克从俄罗斯购入大量武器，但是伊拉克完全有可能购买美国的武器——事实上，伊拉克从美国购入武器的概率本来要比从俄罗斯购入武器的概率高。在世界各国中，只有少数国家既是美国的“朋友”也是俄罗斯的“朋友”，伊拉克恰恰是这些少数国家中的一员。因此，俄罗斯要想争取来自伊拉克的武器订单就必须付出一些额外的努力。

在伊拉克，如果一位与“伊斯兰国”作战的战士有空看看自己枪管上的字样的话，那么他既可能看到“俄罗斯制造”字样，也可能看到“美国制造”字样——这两种情况发生的概率几乎一样高。人权组织国际特赦认为，这种武器泛滥的现象之所以会出现，是因为冷战中的两个超级大国——美国和苏联都曾在 20 世纪七八十年代“不负责任”地向其他国家出售军火。在两伊战争打响之时，苏联最初采取的是中立态度——至少表面上是如此。然而，到 1988 年两伊战争走向尾声之时，苏联已经成为伊拉克的最大武器供应商。根据国际特赦的说法，在 20 世纪七八十年代的这些军火交易的影响下，30 年后，“伊斯兰国”的成员“就好像是进了糖果铺的孩子”——从防空系统到俄罗斯制造的 AK

突击步枪，各种各样的武器装备简直就是任由他们挑选。落入恐怖分子手中的武器有很大一部分是通过官方渠道出售给伊拉克的。然而，在购得这些武器之后，伊拉克政府对这些武器疏于监管。腐败和政权更迭引起的混乱，让大量武器流入了恐怖分子的手中。

“伊斯兰国”的成员几乎难以相信自己能有这么好的运气，因为大部分极端组织——尼日利亚的博科圣地极端组织和中东地区的基地组织——都必须通过非法的渠道来获取武器。如果出价合适的话，极端组织就可以从不道德的非法武器商人那里买到武器。但是极端组织通常只能购买小型、便携的武器，比如，攻击步枪、手榴弹、迫击炮、地雷等，因为这些武器便于走私，不容易被边境检察人员发现。由于非法军火交易的性质，我们很难准确统计这些小型非法武器的价格，但据估计，每年这类交易的总价值应该超过 10 亿美元。这个世界上有一群最容易受到极端恐怖组织攻击的民众，上述非法武器交易给这些民众带来了极大的恐惧和痛苦。俄罗斯著名的军火走私商人维克托 · 布特曾经是一名军队翻译。20 世纪 90 年代，维克托 · 布特在向刚果和其他一些国家非法走私军火的过程中扮演了重要角色。因此，在全球范围内，维克托 · 布特获得了“死亡商人”的绰号。2008 年，在美国特工人员设计的一次诱捕行动中，维克托 · 布特终于被逮捕；检方指控维克托 · 布特试图将价值 1 500 万美元的武器销售给反政府武装组织“哥伦比亚革命武装力量”。最终，纽约法庭判处维克托 · 布特 25 年有期徒刑。

虽然军火贸易一直属于世界经济的阴暗面，并且很容易滑入介于合法交易和非法交易之间的灰色地带，但是大部分武器销售行为是完全合法的。在最近几年中，由于世界政治气候发生变化，许多地区的局势变得紧张，许多国家的军事支出大幅上升，因此俄罗斯的军火贸易变得十分红火。在世界军火市场上，俄罗斯目前已经占据了1/4的市场份额。军火贸易是一种利润很高的贸易。通过出口军火，俄罗斯每年大约可以获得150亿美元的收入。在俄罗斯出口的武器中，销售量最大的武器包括S-300长距离地对空导弹，米格35战斗机，前文提到的出售给伊拉克的攻击直升机以及T-90主战坦克。对许多国家来说，从俄罗斯进口这些武器不是为了充实本国的弹药库，而是为了提高本国的军事能力。对于将本国最高效、最先进的武器销售给其他国家，俄罗斯曾经抱着非常谨慎的态度；但现在，俄罗斯选择充分拥抱这样的机会，通过出口武器赚取大量的美元。对一些刚刚富裕起来的国家来说，这些先进的武器是权力和地位的象征，比如，和之前的5年相比，2012—2016年，越南政府在军事设备方面的支出增加了2倍。

各国之间的军备竞赛仍在继续。各种地区冲突的爆发使得俄罗斯有机会宣传和测试自己生产的各种武器。在21世纪，随着中东局势的日益紧张，该地区各国政府的军备支出上升到了原来的2倍，而在这个巨大的蛋糕中，俄罗斯占据了有史以来最大的份额。2015年，俄罗斯干预叙利亚内战，为叙利亚总统阿萨德提供军事支援。某家新闻媒体的头条称，叙利亚的内战已经变成了“俄罗斯的军火展销大厅”。阿萨德的政府军队每次展示手中的武器装备，都相当于为俄罗斯的军火产业做了一次活广告。虽然介入叙利亚内战大约让俄罗斯付出了5亿美元的成本，但据估计，俄罗斯的军火出口额因此大约上升了50亿美元。以出售军火为业的德米特里·索科洛夫不可能在广告牌、电视节目等传统媒介上做广告，但是事实上，他根本不需要这些传统的广告宣传形式。不管在世界的什么地方，只要一个国家有一家成功的军火生产企业，该国的政府就会努力为这家企业提供全面的市场支持。

各国政府支持本国的军火企业不只是为了获得经济上的利润。除了金钱方面的考虑以外，各国政府（包括法国和英国的政府）还希望通过控制军火企业来实现对外政策目标。比如，俄罗斯一直将叙利亚看作俄罗斯在中东地区保持战略影响力的一个重要据点。对叙利亚内战的干预被认为是俄罗斯扭转中东权力分配现状的一步很重要的棋。随着“阿拉伯之春”运动的兴起，俄罗斯希望增加自己在中东地区的盟友数量。因此在叙利亚内战爆发之前，在所有出售给叙利亚的武器中，俄罗斯提供的武器就已经占到了一半的份额。此外，俄罗斯不希望恐怖组织的力量向俄罗斯的国土渗透，规避这种风险也是俄罗斯干预叙利亚内战的动机之一。

然而，这是一场变数很高的游戏。俄罗斯曾经明确表示，如果阿萨德政府的垮台无法避免，那么俄罗斯就会转而支持反对派武装。地缘政治中的盟友关系瞬息万变，因此德米特里始终面临着一个风险：他生产的武器也许有一天会瞄准自己的祖国。

当某个国家将武器销售给进行恐怖活动或者对本国人民实施种族屠杀的政府时，此举通常很快就会引起国际社会的强烈关注。由于许多国家指控叙利亚政府对本国平民使用化学武器，因此俄罗斯对叙利亚政府的军事支持受到了西方世界的强烈谴责。然而，俄罗斯谴责这些西方国家（包括美国和英国）搞双重标准，因为这些西方国家在支持专制政权方面同样有罪。

比如，2015 年，英国出口的大部分武器都流向了沙特阿拉伯，而沙特阿拉伯则为英国提供了大量石油。沙特阿拉伯曾违犯国际人道主义法律，对也门进行轰炸，导致数千人丧生。“阿拉伯之春”运动在北非地区兴起之后，英国议会的一份报告称，英国的连续几任政府都“误判了向北非和中东地区的某些威权国家出口武器的风险，因为这些武器可能会被这些国家的政府用来镇压本国的平民”。

对外政策以及出口贸易带来的美元常常比人权与国际和平更加重要。最终从这种情况中获益的是像德米特里这样的军火商人，以及他们所代表的国家。一个国家的经济增长速度未必每年都一样，各国通过外贸出口赚到的美元数量也会逐年波动。但是，军火商人的收入稳定得多。虽然世界经济的大环境阴晴不定，但是军火产业自有应对之策。我们可以把军火看成是一种和食品类似的必需品。在一定程度上，对军火商品的需求属于刚性需求——这种消费需求的弹性几乎是零。即使一个国家的政府需要削减开支，国土保卫方面的开支也是其不到万不得已决不会去触碰的最后几项开支之一。

对俄罗斯而言，军火出口意味着巨大的商业利益。2015年，在俄罗斯的出口收入中，1/20的收入来自军火。但是，这并不意味着俄罗斯未来也能继续获得稳定的军火出口收入。虽然世界各国对武器的需求在快速上升，但是俄罗斯在这方面缺乏必要的投资和掌握最新技术的科研人员，因此在武器的研发方面，俄罗斯已经不再处于最前沿了。

目前，全世界范围内有70%的武器销售来自美国、法国、英国、俄罗斯这些传统超级大国。但是，这些国家手中的权力发生了变化，因此它们在军火产业中的地位也会发生变化。也许在不久的将来，伊拉克就会用手中的美元从他国购买武器。虽然印度目前还是俄罗斯生产的武器的忠实买家，但是这种情况同样可能发生变化。一旦军火出口的客源流失，俄罗斯的出口收入和国际权力就都会受到很大的影响。

为了掌握与政治实力相匹配的经济实力，俄罗斯一直试图融入全球经济。但是对俄罗斯而言，这并不是一项轻松的任务。俄罗斯非常需要军火出口带来的收入，因为俄罗斯经济的其他部分的情况并不乐观。

俄罗斯辽阔的国土中蕴藏着大量的自然资源，包括石油和天然气。然而，俄罗斯也和伊拉克一样面临着所谓“富足的悖论”。丰富的油气资源给俄罗斯带来了很大的权力，比如，在寒冷的冬天，俄罗斯可以决定西欧各国的灯火能否按时亮起。只要关掉手上的开关，俄罗斯就能切断对西欧各国的油气供应。然而，从另一个方面来看，石油也严重束缚了俄罗斯的发展——不仅俄罗斯知道这一点，俄罗斯的竞争对手以及整个国际市场也都明白这个道理。

俄罗斯每天的石油产量接近1 100万桶。从每日产油量来看，俄罗斯是仅次于沙特阿拉伯的世界第二大产油国（有时候，俄罗斯的每日产油量甚至会超过沙特阿拉伯）。俄罗斯政府的收入有超过一半来自石油行业，俄罗斯的出口收入则有70%来自石油。虽然俄罗斯对石油收入的依赖程度没有沙特阿拉伯那么高，但是由于石油产业占据巨大份额，石油仍然是影响俄罗斯稳定性的一个关键因素。据估计，国际市场的每桶石油价格每下降10美元，俄罗斯的GDP就会下降近1.5%。只有当国际石油价格保持在每桶100美元以上时，俄罗斯政府才能实现收支平衡。此外，石油交易是以美元进行的，俄罗斯本国的货币因此遇到了麻烦。

俄罗斯的经济一方面高度依赖石油，另一方面还高度依赖竞争对手的货币。既然俄罗斯的领土如此辽阔、军事实力又这么强，为何会处于现在这种不利的地位？在苏联时期，整个国家的经济靠中央调控运作，来自莫斯科的指令决定了全国各地的工厂生产什么产品、以何种方式生产这些产品。于是，苏联的经济发展重点不是生产让各行各业运转起来的机器和工具，而是生产武器。当时，世界经济在很大程度上由西方国家主导，苏联的经济处于一种与世界市场隔绝的状态。在这种情况下，苏联并没有动力去生产太多用于出口的产品。在苏联，企业的数量相对较少，权力集中在少数人手中，这些人控制了全国人民经济生活的许多方面：人民群众能够获得多大住房、多少家具和多少食品，都是由这些人说了算。

由于苏联经济的重点根本不是生产本国人民需要或者想要的产品，因此在商店的货架上，许多基础产品长期处于短缺的状态。民众排长队购买日常用品成了该国长期存在的现象。只要商店的货架上有商品，人们就会抢购这些商品并囤积起来。于是，为了给手头有现金的消费者提供必要的商品，苏联出现了规模巨大的非正规经济活动，这些非正规经济活动的规模有时能达到官方经济活动的 1/10。冷战和中央调控的经济模式导致苏联在经济方面处于十分不利的地位。

1985 年，新上任的苏联总书记米哈伊尔·戈尔巴乔夫认识到，苏联的经济系统已经无法维持下去。为了解决这个问题，戈尔巴乔夫提出了“重建”和“开放”的经济改革口号。他的经济改革政策鼓励创新和创业，但是由于这些政策不够系统化，经济改革并没能解决工业中的问题（更准确地说，经济改革并没能提高产出，填满商店里的货架）。苏联仍然没有建立起急需的现代化大型制造业。

随着经济改革的推行，苏联的经济前景变得乐观。因此，西方国家的银行（尤其是德国的银行）开始通过贷款为苏联提供谨慎的资金支持。然而就在此时，世界石油价格突然大幅下跌，这种情况给高度依赖能源的苏联经济带来了巨大的冲击。西方国家的银行在恐慌中纷纷要求收回贷款。一时间，苏联捉襟见肘，不得不开始抛售黄金，为本国人民提供食品。几年以后，苏联解体。

辉煌一时的苏联就这样变成了一片经济的废墟。但是，对有野心和有实力的人来说，这片废墟中其实埋藏着许多宝藏。苏联解体后，大量发展很不平衡的资本主义活动爆发。在这些资本主义活动中崛起的寡头是苏联的“提包客”。在20世纪80年代末期，苏联国内创业热情高涨的时候，这批人获得了巨额的利润。而苏联解体之时，正是这批人大量侵吞国家财产的最佳时机。因为严重缺乏资金，苏联政府决定出售国有资产，苏联的能源产业和金融产业都在这个过程中被私有化。这些交易最终让权力巨大的政客和他们的亲信赚得盆满钵满。这批人不仅快速积累了数量惊人的财富，还获得了对国家经济系统和政治系统的巨大影响力。

罗曼·阿布拉莫维奇就是这批从私有化中得利的寡头之一。罗曼·阿布拉莫维奇是英格兰切尔西足球俱乐部的老板，除此之外，他还因拥有超级奢华的游艇和别墅而闻名。罗曼·阿布拉莫维奇出生于一个贫苦的家庭，两岁的时候就成了孤儿。戈尔巴乔夫推行经济改革时，阿布拉莫维奇还是一名学生，但他抓住这个机会成立了一家玩具生产公司，这家公司为他提供了跳板。罗曼·阿布拉莫维奇是一位非常善于谈判的生意人，后来他成功收购了能源巨头西伯利亚石油公司的一部分。而他接下来度过的日子自然就是金光闪闪的人生经历了。

1999年，弗拉基米尔·普京当选俄罗斯总统。普京宣称要剥夺寡头手中的权力，随后，俄罗斯政府打响了若干混乱暧昧的经济战役和权力战役。虽然俄罗斯也许对外部世界采取了更加“开放”的态度，但是普京和他的前任们都面临着一个同样的问题：不管是民众对领导人的支持度，还是俄罗斯的国家收入，都继续随着国际石油价格的波动而起伏不定。

随着石油收入的上升和政府对某些企业实施的减税政策，2006年，俄罗斯的人均收入已经达到了苏联时期的2倍。然而，不久后，全球金融危机爆发，国际石油价格于2014年大幅下跌，于是俄罗斯经济的弱点又一次被暴露了出来。

到2015年，俄罗斯的经济总量已经开始下降，外国投资者纷纷从俄罗斯撤资。在俄罗斯，商品价格飞涨，许多俄罗斯人需要用自己近一半的收入购买食品。《莫斯科时报》用一种很有想象力的方式展现了俄罗斯民众的经济状况。该报称，每个俄罗斯人一年平均买2双鞋，而每个美国人一年平均买近8双鞋。当美国的劳伦购买很多衣服时，俄罗斯的女性却在千方百计地节约生活开支——她们只能缝缝补补，希望旧的衣服能够再穿一段时间。

2014年3月，克里米亚并入俄罗斯。面对这样的情况，欧盟国家、美国以及它们的盟友决定打击俄罗斯的钱袋子，对俄罗斯进行经济制裁。针对俄罗斯的经济制裁措施包括：对武器及石油业设备等商品实施进口限制，冻结俄罗斯的银行账户和其他海外资产，以及对一些重要人物签发旅行禁令——这些只是大量制裁措施中的几个例子而已。这些经济制裁措施的目的是让俄罗斯无法获得足够的美元。面对欧美的制裁，俄罗斯也以类似的政策予以回击，比如，俄罗斯宣布禁止从西方国家进口某些食品。俄罗斯和西方各国陷入了经济上的僵持局面。据估计，上述制裁措施给欧洲造成的经济损失可能高达10亿美元，但是已经陷入经济萧条的俄罗斯所受的损失比欧洲各国更大。对俄罗斯民众而言，石油价格的低迷本来就已经让他们的生活变得十分困苦，而西方国家的制裁措施更是让这种情况雪上加霜。由于俄罗斯禁止从西方国家进口某些食品，莫斯科的物价上涨。西方国家对俄罗斯的制裁政策被普京称为“不友好的行为”，这些“不友好的行为”导致了俄罗斯经济增长速度的放缓。然而尽管如此，直到2017年，俄罗斯仍未接受停火协议。

接下来，我们要谈到对俄罗斯经济影响巨大的关键事件。由于以上所有因素的影响，卢布的价值大幅下跌。在国际货币市场上，投机行为和市场情绪就仿佛海上的巨大浪潮。由于投资者担心俄罗斯的经济过度依赖石油，并且认为俄罗斯的各项政策将会制造出越来越多的麻烦，他们像羊群般纷纷抛售手中的卢布。卢布价格崩溃，卢布兑美元的汇率下跌超过一半。2014年，兑换1美元大约需要30卢布；而在2016年初，卢布的价值跌到了最低点，当时兑换1美元大约需要85卢布。

为什么这一事件对俄罗斯至关重要？卢布的贬值意味着俄罗斯进口任何商品的成本都会大幅上升，于是俄罗斯的购买力也就随之严重缩水。苏联时期的结束意味着俄罗斯政府不再向农业提供补贴，这一变化给俄罗斯的农业带来了严重的打击。农业的衰落使卢布贬值给俄罗斯带来的经济问题变得更加严重。在俄罗斯，像牛奶、鸡蛋、肉类这样的必需品都有很大一部分是批发商从国外进口的，也就是说俄罗斯必须用世界贸易的通用货币——美元来购买这些商品。对进口食品的需求进一步提高了俄罗斯对美元的需求，卢布的价值进一步下跌。这些变化意味着俄罗斯人必须面对物价飞涨的局面。

除了上述问题外，俄罗斯的大量债务也需要以美元偿还。卢布的贬值意味着偿还这些债务的成本大幅提高。对俄罗斯政府而言，这可能算不上是一个非常严重的问题，毕竟政府拥有大量外汇储备；但是对俄罗斯的企业而言，这是一个非常可怕的情况，因为俄罗斯企业欠海外投资者的数十亿债务都必须用美元来偿还。事实上，不管在世界的什么地方，只要一个国家的政府或者企业有必须以美元偿还的债务，那么这些政府或者企业就必须面对汇率波动带来的风险。一旦该国的货币对美元贬值，这就会影响这些政府或企业的偿债能力。企业的利润、国家的经济增长，甚至就业岗位的数量都有可能受到负面影响。由于在全球市场上，以美元计价的借贷行为非常普遍，因此英国的央行认为，从整体上看，美元走强是一个对世界经济增长不利的因素。

在卢布贬值的同时，世界市场上的石油价格也在下跌，俄罗斯的出口收入因此受到了威胁。货币贬值的好处是，汇率的下降在一定程度上抵消了石油价格下跌的负面影响。由于石油产品是以美元计价的，因此当卢布疲软时，每1美元的石油收入可以兑换数量更多的卢布。但是，卢布贬值的好处并不能给俄罗斯的经济带来很大的帮助。对其他经济体而言，如果本国货币贬值，该国的出口产品就会变得比较便宜，因此该国的出口产品在国外就会有更大的价格优势。外国消费者会更愿意购买货币贬值国出口的产品，这种情况会反过来增加对该国货币的需求，从而让该国货币开始升值。从理论上看，上述过程可以自发地调节货币贬值的问题。然而俄罗斯面临的问题是，除了军火以外，俄罗斯几乎不能生产其他出口产品。靠石油来填补出口收入上的缺口是一项风险很高的举措。

于是，俄罗斯彻底陷入了困境——强势的美元和疲软的卢布是伤害俄罗斯经济的元凶。

从历史上看，俄罗斯的货币一直处于相当疲软的状态。“卢布”这个词最早可以追溯到13世纪。在俄语中，“卢布”这个词的字面意思是“切”和“砍”。在动荡不安的2014年，这个词的字面意思似乎显得相当恰当。事实上，在1917年的十月革命中，卢布的价值也曾下跌了近1/3。当时，卢布的贬值造成苏俄物价飞涨，也进一步煽旺了革命的火焰。除了大型历史事件以外，卢布长期疲软的原因之一是人们总是对俄罗斯缺乏信心。一切都是心理因素导致的。

俄罗斯的卢布和美国的美元有一个共同的特点：两种货币都没有内在价值。不管货币是以债务形式存在，还是以债权形式存在，事实上货币都只是发行该货币的政府对货币持有人的一种承诺。美元最初是美国政府对美元持有者的一种承诺——美国政府随时愿意用黄金换回持有人手中的美元。每一张美元纸币都是上述承诺的书面保证。在 1934 年以前，每一张美元纸币上都有“见票即付”字样。然而，在 1971 年布雷顿森林体系终止以后，美元的价值不再与黄金挂钩，于是美元本身也就不再具有内在价值了（从此以后，美元成了一种“法定货币”）。劳伦持有的 1 美元是美国政府对她的承诺，她的银行存款证明是银行对她的承诺。当伊拉克政府用这 1 美元购买武器的时候，这 1 美元又变成了伊拉克政府对收款人的承诺。然而，今天的美元之所以能够提供这种承诺，是基于我们所有人对美元价值的共同信任，而并不是基于某种有形的东西。

因此，美元的价值和美元的所有影响力都是以信任为基础的。人们相信，只要他们支付 1 美元，对方就会接受这 1 美元，并向他们提供价值为 1 美元的产品或者服务。此外人们还相信，美元能够保持其目前的价值。归根到底，人们相信的是美国政府能够保证上述情况的成立。同样，卢布的价值也是基于人们对俄罗斯政府的信任。

货币共有三种功能。第一，货币必须是一种被广泛接受的媒介，人们可以通过这种媒介来进行金融交易或者偿还债务。人们当然也可以依赖以物换物的原始交易系统，比如，直接用山羊换取小麦。但如果牧羊人需要的不是小麦而是油呢？在这种情况下，拥有小麦的农民必须持有一种卖油人也接受的货币，上述交易才能顺利进行。第二，货币能储藏价值。如果在发工资的那一天你存下了1美元，那么一周以后，这1美元应该仍然能够买到同样数量的小麦（由于通货膨胀，这1美元在一周后实际能买到的小麦可能比一周前稍微少一点儿）。第三，货币能度量价值。也就是说，我们可以用货币来度量一头山羊的价值。目前，世界上的151种不同货币都或多或少地具有以上三种功能，但是只有美元是贸易计价和国际借贷的标准货币，也是最安全的储备货币。因此，美元是最适合用来实现上述三种功能的货币。

然而，不管一种货币是靠黄金支持的，还是靠信念支持的，只要人们不再信任这种货币，这种货币就会变得一文不值。

苏联产生过一种奇怪的双轨交易系统。由于生活必需品经常处于供应短缺的状态，因此普通苏联人要想买到牛奶或者鸡蛋不仅要排很长的队，还要支付极高的价格。但是，手中有美元的人可以被悄悄地领进货品齐全的“硬通货商店”。这批手中有美元的人是极少数的幸运儿，他们或者是从外国来苏联的人，或者是与国外有贸易联系的人，或者是家里有外国访客的人。据说莫斯科的妓女能够通过接待外国嫖客赚到美元，然后这些美元会通过黑市以极高的价格交易。大城市里豪华酒店的房价都是以美元计的，许多发展中国家普遍存在这种现象。“绿背”是金融稳定性和价值的象征，也是全世界范围内人人都想要的东西。由于苏联的许多普通民众不相信苏联有能力发展本国的经济和提高人民的生活水平，因此不得不将美元看作一种通向更富裕生活的捷径。即使在美苏冷战期间，美元仍然在苏联的国土上流通，并且拥有巨大的影响力——对苏联政府来说，这不能不说是一种耻辱。

2014 年，由于俄罗斯的消费者和投资者纷纷对本国货币的价值失去了信心，人们开始囤积电视机、珠宝和各种不动产，于是卢布经历了进一步的信任危机。本来，人们不仅应该能用货币来购买自己需要的或者想要的商品，还应该能用货币来储藏价值，但是在 2014 年的俄罗斯，因为人们不相信自己口袋里的卢布能够保持价值，所以人们宁愿用卢布来购买并不需要的商品——因为这些商品可能比卢布更保值。还有一些民众在银行争相租借保险箱，并用这些保险箱储藏能够兑换到的任何外国货币。

雪上加霜的是，俄罗斯的银行和石油公司还有大量的海外债务。要想不违反债务合同，这些银行和石油公司就必须在指定的日期向债主支付价值数百亿美元的利息和本金。为了履行偿债义务，这些银行和石油公司需要大量的美元，这种情况更增加了俄罗斯面临的压力。一时间，没有任何人想要卢布，人人都想要美元。一旦人们对一个国家的货币失去了信任，这种情况就只能变得越来越差。对卢布的不信任已经进入了一种恶性循环。

1998 年，卢布也曾大幅贬值过。当时，由于俄罗斯无法偿还海外债务，其不得不向国际货币基金组织申请援助。同时，俄罗斯付给海外债主的利率也达到了 100%——这实在是一个令人震惊的数字。换句话说，即使是最普通的贷款，借款方也可能需要支付两倍于本金的款项才能还清。2014 年，俄罗斯的大部分民众仍然记得 1998 年的惨痛情况，大部分人都不希望再次经历那样的困难时期。

故事讲到这里，我们必须引入一个新的人物——埃莉维拉·纳比乌琳娜。自2013年以来，她一直是俄罗斯央行的行长。这位常年戴着一副眼镜的女人的出身并不显赫，她的双亲分别是司机和工人。但是，出生在普通家庭的埃莉维拉·纳比乌琳娜成了“普京的左膀右臂”。在卢布危机中，埃莉维拉·纳比乌琳娜卷起袖子加入了战斗。她希望通过一系列颇有风险的手段挽救卢布的价值以及人们对俄罗斯的信心。

首先，埃莉维拉·纳比乌琳娜提高了俄罗斯国内的利率，这意味着投资者持有卢布的回报率比持有美元更高。其次，她限制了商业银行针对卢布价值的投机行为。最后，她又采取了一项颇为激进的措施：让卢布的价值几乎完全自由浮动。在过去的20年中，俄罗斯一直试图控制汇率。俄罗斯调控汇率的手段与尼日利亚十分相似，这项政策的目的是保持稳定性，但是这样做不是没有代价的。当卢布的价值下跌时，为了拉高对卢布的需求、抬高卢布的价值，俄罗斯央行必须以手中的珍贵的外汇购入卢布。2014年，埃莉维拉·纳比乌琳娜说：“够了。”于是俄罗斯央行仿佛是一位终于下定决心的家长，放开了对子女的一切控制。从此卢布就像离开家长怀抱的子女，再也没有俄罗斯央行的扶持，要靠自己去寻找价值了。市场对这一政策的反应是进一步抛售卢布，在接下来的几天中，卢布的价值继续下跌。

当时，有一些人认为埃莉维拉·纳比乌琳娜的上述政策并非明智之举。但是在2015年初，卢布的价值确实开始稳定。通过放弃对本国货币的干预，俄罗斯的央行保留了大量的外汇储备，并用这些外汇储备来向商业银行提供以外国货币计价的贷款。此举意味着俄罗斯人可以从国内的银行获得美元，因此他们就不需要去别的地方寻求美元了。卢布的价值开始回升。埃莉维拉·纳比乌琳娜采取了一种非传统的手段，但是从结果来看，这种手段似乎取得了不错的效果。虽然普京的政策激起了西方政界的强烈批评，但是西方国家的各大金融媒体纷纷将埃莉维拉·纳比乌琳娜评为当年的最佳央行行长。埃莉维拉·纳比乌琳娜将卢布从毁灭性的贬值危机中挽救了出来，然而这只是一次短期的胜利。从长期来看，在美元和卢布的斗争中，美元仍然占先手。

在许多国家中，美元都以一种平行货币的身份和本国货币同时在市场上流通。过去的苏联的情况是这样的，今天的俄罗斯的情况在某种程度上仍然是这样的。即使在2017年，世界上仍有超过半数的美元在其他国家流通。美元流通数量最大的国家包括拉丁美洲的一些国家。

为什么美元在拉丁美洲如此流行？贸易是原因之一。厄瓜多尔和萨尔瓦多事实上没有自己的货币。2000年，上述两个国家被官方地“美元化”了，也就是说，两国将美元定为本国的货币。由于厄瓜多尔和萨尔瓦多都签署了自由贸易协定，因此两国政府都认为直接把美元当作本国货币比发行自己的货币更简单、更实际。除了以上考虑以外，厄瓜多尔和萨尔瓦多还认为美元具有相当的稳定性，因此以美元作为本国的官方货币能让本国经济不易受到经济波动的冲击。一个国家的货币越受投资者信任，该国就越容易吸引来自国外的投资。受巴拿马运河的影响，在巴拿马，美元作为官方货币已有超过一个世纪的历史。巴拿马运河的建成为当地带来了数量巨大的国际贸易活动，因此对巴拿马而言，将国际贸易的通用货币定为官方货币是一种非常实际的做法。

然而，将本国经济正式“美元化”也意味着将本国的部分经济权力交到美国的手中，这样做不是没有代价的。成为美元俱乐部的一员意味着必须接受美国制定的游戏规则。任何将美元定为官方货币的国家都必须服从美国的利率，而利率又会影响到汇率。美国的利率对另一个经济体而言可能会太低，也可能会太高。过低的利率会导致过度借贷的问题。而过高的利率则会让国内的借贷成本过高，从而伤害本国的消费者和企业。

为了规避上述问题，一个国家也可以“非官方地”将本国经济美元化，也就是说，把美元当作一种平行货币，让美元和本国货币同时在市场上流通。在大部分情况下，如果该国的官方货币供应量不足或者正在经历信任危机，该国经济就可能会被“非官方地”美元化。阿根廷就有过这样的情况。2000 年初，阿根廷发生了经济危机，本国货币阿根廷比索的价值直线下跌。2014 年，阿根廷又发生了经济危机。面对这样的情况，阿根廷国内的许多企业（比如酒店和餐馆）很快决定不再接受阿根廷比索作为支付媒介，而只接受美元付款，因为这些企业相信美元更保值。从

2010 年至今，在阿根廷，愿意以美元支付各种款项的人常常能够享受到所谓的“蓝色汇率”。蓝色汇率是一种比官方规定的汇率优惠得多的黑市汇率。在阿根廷，平行货币美元的流通催生了与官方经济活动平行进行的地下经济活动。手中有美元的人和手中没有美元的人生活在两个相互隔离的世界中。阿根廷国内物价飞涨，阿根廷比索价值不断下跌——2014 年，在仅仅两天的时间中，阿根廷比索的价值就下跌了 17%。只有手中握有美元的人才能保护自己的存款，并且以合理的价格买到自己需要的商品。阿根廷的上述两次经济危机让阿根廷人对美元产生了狂热的需求，这种情况在经济危机结束以后仍然存在。这种需求塑造了阿根廷国内的环境，使得阿根廷国内的环境特别容易滋生腐败现象。

在一些远离美国本土的地方，美元也作为平行货币在这些地方流通，比如柬埔寨。在世界上的许多地方，许多人认为以美元交易比以本国货币交易更加令人放心；出于同样的原因，这些国家的政府也愿意投资美国国债这种安全性更高的资产。然而，使用美元也会带来一些令人不安的负面影响。不管在世界上的什么地方，只要人们使用美元，人们就会受到美国的强大法律权力的影响。

2015 年的国际足球联合会（以下简称“国际足联”）丑闻把美国法律的权力展现得非常清楚。国际足联的职能是在全世界范围内宣传和管理足球这项“美丽的运动”。然而在 2015 年，体育界却受到了一桩腐败丑闻的巨大冲击。这桩丑闻涉及 7 名国际足联的高级官员。在一次“拂晓突击”中，警方在苏黎世的一家豪华酒店中逮捕了这 7 名国际足联高级官员。通常，这样的特别行动只针对恐怖活动嫌犯和黑帮头目，而行动地点一般也是在汽车旅馆或者位于破败郊区的“藏身窝点”。这次拂晓突击结束之后，更多的国际足联官员被捕。这些人被指控的罪名是接受贿赂，非法操纵电视转播权和著名赛事的举办地点。此前，国际足联分别将 2018 年和 2022 年的世界杯举办权交给了俄罗斯和卡塔尔，这两项富有争议的决策成了这次调查的导火索。国际足联的受贿丑闻爆出以后，体育界的声誉受到了极大的冲击。

然而，最令人惊奇的是这桩丑闻被揭露的方式。虽然首次突击行动是由瑞士警方在瑞士的国土上展开的，但是瑞士警方事实上是在美国的强烈要求下才采取上述行动的。美国联邦调查局称，国际足联做出敲诈勒索等不法行为的历史已有 24 年之久。美国联邦调查局还对若干名国际足联高级官员提出了刑事指控。美国时任司法部部长洛丽塔 · 林奇称，国际足联的腐败行为是“范围很广的、系统化的、根深蒂固的腐败行为”。

为什么美国要插手国际足联的腐败问题？毕竟，在美国，足球并不是一项很受关注的运动，足球比赛的收视率远远不如美式橄榄球比赛、篮球比赛或者棒球比赛的收视率。在美国，人们甚至根本不把这项运动称为“足球”，而是将其称为“英式足球”。美国之所以要插手国际足联的腐败问题，是因为国际足联官员的回扣是以美元形式支付的，而美国不希望本国的货币卷入这类肮脏的不法活动。美国对任何与美国“有联系”的交易都享有法律权力。因此，任何交易只要涉及美元，并在某些时刻经过美国的银行系统或者与美国的金融系统产生了“联系”，美国就有权对这些交易进行法律干预。美国有非常严格的反洗钱法律，因此美国的银行以及银行的工作人员都必须对每一笔资金的来龙去脉进行详细记录。

美国的法律系统的触手极长，国界对美国的法律系统而言根本算不上是一种限制。美国从来不怕向世界展示自己的法律实力，尤其是在美元大量流通的拉丁美洲地区。总部设在巴西的奥德布莱切公司是该地区最大的建筑集团。虽然在美国，几乎没有人听说过奥德布莱切公司，但是这家公司与美国、巴西和瑞士的司法部门签下了有史以来金额最大的宽大处理协议，这份协议的价值高达 26 亿美元。在被指控以后，奥德布莱切公司承认参与了大规模的腐败活动。该公司曾在所属区域内通过大额行贿赢得各种建筑合同。

美国不只对犯罪活动享有司法权力。事实上对于任何涉及美国金融系统的活动，美国都享有同样的司法权力。如果有人在莫斯科以美元这种硬通货支付酒店的房费或者购买食品的货款，那么这些交易也同样在美国司法部门的管辖范围内。因此，美元给了美国“成为世界警察”的权力。美国在全球范围内享有的权力不仅表现在金融方面，还表现在其他方面。比如，只要是美国互联网服务器经手的非法电子邮件，美国的司法部门就有权对其进行起诉。微软、谷歌等互联网巨头已经对美国司法部门的这项权力提出了质疑。

对于美国的这些权力，许多国家都表示了强烈的不满，尤其是俄罗斯。美国凭什么插手国际足联将世界杯举办权交给莫斯科的决策？俄罗斯自然不会同意美国提出的罪犯引渡要求，但是美国根本不在意俄罗斯是否同意。在体育界和商业界，公共关系就是一切。在往届世界杯上，索尼和阿联酋航空等著名品牌一直积极地把商标印在世界杯的宣传品上。但在国际足联爆出受贿丑闻后，这些品牌决定明哲保身，不在这次比赛中投入广告资金。丑闻让国际足联名誉扫地。丑闻也有力地展示了美元拥有的巨大影响力。为了抵制和消除美元的这种影响力，也为了其他原因，俄罗斯与一些我们很难想到的国家组成同盟，打算对抗美国的这种特权。

1944 年的布雷顿森林会议确定了美元在世界货币中的领导地位。国际货币基金组织和世界银行也是在这次会议上成立的。国际货币基金组织和世界银行的任务是保持金融稳定性、减少贫困现象以及鼓励各国的经济发展。然而，一些批评的声音认为，上述两个组织同时还在执行另外一项任务——通过巩固美元的核心“储备货币”地位来保持美元的影响力。美元是全世界的储备货币，这意味着美元不仅是国际贸易的主要货币，也是各国存储现金的媒介——这里的“现金”是指各国央行持有的外汇储备。这种安排能够保证各国对美元的需求始终处于高位，能够保持美元的强势，还能够让美国获得不正当的国际影响力。经过多年的发展，欧元、英镑、日元也加入美元的行列，成为世界的主流货币。由于美国、欧盟国家、英国、日本都被投资者认为是比较稳健的经济体，因此这些国家的货币也被看作安全性较高的现金形式。在全世界范围内，大约有 85% 的外汇储备是以上述 4 种货币的形式存在的。然而，美国、欧盟国家、英国和日本的经济活动总量达不到全球经济活动总量的 85%，这些国家的人口或国土面积也达不到世界总人口或总土地面积的 85%。

那么，为什么其他国家不试图打破以上这些国家的霸权？2014 年 7 月，巴西的福塔莱萨市举行了一次峰会。领导这次峰会的 4 个国家被称为“金砖四国”，这 4 个国家分别是巴西、俄罗斯、印度和中国。在 21 世纪初，人们普遍相信金砖四国将成为国际舞台上的下一轮明星。金砖四国的经济活动总量占世界经济活动总量的近 1/4。在金砖四国中，俄罗斯人口最少，但是俄罗斯的人均收入一般来说比其他 3 个金砖国家的人均收入都要高，这就使得俄罗斯在金砖四国中占据了一定的优势。

在此次会议的官方合影中，我们可以看到金砖四国的外交部部长们亲切地手拉着手站在一起。但是，这次峰会不仅仅是一次世界第二梯队国家的友爱大聚会。在这次峰会上，金砖四国不仅签订了大量贸易合同，还成立了一个与世界银行竞争的组织——新开发银行，并建立了联合外汇储备库。金砖四国制订了一系列的计划，希望创造自己的储备货币。在这方面，占据领导地位的国家是中国。如果人民币能够成为储备货币，那么人民币的价值将变得更稳定，中国也可以在本国的外汇储备中减持其他国家的货币。虽然这一系列计划的最大赢家是中国，但是通过团结合作，金砖四国找到了一种挑战西方霸权的途径。当然，走上这条道路也意味着金砖四国必须承担一定的政治风险。

然而，从总体上看，金砖四国的上述努力并没有取得太大的进展。出现这种现象的原因之一是，虽然人们普遍认为金砖四国即将取得经济上的飞速发展，但21世纪以来，金砖四国的经济发展状况并没有人们预期得那么好。即便如此，人民币的公信力确实已经获得了一定的提高，有些人认为美元的霸权地位已经受到了人民币的威胁。然而，目前人民币的国际地位尚不能与美元相提并论。为了绕开美元的影响，中国和俄罗斯签订了直接货币互换协议。根据这份协议，中俄两国在进行贸易活动时，可以直接以卢布和人民币作为结算货币。然而，中国实际使用的卢布数量比事先计划的数量少得多。2014年，中国从俄罗斯购买的石油的价格比预期低得多，需求的增长未能完全抵消石油价格下跌产生的影响。

"富足的悖论"和"资源的诅咒"正在攻击俄罗斯经济的各个方面。为了对抗这些冲击，俄罗斯必须将国内的产业多元化，并大力发展出口贸易。如果俄罗斯能够通过产业多元化逐步实现经济上的自给自足，那么俄罗斯就不用像现在这样严重依赖进口。经济改革的成功能帮助俄罗斯经济更好地对抗卢布价值波动带来的冲击，也能降低美元对俄罗斯的影响。

出口军火也许是一项富有争议的国家政策，因为在许多人看来，俄罗斯这种行为正在给世界各地带去毁灭和死亡。然而对俄罗斯和其他军火出口国而言，这项政策完全符合经济利益的冰冷逻辑，因为其能为这些国家源源不断地带来丰厚的利润。俄罗斯并不是没有其他的选择：除了石油以外，俄罗斯还拥有从钻石到铁矿的各种资源。事实上，在 2015 年，俄罗斯通过出口谷物等食品所获得的利润超过了通过出口军用直升机等军火所获得的利润。但和石油的价格一样，谷物的价格也具有波动幅度大、预测难度高的特点。因此相较而言，出口军火能给俄罗斯带来更加稳定的收入——前提条件是俄罗斯不能在这个方面犯错误。为了摆脱对石油的依赖，为了实现本国产业的多元化，军火产业的发展是重要的一步。未来，俄罗斯必然会努力保持军火出口的成功，这不仅是为了像德米特里·索科洛夫这样的军火商，也是为了俄罗斯的全体人民。

在俄罗斯，一位普通劳动者每月的平均收入为 300 美元。而在生意兴隆的月份中，像德米特里这样的军火商的月收入可能会达到普通劳动者月收入的 1 000 倍。虽然在西方世界中，军火商的收入肯定也远远超过普通劳动者的收入，但是在俄罗斯，军火商和普通劳动者之间的收入差距比西方世界中的差距更大。对俄罗斯的这些寡头而言，国外的豪宅、游艇，甚至足球俱乐部都不在话下。然而，虽然德米特里拥有大量财富，但他仍然十分珍惜自己手上的美元。他国的军火产业也许随时会抢走俄罗斯的蛋糕，好日子究竟还能持续多久，谁都不知道。德米特里可以把自己手中的美元存入银行，但是俄罗斯的银行不仅在经营上相对不成熟，并且还必须服从一系列矛盾的、易变的法律法规。更严重的是，人们普遍认为俄罗斯的银行具有较高的风险，虽然没有人知道风险究竟有多高。俄罗斯政府以一种高度不透明的方式对银行进行监督和管理，银行的客户很难知悉内情，这种情况令银行的潜在客户十分紧张。手中握有数百万美元的德米特里就更加不愿意承担这种风险了。

自美国和欧盟国家对俄罗斯实施各种制裁和限制以来，俄罗斯的银行变得更加不受欢迎了。比如，美国和欧盟国家的经济制裁措施禁止俄罗斯的一些银行在国际市场上买卖债券和股票，也不允许这些银行在国际市场上借贷，这些限制条件降低了这些银行在国内市场上为企业发放贷款的能力。一些俄罗斯的能源企业无法从国外进口用于定位和开采石油的高级机器设备。自俄罗斯被质疑在乌克兰境内击落马来西亚航空的 MH17 航班以后，山毛榉导弹的制造商——国有军工企业金刚石–安泰集团也上了国际制裁的黑名单。此后，金刚石–安泰集团生产的导弹以及其他 12 家俄罗斯军工企业生产的军火均不得在欧盟和美国境内销售。西方国家还拒绝继续与俄罗斯共享建造防御系统的技术。德米特里·索科洛夫的几位亲信以及他的若干竞争对手都发现，他们在外国银行的账户和资产被冻结和查封了。

在这种不利的局面下，德米特里究竟应该把他手中的美元放到哪里去？塞浦路斯政府宣布，只要投资者在塞浦路斯进行一定数量的投资，就可以获得该国的公民身份。此条消息一出，塞浦路斯立刻成了俄罗斯资金的一个好去处。对俄罗斯人来说，拿到塞浦路斯护照意味着他们不仅可以在莱梅索斯的艳阳下享受悠闲的生活，还能找到一个藏匿非法资金的好地方——这种活动被称为“洗钱”。在俄罗斯，并非所有金钱都是合法所得的——当然，世界上的其他地方也是这样的。为了逃避本国政府的调查和监管，截至 2017 年，已经有超过 1 000 个俄罗斯富豪取得了塞浦路斯护照。

对欧洲的银行而言，为俄罗斯的富豪们管理这些资金是一个有利可图的大生意。但是，如果银行处理不当的话，这种来钱很快的生意也会给银行带来严重的后果。德国最大的银行——德意志银行就在这方面栽了跟头。1998 年，各大国际银行争先恐后地进驻莫斯科，希望在俄罗斯开放带来的淘金潮中分到一块蛋糕。德意志银行也于这一年在莫斯科建立了分部。苏联解体后，虽然俄罗斯经济的发展程度不高，但是发展速度十分惊人，因此对西方的银行和金融机构而言，这无疑是一个赚钱的黄金机会。

“洗钱”是指通过一系列的步骤将从非法活动（比如敲诈勒索、受贿、军火走私等）中获得的“脏钱”伪装成通过合法渠道获得的资金。通过这一系列步骤，非法的“脏钱”就被“洗白”了。2017 年，美国和英国的金融监管部门判定德意志银行教唆并协助他人完成洗钱活动。德意志银行因此必须支付创纪录的巨额罚款。

德意志银行设立了一个“镜像交易”系统，俄罗斯的富豪们可以借此把他们手中的卢布换成其他货币。镜像交易系统的原理是，银行首先代表一位客户创立一个用卢布购买俄罗斯股票的订单，通常这个订单的价值在几百万美元。与此同时，银行又在另一个地方创立一个订单，这个订单的内容是出售与上一个订单数量相同的俄罗斯股票，以换取美元或者英镑。第二个订单会以另一家离岸公司的名义创立。这一系列洗钱活动通常终止在一些我们很难想到的地方。比如，洗钱的最后一步可以是俄罗斯寡头为其在伦敦学习的子女支付学费。

在两年多的时间中，德意志银行总共进行了超过 2 000 笔这样的交易，涉案金额高达数十亿美元。《卫报》等新闻媒体称，这种洗钱活动是“俄罗斯最大的商业活动”。苏联解体以后，在俄罗斯国内，财富和权力的分配都发生了翻天覆地的变化，这种洗钱活动变成了司空见惯的现象。俄罗斯人甚至给“镜像交易”一词起了一个俄语的昵称——konvert（意即“转换”）。

如果银行不能有效地遏制洗钱活动，银行及其员工就可能面临巨额的罚款，有些人甚至会因此被送进监狱。然而，在上述洗钱丑闻中，德意志银行显然一直对这种非法活动睁一只眼闭一只眼。由于这些洗钱活动涉及美元，所以此举引起了美国司法部门的震怒。美国再次以世界警察的身份将执法之手伸到了国境以外的地方。一系列措辞强烈的头条新闻令德意志银行名誉扫地。在德国，《明镜》周刊称“这家骄傲的金融机构成了由一小部分巨富随意指挥的走狗”。《明镜》周刊还称德意志银行是一家“利己、无能、堕落、傲慢、满口谎言”的金融机构。刊登在《明镜》周刊上的长篇报道详细描述了德意志银行陷入的另外几桩丑闻，包括不当销售行为和管理不力的问题。这篇报道的题目是《德国银行业的支柱是如何迷失方向的》。2017 年，德意志银行缩减了莫斯科分部的运营规模。

虽然德意志银行卷入了上述丑闻，但是德国本身仍在源源不断地吸引着来自俄罗斯的财富。德国是欧洲最富裕的国家之一，也是最不支持对俄罗斯实施制裁的国家。德国之所以不愿意对俄罗斯实施制裁，也许是因为德国的 8 200 万民众使用的天然气有 40% 都来自俄罗斯。德国政府担心，如果把俄罗斯逼得太紧，俄罗斯就有可能切断天然气的供应，让德国的居民在冬天挨冻。我们不难注意到，俄罗斯的天然气行业逃脱了西方社会的制裁，并且任何试图将对俄制裁措施推广到天然气行业的提议都会遭到德国的强烈反对。在高不确定性的国际政治气候中，俄罗斯似乎仍对德国有着一定的影响力。

目前，德国银行中的账户已经面临更严格的监管和更严苛的法规。也许在这样的情况下，这些银行对俄罗斯资金的吸引力会逐渐降低。但是，德米特里仍然希望把自己的美元放在一个安全的地方，并且希望这些美元投资能为他带来不错的回报率。为了实现这个目标，德米特里仍然把目光投向了德国。从投资的角度来说，有什么资产能比房地产更加安全？

第 7 章

混合家庭的实验：从俄罗斯到德国

米奇公寓是一栋乳白色的建筑。这栋公寓的宣传册上展示着镀铬配件、橡木地板和精巧的草坪，暗示一种令人羡慕的城市生活方式——时尚而激动人心的中央式生活。事实上，这些迷你公寓的面积通常为24~48平方米。用上述华丽词句来描绘面积这么小的公寓实在有些夸张。在这么迷你的公寓中，就连塞入一个小型家庭也实在不容易。然而德米特里·索科洛夫并不担心这一点，毕竟他从来没有打算搬进米奇公寓居住。

这里是柏林——世界上最有活力、文化最多元的城市之一。柏林就像一块磁铁，吸引着人们从德国各地、欧洲各地，甚至世界各地涌向这里。和其他欧洲城市一样，柏林也吸引着大量来自国外的资金，包括来自俄罗斯和世界其他地方的资金。柏林的公寓吸引着新加坡、中国、以色列的投资者的目光。这些富裕的新型投资者正在改变世界的房地产地图。在涌入柏林的资金中，德米特里的钱虽然只占一小部分，却也在一定程度上为柏林的建设做出了贡献。为了进行这笔投资，德米特里在德国最大的银行——德意志银行那里把他手中的美元换成了欧元。我们将走进欧元区，深入探索我们这个时代的另一个重要的经济故事。因为这里是欧元区，所以我们追踪的这1美元现在要暂时离开舞台的中央了。

近年来，大量资金涌入欧洲城市——这种情况不仅发生在欧元区。在伦敦，如果你能买得起新市中心某个街区中的公寓，那么你无疑已经是经济上的幸运儿了。但是即便你有购房的经济实力，要想买到这样一间公寓，你还必须与来自世界各地的买家竞争。据估计，2009—2016 年，伦敦的独栋住房、公寓、办公楼以及土地总共吸引了超过 1 500 亿美元的境外资金。投资者都希望在对境外投资比较友好的地方购置房地产。在加拿大和瑞士，想购买房地产的外国投资者必须面对大量的法律限制或高昂的税费，而在伦敦，投资者完全不必担心这些事情。然而，随着在伦敦投资房地产的外国人越来越多，伦敦的房价和购房的竞争程度也都变得很高。因此，柏林就成了一个越来越有吸引力的选择。

柏林市场是欧洲最大的民用住宅出租市场。由于柏林居民非常喜欢租房居住，因此柏林是全世界住房拥有率最低的城市之一。大约有一半的德国人拥有自己的住房——这个数字已经比西班牙的住房拥有率低了许多，而柏林的住房拥有率还不到德国平均水平的一半。每年大约有 4 万人搬到柏林居住，高质量住房需求的增长速度远远超过了房源的增长速度，因此这些迁居柏林的新市民往往要在住房上有一笔不小的支出。柏林是世界上最有活力、最令人向往的城市之一，因此柏林的房地产市场自然也有很大的吸引力。由于许多房源都会在网上公布，因此柏林的房地产市场对国际投资者的开放度很高。对既追求投资的安全性又追求一定回报率的投资者而言，用手中的美元投资柏林的房地产是一个不错的选择。

为什么这些欧洲城市如此欢迎外国投资者持有房地产？有些人认为，这是因为来自外国的投资能够刺激城市建设，特别是住房的建设，从而满足本地不断增长的人口对住房的需求。实力雄厚的投资者有时还愿意投资一些地标性建筑，比如，伦敦的碎片大厦就是靠来自卡塔尔的资金建成的。富有的投资者除了投资房地产以外，还会涉足其他投资领域，甚至会在投资的过程中把自己管理企业的经验带到欧洲。总之，这些来自境外的投资能增加欧洲国家的财富。

与其他领域的投资一样，投资房地产领域也既有好处，又有坏处。有些人认为，新入驻的外国房主可能不会把本地居民的需求当作优先考虑目标。在柏林，曾经有一栋公共住宅楼被指定卖给一家来自卢森堡的投资公司，该公司打算转卖这栋公共住宅楼，此事引起了柏林市民的强烈不满。2002—2007 年，柏林政府将超过 10 万间公共住宅卖给了私人投资者（其中相当一部分是来自国外的私人投资者）。在此后大约 10 年的时间中，柏林市的房租上涨了 50%。最后，在柏林市民的抗议下，地方政府行使了对这栋公共住宅楼的购买权，这栋公共住宅楼最终成了公共财产。

伦敦市市长萨迪克 · 汗曾批评外国投资者把伦敦的房屋看作“具有投资价值的金砖”，一些伦敦市民也有同样的感受。有的外国投资者在购买房地产以后将这些房地产对外出租，这会让现金流向英国境外。而另外一些投资者则让自己购买的房地产长期空置，因为他们希望自住或转卖这些房地产。这些购房空置型投资者产生的影响甚至比购房出租型投资者产生的影响更坏。有些人担心，来自外国投资者的竞争会将房价推得过高，导致本地居民买不起房子。一项研究显示，在整个伦敦地区，外国投资者购买的房地产占所有在市场上销售的房地产的 7%。外国投资者购买的房地产主要集中在伦敦市比较富裕的地区。在伦敦的中心地段，价格超过100万英镑的房屋几乎有一半被外国投资者买走。那么，对伦敦的大部分市民而言，这样的情况是否会影响他们的生活？如果外国投资逐渐将普通伦敦市民挤出这些较富裕的住宅区，让大部分伦敦人只能住在市郊甚至离市中心更远的地方，那么这些外国投资就确实影响了普通伦敦市民的生活。

随着世界经济的发展，全球各地涌现出越来越多的百万富翁，因此在其他国家拥有房地产成了一种越来越普遍的现象。在全球范围内，大量的资本在国家之间不断流动。大型投资者和一些国家的政府会通过外国直接投资的方式追求最理想的投资回报率。同样，个人投资者为了获得经济回报和社会地位，也越来越多地将目光投向了海外。然而，随着柏林房价的上涨，投资者必然会逐渐将目光转向房价更便宜的新目标，比如，很有前途的新兴城市华沙。全球化意味着资本总是不断流向更有吸引力的地方，没有什么事情是永恒的。

由于德国城市的高速发展，再加上其他原因，德国一直像磁铁一般吸引着各种类型的外国投资。在可预见的未来，这种情况很可能会继续保持下去。德国是欧洲心脏地带能量最大的经济体。全世界的人都知道，德国拥有非常强大的制造业，并且德国制造的产品正在不断地销往世界各地。

虽然德意志银行因对来自俄罗斯的资金的不当处理而遇上了麻烦，但是德米特里·索科洛夫手中的美元已经流入了全世界最稳定的银行系统。由于德国的银行系统过于稳健，有些人甚至认为这是一个相当“无聊”的领域，但这种稳健来之不易。150 年来，欧洲最富裕阶级手中的财富像过山车一般经历了暴涨和暴跌的过程，但不管何时，这个阶级的财富都与像德意志银行这样的德国大型银行有着紧密的联系。德意志银行成立于 1870 年。在一些德国工业巨头崛起的过程中，处于早期经营阶段的德意志银行发挥了领导性的作用。这些德国工业巨头包括拜尔制药公司和戴姆勒–奔驰汽车公司。

与印度不同的是（参见第 4 章），德国很早就走上了经济现代化的道路。并且，在追求经济发展和财富增长的道路上，德国严格执行了华尔特·罗斯托起飞模型描述的各个发展阶段。一战爆发时，德国的经济发展程度已经很高。当时的德国已经拥有很高的工业生产能力（包括军备设施的生产能力）。金融、工业和军备在德国一直是 3 个互相关联的领域，因为发展军备设施需要大量的金钱和技术，军备的发展能够刺激工业的发展，而工业的发展也能反过来刺激军备的发展。机器时代来临以后，人类很快就进入了机械化战争的新时代。

一战改变了德国的命运。一战战败以后，德国政府一方面必须面对战争给国内带来的物理上和经济上的损失，一方面还要向其他国家支付 330 亿美元（约合今天的 4 500 亿美元）的赔款，以弥补其他国家在战争中蒙受的损失。为了筹集资金，德国政府不得不向国外大量借贷。在德国政府的外债中，来自美国的贷款金额最大，这些贷款是以美元计的。在一战期间，为了应对各项军事开支，德国政府一直在大量发行本币马克。战争结束之后，德国损失惨重，德国人民急需大量商品，而德国国内生产的商品并不能满足本国人民的需求。德国国内出现了货币多而商品少的局面。于是，商品价格飞涨，马克迅速贬值。关于一战后的德国，欧洲流传着这样的故事：由于严重的通货膨胀，工人领取工资的时候必须用手推车来运输领到的纸币，而一个面包的价格则飙升到了数百万马克。由于投资者对德国失去了信心，在外汇市场上，马克兑美元的汇率大幅下跌。1914 年，马克兑美元的汇率是 4.2 马克兑换 1 美元，而在近 10 年后，马克兑美元的汇率已经暴跌到了 4.2 万亿马克兑换 1 美元。

1924 年，在联合政府的指挥下，一家新的银行（德国国家银行）发行了一种新的货币（国家马克），严重贬值的旧币被完全废除，德国终于迎来了比较稳定的局面。然而，德国人民的好日子还没过几年，1929 年又传来了华尔街股灾的坏消息。由于美国国内发生经济危机，各家美国银行要求收回发放给德国的贷款。而德国的银行手中根本没有足够的美元（更准确地说，这些银行手中根本没有足够的货币来购买那么多美元）来偿还这些债务，一些规模较小的金融机构甚至因此而倒闭。于是，德国经济崩溃，失业率大幅上升，国内出现了抗议活动。由于人民对现任政府失去了信心，德国民族社会主义工人党——“纳粹党”——获得了民众的支持。

在纳粹统治的时代中，德意志银行在希特勒政权的融资活动（包括没收犹太企业的资产）中扮演了积极的角色。德意志银行对这段黑暗的历史采取了比较诚实的态度。二战结束以后，德国失去了大部分住房以及 1/3 的农业生产能力。面对这样的情况，德意志银行努力帮助联邦德国融资，为联邦德国“经济奇迹”立下了汗马功劳。此时，战败的德国被分成了许多个区域，大部分区域分别被苏联和其他西方国家控制。这种地理上的分割逐渐导致了政治上的隔阂，最终德国分裂成了民主德国和联邦德国两个国家，两国之间修起了举世闻名的柏林墙。

从德国经济崩溃的事件中，我们也许可以学到这样一个道理：既然美元在世界范围内拥有这么大的权力，美元也应该承担起与权力相匹配的责任——维护经济和金融的稳定性。为了履行这个责任，美国启动了价值数十亿美元的马歇尔计划。马歇尔计划的目标之一是帮助西欧国家重建民主政权。随着马歇尔计划的启动，“20 世纪 40 年代式”的外国直接投资涌入联邦德国。由于联邦德国拥有很好的工业化经济基础，因此投资联邦德国似乎是一个稳赚不赔的买卖、一个只会赢不会输的赌局。当然，除了经济方面的利益以外，对联邦德国的投资还为美国争取到了一个对抗共产主义阵营的有力盟友。

在大笔美元投资的帮助下，联邦德国很快重新成了欧洲最有实力的国家，成了 20 世纪的工业领袖和银行业领袖，也成了欧洲最强的经济体。二战结束以后，在一段时期内，战胜国不允许联邦德国生产武器。但即便如此，联邦德国在工业方面仍然拥有很强的实力和专业经验，联邦德国也充分利用了本国的这个优势。在稳健的银行系统和长期投资策略的支持下，借助对外出口的推动，联邦德国被建设成了一个非常稳定的制造业经济体。

当联邦德国在欧洲创造“经济奇迹”的时候，亚洲的日本也同样取得了惊人的经济发展成就。和联邦德国一样，战后的日本也急需完成大量重建工作。在国际资金和友谊的支持下，联邦德国和日本都在高速工业化的时代中重新走上了经济强势增长的道路。两国都以制造业为经济发展的核心，全面提高了国内人民的生活水平。联邦德国和日本成了现代工业化经济的两座灯塔。两国的品牌享誉全球，成了质量、效率和最新科技的代名词。（对在二战中受到日本和德国军事侵略的国家的人民而言，这样的情况不仅令他们迷惑，有时甚至还会招致他们的强烈反感。）两国经济快速复兴的根本原因在于金钱和机器的共同作用。然而有些为重建两国经济提供支持的国家的经济发展情况却不那么令人满意。胜利者似乎并没有独占全部的好处。

在战后的德国和日本，起飞模型取得了巨大的成功。到 20 世纪 90 年代，两国的国民平均生活水平都已经达到了世界最先进的水平。联邦德国和日本也成了仅次于美国的发达经济体。虽然德国和日本在二战中一败涂地，但是在短短 50 年之后，联邦德国和日本两国的产品已经销往世界各地，英镑、美元和日元源源不断地流向这两个国家。

联邦德国战后的经济成功与某些欧洲邻国的经济发展情况形

成了鲜明的对比。比如，希腊也在二战之后被注入了大量的现金，这笔现金启动了希腊工业板块的发展，希腊的经济也随之经历了一段高速增长的时期。然而，这段高速增长期仅仅维持了很短的一段时间。希腊和联邦德国之间有两处非常关键的不同。第一，希腊直到 1950 年才结束内战，因此经济方面的清理活动也直到 1950 年才开始展开。第二，希腊的起点比联邦德国低得多。战后希腊人的平均收入还不到联邦德国人平均收入的一半。希腊的银行业基础和工业基础也远远不如联邦德国成熟。

当外国资金大量涌入时，这些投资确实给希腊的经济带来了活力。在 20 世纪五六十年代，随着制造业的高速发展，希腊的经济增长速度在欧洲各国中名列前茅。当时的希腊正在缩小与欧洲其他国家的差距。然而，20 世纪 70 年代初，石油价格飞涨，希腊经济因此受到了沉重的打击。虽然当时许多国家的经济都受到了油价上涨的冲击，但是在希腊，石油成本的上涨恰好与该国军事独裁政权的垮台同时发生。在以上两个不利因素的共同作用下，希腊经济长期处于停滞状态，普通希腊人的收入在 1979—1987 年竟然没有任何增长。希腊再次成了经济比较落后的国家。希腊的制造企业无力与外国企业竞争，其银行业也存在资金缺乏的问题。

为了摆脱这样的困境，希腊政府决定从增加政府支出着手。希腊经济中的公共板块本来已经相当臃肿，这项政策令公共板块中的就业岗位进一步大幅增加。为了执行这项政策，希腊政府不得不去货币市场上借贷。然而，由于国际货币市场上的投资者并不看好希腊，因此希腊政府只能以较高的利率借贷，也就是说希腊政府的借贷成本较高。投资者对希腊失去了信心，于是希腊的货币——德拉克马的价值也一路走低。

接着，在20世纪90年代，邻国向希腊抛出了一艘救生筏。德国和希腊的命运从此变得更加密不可分。自二战结束、马歇尔计划将大量美元泵入欧洲的那一天起，欧洲就走上了一条增进一体化、贸易和繁荣的道路。此时，欧洲迎来了这场旅程中最重要的篇章。

二战结束以后，几个理念比较接近的国家——比利时、法国、联邦德国、意大利、卢森堡和荷兰结成了政治和经济上的联盟——欧洲煤钢共同体。欧洲煤钢共同体的目标是通过各国之间的紧密合作保持地区的长期和平。而达成这个目标的途径则是发展上述各国都很感兴趣的一项活动——贸易。随着欧洲煤钢共同体各成员国关系的不断升温，这些国家很快决定为彼此之间的贸易免除关税。此外，这些国家还决定联合控制食品的产量。这种共同合作的理念孕育了后来的欧洲经济共同体，又称“共同市场”。

20世纪70年代初，欧洲经济共同体迎来了几位新成员——英国、丹麦和爱尔兰。面对国际石油价格的上涨，欧洲经济共同体修改了规则。在新规则下，较富裕的成员国能够帮助较贫困的成员国。20 世纪 80 年代，欧洲经济共同体又吸收了葡萄牙、西班牙和希腊。1993 年，欧洲经济共同体正式改名为“欧洲联盟”，简称“欧盟”。

1990 年，随着柏林墙的倒塌，一些欧洲国家几乎在一夜之间走出了孤立的时代。由于这些国家纷纷要求加入欧盟，欧盟迎来了有史以来最大的成员变动过程。虽然这个变动经过一定的时间才逐步完成，但截至 2007 年，已经有 11 个新的成员国加入了欧盟。这些后加入欧盟的东欧国家被称为欧盟的“加入国”。与此同时，瑞典、奥地利和芬兰也加入了欧盟。截至 2013 年，欧盟的成员国数量已经从最初的 6 个发展到了 28 个。2016 年，已有超过 5 亿人生活在欧盟境内。

与几乎所有多国组织一样，欧盟各成员国之间的差异大得惊人。欧盟各成员国在人口组成、财富水平、国家需求和历史经验方面都有很大的不同。比如，创建欧盟的核心国家之一——德国的经济总量是新加入欧盟的爱沙尼亚的 150 倍。由于德国是欧盟最大的成员国之一，德国自然在欧盟的各项事务中拥有较大的政治权力。欧盟的核心关系始终是欧洲最富裕的两大经济体之间的关系，也就是法国和德国的关系。那么，既然如此，为什么其他国家——尤其是新加入欧盟的小国家——如此热切地想要加入欧盟？加入欧盟究竟能给它们带来什么好处？

欧盟希望建立一个贸易集团，一个能买卖商品的市场，因为这一方面能与美国的市场进行竞争，一方面能对抗来自发展中国家的竞争压力。为了在欧洲创造和平舒适的生活环境，1986 年，欧洲经济共同体签署了《单一欧洲法案》。《单一欧洲法案》允许人员、资本、劳务和商品在各国之间自由流动。这4个元素的自由流动被称为“四项自由”。

商品的自由流动意味着当一个欧洲国家向另一个欧洲国家出口商品的时候，这些商品既不会被征收关税，也不需要在边境处接受复杂的海关检查。整个欧盟区域内的国家都使用同一套规则和管理制度。此外，所有欧盟国家与欧盟以外的国家或地区进行贸易活动时也使用同一套海关制度，这套海关制度被称为“关税同盟”。比如，如果中国向欧盟国家出口商品，那么不管来自中国的商品流入哪一个欧盟国家，中国都会面临同样的关税额度以及同样的海关检查程序。当中国的制造企业试图与欧洲的制造企业进行竞争时，虽然前者在工资成本上可能更具优势，但是欧盟的贸易壁垒能够减少中国出口商品的数量。在向欧盟内部出口商品时，欧盟国家的制造企业甚至会比中国企业更有比较优势。即使是规模较小的欧盟成员国也能享受这些好处。和大国相比，这些贸易优势对欧盟小国更为重要。比如，与其他欧盟成员国的贸易构成了匈牙利贸易总量的80%。

到目前为止，欧盟的上述规则已经执行了1/4个世纪。这些规则的设计目标是降低欧洲商品的价格，为欧洲制造商打开更多的市场。我们很难精确估计欧洲单一市场的建立究竟为其带来了多大的好处，但是统计数字能给我们提供一些指引。据经济合作与发展组织估计，单一市场的建立让欧盟成员国之间的贸易活动量上升了70%。可见单一市场不仅对欧洲的企业而言非常重要，而且还帮助欧洲在高速发展的国际市场上保住了自己的地位。世界贸易组织称，1980—2011 年，全世界的贸易总量增加了 9 倍；2011 年，发展中国家的出口量已经占世界出口总量的一半。换句话说，如果欧盟单一市场没有建立，那么欧盟的生产效率和财富水平都会比现在的实际水平低得多。如果欧盟单一市场没有建立，那么欧盟各成员国生产的产品在与来自发展中国家的低价产品进行竞争时会处于更加不利的地位。

由于单一市场的建立取得了非常理想的效果，欧盟决定采取进一步的行动——发行统一的货币。1992 年，欧盟 12 个成员国签订了推进一体化的新条约，进一步一体化的标志就是欧元的发行。新条约的精神是创造一种统一的货币，让其取代各国央行发行的货币。不仅国家之间的贸易活动将使用这种新货币，银行持有的储备资金也将以这种货币的形式存在。这种货币将成为美元的竞争对手。

在欧元发行之前，据估计，如果一位旅行者走遍欧盟的所有国家，并将手中的 1 美元不断兑换成当地的货币，那么在整个过程中他为了兑换货币而花费的佣金将达到近 50 美分。有了统一的货币后，企业和个人就可以更方便地在欧盟的不同国家之间进行比价。在这样的环境中，企业能够更好地计划境外的支出，而企业经营环境的确定性越高，企业就越愿意进行投资和增设工作岗位。发行统一货币是为了促进贸易。

这个统一货币区就是后来的欧元区。投资者将欧元区视作更成功、更稳定的投资目的地。因此，欧元区从德米特里·索科洛夫这样的投资者手中吸引了更多的美元。欧元区的一些国土面积相对较小、财富水平相对较低的国家因为成了知名团队的一员而获得了更好的声誉和更多的贸易联系。比如，希腊虽然失去了本国的货币，但获得了一种信任度和稳定性更高的货币；由于德国和法国的经济稳定性高、受投资者信任，同为欧盟成员国的希腊也跟着沾了光。随着欧元区的成立，德国虽然必须放弃曾帮助自己实现二战后经济奇迹的本国货币，但也成了手握大权的领袖——它领导的是一个不断扩大的联盟。保持大量的国际出口一直是德国经济政策的重点之一，而欧元区的成立对其扩大出口也很有好处。由于欧元区的许多成员国的经济实力都弱于德国，因此当德国与这些国家共用一种货币时，这种统一货币的价值很可能会低于德国本国货币的价值。货币价值的下降意味着德国出口的产品对海外的消费者而言价格更低、更富有吸引力。因此放弃本国货币而改用欧元能够促进德国对亚洲国家市场和美国市场的商品出口。

发行统一货币听上去是一个绝好的计划，但是要让这么多国家同时改用另一种货币可不是一件简单的事。毕竟，要让一种货币同时满足不同国家的需求是相当困难的。为了实施这一计划，在发行欧元之前，欧元区的各个国家必须做好充分准备。各国必须满足《马斯特里赫特条约》中规定的一系列条件。设定这些条件的目标是让各国经济相互协调得更好，或者说统一性更高，这样才能保证该区域的稳定。

从德国和希腊的对比中，我们可以很清楚地看出，欧洲的各个经济体之间存在非常显著的差异。经过几百年的发展，欧洲各国不仅有不同的历史背景、不同的民族构成，各国工业的发展情况也有很大的差异。如果我们只看报纸头条中的经济数据，就很难完全理解这些复杂的差异。

根据《马斯特里赫特条约》中的规则，欧元区的各国政府每年的借贷数额不得超过该国 GDP 的 3%。这个数字规定了各国政府的支出和税收收入之间的差距上限。欧盟希望通过这一规定让各国政府在财政上保持充分的偿债能力和较高的稳定性。虽然各国政府仍有权控制本国的税收和支出，但是在这一规定（各国政府需要保持收支平衡）的限制下，各国拥有的自由度都下降了。当一个国家的政府选择借贷时，其公共债务水平就会随之上升。许多国家在几十年甚至几百年的历史中已经积累了大量的公共债务。为了保证欧元区的总体偿债能力，《马斯特里赫特条约》要求欧元区各国的债务水平必须大致相当，各国的债务水平不得超过 GDP 的 60%。

此外，欧元区各国还必须保持类似的利率水平和通货膨胀水平。在一个经济体中，利率是调控消费和储蓄的主要工具，而消费和储蓄水平又会影响该国的经济增长速度和通货膨胀水平。如果欧元区各国能够保持类似的利率和通货膨胀率，这就意味着这些经济体正在朝同一方向发展，并且在经济发展周期中处于类似的阶段。为了控制经济增长速度和通货膨胀水平，欧元区的利率将由欧洲中央银行决定。因此，在发行统一货币之前，让各国的利率水平和通货膨胀水平保持一致是一项非常重要的准备工作。

统一的货币要求各国必须采用统一的利率。

在实际操作中，各国并没有严格执行《马斯特里赫特条约》的各项规定。不管是德国这样的强大经济体，还是希腊这样经常不按常理出牌的后起之秀，都对规定进行了富有创意的解读，把规定向对自己有利的方向歪曲。当时，许多对欧元实验持批评态度的评论家认为，这种现象是完全不可接受的。但是，为了实现发行统一货币的伟大计划，欧元区各国的政治领袖和经济设计师们宁愿用和稀泥的方式去掩盖这些问题，他们甚至不惜对经济数据做出适当“修饰”，以保证各国都能达到《马斯特里赫特条约》的要求。一些在当时看来只是小瑕疵的问题在10年之后变成了令整个欧元区头痛不已的大麻烦。

英国是最先对发行统一货币的计划提出质疑的国家之一。英国政府设计了一系列测试来研究加入欧元区对英国的影响。测试内容包括：加入欧元区对英国的物价和就业岗位（比如金融服务产业的就业岗位）的影响，英国经济与欧洲其他国家经济的协调程度，英国将在经济危机中受到怎样的影响，等等。这些测试想要回答的核心问题是，由欧盟设计的统一系统（包括统一的货币，以及统一的利率）能否满足所有成员国的需求；在面对压力时，这一系统会不会立即崩溃。根据这份问题清单，英国政府写出了一份长达19卷的调查报告。这份调查报告的内容简直包罗万象：从英国与哪些国家有贸易往来到欧洲各地的巧克力棒价格。这份调查报告提到，一条士力架在英国的价格与在欧洲其他地方的价格有所不同，虽然这一论据本身并不足以搅黄英国加入欧元区的计划，但是英国政府最终得出的结论是，英国经济与欧元区其他国家的经济之间的差异过大，协调统一程度不足。事实上，这份调查报告称，英国的经济情况与英国以前的殖民地——美国的经济情况更为类似。英国最终决定礼貌地拒绝欧盟的邀请，继续使用本国的货币——英镑。

在欧盟对各国的账本进行了一番颇有创造性的处理以后，欧元最终于 1999 年发行。2002 年，12 个欧元区成员国的本国货币被欧元取代。到 2016 年，欧元已经成为 19 个国家的官方货币，而这 19 个国家的国土面积和财富水平可以说是各不相同。这 19 个国家的 GDP 总额大约相当于中国的 GDP（但是，由于这 19 个国家的总人口远远少于中国的总人口，因此欧元区的人均收入远高于中国的人均收入）。目前，欧元是 3.4 亿人的官方货币——这个数字已经超过了美国的人口总数。

一开始，美国担心欧元的发行会威胁到美元作为世界核心货币的地位。但是事实上，欧元区的问题很快就暴露了出来。在欧元发行之前，欧元区各国的货币主要受该国自身经济情况的影响——各国经济发展情况的好坏会对该国的命运产生相应的影响。然而在欧元发行以后，欧元区的所有国家都受到欧元的统一影响。作为一种强有力的新货币，欧元与美元、日元、人民币和英镑都存在竞争关系。于是欧元区各国的命运在很大程度上与本国的经济现实脱节，而更多地受到整个欧洲的经济气候的影响。

虽然欧元区各国可能有相似的理念，但是从其他方面来看，这些国家之间的差异非常大。因为诉求各不相同，所以在制定政策时，欧盟成员国往往各执己见。意大利、德国和法国这 3 个国家的 GDP 占欧元区总 GDP 的一半以上。因此在设定利率的时候，这 3 个国家的需求就必须优先考虑。利率为欧元区带来了许多问题。

一般来说，各国央行调节利率的目标是微调本国的经济。在欧元实验刚刚开始的时候，欧洲中央银行设定利率的目的是帮助欧元区的最大经济体德国解决其国内的问题。当时，德国失业率较高，急需经济上的拉动措施。为了满足德国的需求，欧洲中央银行降低了利率。这项政策降低了德国的借贷成本，让普通德国人的口袋中有了更多的现金，也使德国人更倾向于消费而不是储蓄。然而，当时爱尔兰的经济却急需降温，因此欧洲中央银行设定的利率对爱尔兰而言太低了。利率的降低进一步鼓励爱尔兰人借贷和消费。当时，爱尔兰的债务增长速率是欧元区所有国家中最高的。债务的大幅增长促进了爱尔兰经济的短期快速增长，该国因此获得了“凯尔特之虎”的昵称。由于大量现金涌入爱尔兰，爱尔兰的零售企业自信地调高了商品价格，该国的通货膨胀率随之上涨。同时，由于房屋抵押贷款的利率较低，都柏林的房地产行业高度繁荣。过度的繁荣并不是什么好事，一旦消费需求缺乏后劲，经济泡沫就会迅速破灭。事实上，爱尔兰也确实不幸地经历了这样的过程。15 年后，爱尔兰的失业率仍然高于该国加入欧元区之前的失业率。

虽然爱尔兰在欧元区刚成立的时候就遇上了麻烦，但是在 2008 年全球金融危机爆发以前，欧元区的大部分经济体还都比较顺利地融入了这个集体。作为欧元区的“坏孩子”，希腊的公共债务水平比欧元区的其他国家都要高。希腊政府的支出一直高于其税收收入。在经济状况良好的时期，希腊政府可以不断地向投资者借钱，持续享受超前消费和过度支出的快乐。如果这样的好时光能够再持续得久一点儿，欧元区的各成员国也许就能进一步推进一体化，并为未来的经济危机做好准备。然而，这个世界上并没有“如果”。2008 年，苦日子突然降临，欧元区的弱点以及欧元区各成员国之间的巨大差异都暴露了出来。

我们将在第 8 章中看到，美国的银行被迫终结了这段好时光。由于美国的金融机构向没有偿债能力的人发放贷款，欧洲国家的银行和美国的银行都付出了巨大的代价。信贷枯竭，就业机会减少，经济增长也受到了沉重的打击。各国政府一方面面临税收收入的下降，一方面又必须应付更高的福利开支，因此各国的债务水平快速上升。突然之间，希腊和意大利的公共债务水平超过了警戒线，两国的银行纷纷陷入困境，两国的经济增长前景也显得十分惨淡。

当一个国家的政府发行国债时（即当一个国家借贷时），国债的利率能反映出投资者对该国政府的偿债能力、财富水平以及信誉的看法。虽然欧元区各国使用统一的货币，但是各国政府发行的国债的利率水平有很大的差异，这种现象从另一个角度说明欧元区各国并未完成缩小差异、统一步调的任务。由于国际投资者们担心希腊政府破产，大家纷纷抛售手上的希腊国债。在这样的情况下，如果希腊政府希望继续借贷，就必须支付更高的利息。

在正常情况下，受经济危机冲击的国家可以选择降低国内的利率，以鼓励国内民众增加消费。降息能为疲软的国家经济注入一剂强心针。然而，由于整个欧元区的利率是由欧洲中央银行统一设定的，因此受经济危机冲击最大的国家无法自行降低国内的利率。在欧元区中，受2008年全球金融危机冲击最大的4个国家是葡萄牙、意大利、希腊和西班牙。由于葡萄牙、意大利、希腊、西班牙4个国家的经济总量只占整个欧元区经济总量的1/5，因此在设定利率方面，这4个国家并没有太大的话语权。

以上4个国家本来可以向其他欧盟成员国寻求资金援助，然而，德国明确表示，本国的纳税人没有义务出钱救助欧元区的其他国家。因此，上述4个国家虽然使用和德国同样的货币，但只能自己面对经济危机带来的困境。

对国际金融系统的守护者而言，它们刚刚摆脱了一场危机，非常希望预防下一场危机的发生。因此，国际货币基金组织和欧盟免除了希腊政府的部分债务，并且为希腊政府提供了一些应急资金。然而，这些机构对希腊政府的救助就像是父母对不听话的青少年的帮助，带有许多附加条件。援助提供方要求希腊政府削减开支并且解决国内的各种问题。财政紧缩政策包括大幅削减养老金并减少公共板块中的就业岗位数量，以及提高税收。生活本已十分困苦的希腊人民对此表示了强烈不满。为什么德国和其他较富裕的欧元区国家不能给希腊提供更多援助？为什么这些国家不能理解和同情希腊的处境，不能表现得更有慈善精神？为什么想要留在由这些强国控制的俱乐部中就意味着希腊必须遵守这些国家提出的严苛规则？希腊认为德国提出的条件过于强硬粗暴，因此拒绝接受这些条件。此外，希腊还认为欧盟的政策长期偏向欧元区较富裕的国家，希腊受到了不公平的对待。虽然希腊的债主坚持要求希腊政府削减各项开支，但希腊人民对此非常不满，因此希腊人民最终投票选出了一个反对财政紧缩政策的政府。关于希腊政府如何接受援助和削减开支的争论只得无休止地继续下去。

5 年之后，希腊的养老金经过 12 次削减，价值已经下降了 40%。许多家庭因此在经济上面临极大的困境。在希腊国内，经济状况并不稳定，投资者也十分担忧希腊的经济状况。有些人始终认为，希腊应该脱离欧元区，成为一个独立的经济体，关于这个问题的争论从未停止过。如果希腊脱离欧元区，希腊政府就可以重新获得对本国利率的控制权，从而在更大程度上掌握希腊的经济命运。然而，脱欧也意味着希腊将失去“欧元区国家”这块金字招牌，国家的信誉会因此降低。希腊还必须将国内的官方货币从欧元换回本国货币，这个过程中也必然有大量的调整和转型工作需要完成。希腊“脱欧”还可能触发投资者对希腊经济的信任危机，甚至触发投资者对整个欧元区经济的信任危机。

此时，在希腊以北几百千米的地方，一些相对富裕的欧元区国家快速地从经济危机中走了出来。《金融时报》很快称赞了欧元区的成就，称其创造了“2017 年的经济传奇”。自 2015 年以来，这一地区的经济增长速度超过了美国的经济增长速度。在这一点上，连所谓的“欧猪四国”也做出了贡献，四国的经济以健康的速度增长。在2017年底的某一个时间点上，希腊经济的增长速度超过了英国。然而，乐观的数据其实掩盖了真实的情况：希腊政府仍然在与国内的许多问题进行艰难的斗争，意大利银行的稳定性问题仍然令投资者们相当担忧。不管欧元区表面上看多么欣欣向荣，欧元区各国仍然无法组成一个一团和气的大家庭，因为各国之间仍然存在较大的差异。如果把美国纽约的物价水平和弗吉尼亚州乡村地区的物价水平进行对比，我们就会发现不同的地方的生活成本永远会存在一定的差异。从本质上来看，这是因为不同地方的供需关系总会有所不同。在欧元区内部，一条士力架在不同国家的售价各不相同，这不仅反映出这些国家物价水平上的差别，还意味着这些国家的经济在以不同的速度增长。欧元区各国有着不同的命运，在受经济危机冲击时，各国的应对方式也会有所不同。

从全球角度来看，羽翼未丰的欧元似乎暂时不会有太大作为。人们曾经期待欧元会成为美元强有力的对手，但是从目前的情况来看，这一期待并未成为现实。欧元和美元代表的东西有本质差异。欧元区和美元区都有较大的地理面积和非常多元的人口构成，但美国全境使用同一种语言，而欧元区内则有多种不同的语言。不管是欧元区还是美元区，都由单一的央行组织负责发行货币和控制利率，也就是说，欧元区和美元区都成立了自己的货币联盟。欧元区和美元区都有单一市场，因此在这两个区域内部，商品、人员和资本都能够自由地流动（除了少数特例以外）。

在美元区中，大部分税收由联邦政府统一收取、统一支出；而在欧元区中，各国政府分别负责本国的税务征收、政府支出和财政控制，也就是说，欧元区的资源不是由某一机构统一支配的（除了在几个规模较小的区域内）。欧元区各国都有权选举自己的政府，各国政府可以自由决定如何支配财政预算中的资金，并可以在很大程度上自由决定如何治理和经营自己的国家。欧元区既没有财政联盟，也没有政治联盟。对美国而言，整个国家的经济状况良好，即使某个州在经济上遇到麻烦，联邦政府也可以通过中央化的税收和财富分配系统为该州提供帮助。但在欧元区中，情况不是这样的。虽然欧元区各国并不能完全控制本国的财政，但是在一些国家遇到麻烦时，并没有一个中央化的税收和财富分配系统能为这些国家提供帮助。

因此，有些人认为，欧元区要想成功地运行下去，就必须进一步加强中央统一管理。然而，许多国家并不欢迎这种改革方向，因为加强中央统一管理就意味着它们将失去更多主权。

欧元实验到底得到了怎样的结果？在欧元区中，最强的经济体获得了最大的金融权力和政治权力，因此欧元实验向我们展示了德国在欧洲的地位。此外，欧元实验也许让那些能在柏林买得起公寓的人获得了更多经济上的回报，然而一些在经济上陷入困境的雅典家庭并没有从中获得太多的好处。欧元实验既向我们展示了统一货币的好处，也让我们看到规模较小、财富水平较低的国家有可能因此受到严重伤害。我们从欧元实验中可以看到，货币能够产生非常深远的影响，它不只是我们在商店购物时用到的工具。

为了成为德国财富的“股东”，德米特里·索科洛夫非常热切地希望将美元兑换成欧元。幸运的是，他有兑换欧元的渠道。在全世界的许多地方，许多人都希望分享德国财富——这些人会通过各种不同的渠道和不同程度的努力来达到这个目的。

在欧盟内部，不同国家的财富水平差异显著，尤其是新加入欧盟的前东欧国家的收入水平普遍低于其他欧洲国家。一位德国电工的收入是一位罗马尼亚电工收入的 6 倍。柏林的生活成本虽然也高于布加勒斯特的生活成本，但只比布加勒斯特高 2 倍。收入和生活成本上的差别意味着生活水平上的差距。柏林的生活水平比布加勒斯特更高。在这样的诱惑下，罗马尼亚的电工随时都可能收拾好行李、带上电工专业证书，去柏林生活。每年，欧盟内部有许多这样的“经济移民”离开了自己的国家，搬去比较富裕的德国生活。2015 年，从欧盟其他国家搬去德国居住的经济移民共有 68.5 万人。虽然这些经济移民在搬去富裕国家居住之后通常会把收入的一部分送回原来的国家，但是人才的流失仍然给这些移民输出国带来了一些技术上的缺口。

重要的是，这些经济移民（比如这位罗马尼亚的电工）确实为德国带来了技术。长期以来，德国一直通过各种政策保证国内有数量充足的技术人才。1955—1973 年，为了填补国内人才的空白，德国曾经从土耳其和其他地中海国家引进了“访客劳动者”。今天，在柏林为德米特里·索科洛夫装修公寓的劳动者很可能是来自波兰的水管工或者来自罗马尼亚的电工。然而，为了保持制造业的领先优势，德国最需要的人才不是水管工和电工，而是信息技术行业的工作者以及工程师。为了引入这些人才，德国愿意把眼光投向更远的地方：它不仅愿意从欧盟的其他国家引进人才，还愿意从欧盟以外的国家引进人才。只要劳动者有德国需要的技能，他们就可以申请德国的签证。

除了上述高技能移民以外，德国还吸引到了一些不具备高端技能的外国劳动者，比如，餐馆的服务员，商店的店员，以及在咖啡店、零售商店或者建筑工地打工的劳动者。德国对这类低技术劳动者的欢迎程度稍微低于对高技术人才的欢迎程度。虽然这些劳动者的流入能降低德国雇主的用人成本，但有些人担心他们同时也会抢走德国本地人的工作岗位，拉低本地人的收入，因为通常这些来自其他国家的新移民不仅愿意接受更低的工资，还愿意从事本地人不愿意从事的工作。

不管本地人的态度如何，德国确实需要通过引进移民来保持劳动力规模的增长，因为和其他发达国家一样，德国也面临着人口老龄化的问题。

在一个国家走向现代化的过程中，这个国家的人口也会发生相应的变化——这个过程被称为人口的流行病学转变。在经济和社会发展的初期阶段，每个家庭都会生许多孩子。由于医疗条件和卫生条件较差，一些孩子会在成年之前死亡。此外，由于在这个阶段，社会缺乏福利系统，父母需要子女为自己养老。随着经济的发展，人们的生活水平随之提高，更多女性离开家庭、有了独立的工作，人们也更懂得计划生育，因此每个家庭的子女数量开始减少。随着经济的发展，人们的寿命延长了，但是富裕的生活也提高了糖尿病、心脏病和癌症的发病率。

德国的人口正在走向老龄化，目前 65 岁以上的老人已经占德国总人口的 1/5 以上。也就是说，德国大约有 1 600 万人已经超过退休年龄，这些人可能已经不再创造收入，也不再缴纳税金，但是政府不仅要向他们发放养老金，还要承担他们高昂的医疗费用——对政府而言，这是两笔很大的开支。在德国政府的开支中，1/4 的资金用于支付老年人的生活费和医疗费。一个 70 岁老人的医疗费用是一个 30 岁的中年人的医疗费用的 4 倍。到 2040 年，德国会有超过 2/5 的人口的年龄超过 65 岁。因此，用于支付老年人的养老金和医疗费用的公共支出的增长速度肯定会超过德国经济的增长速度。为了筹集这笔资金，德国必须设法增加纳税人的数量。虽然德国政府鼓励人们延迟退休，但是每年仍有 50 万人退休。同时，柏林的各家医院中的新生儿数量也在减少。

由于德国有 1/5 的人口已经超过了退休年龄，因此准确地说德国已经不是“正在走向”老龄化了：根据联合国的标准，德国社会已经属于“严重老龄化的社会”。除了德国以外，日本、意大利、希腊、芬兰等国也属于“严重老龄化的社会”。对这些国家而言，如何保证国内有足够的劳动者来承担退休人员的各项开支已经成了一个急需解决的问题。仅吸引欧盟其他国家的人来本国工作也许并不能完全解决这个问题。因为在欧洲，那些相对贫困的国家也同样存在老龄化的问题，只不过这些国家的人口衰老的速度比最富裕的几个国家稍微慢一些而已。就连巴西和中国这样的新兴经济体也已经感受到了老龄化的压力。为了阻止人口的爆炸性增长，中国曾在全国范围内实行计划生育政策。但是，计划生育政策同时也影响了中国劳动力的人数。而在巴西，出生率降低，人口的平均寿命却在延长。

面对人口老龄化带来的经济压力，德国政府对来自东欧的新移民采取了欢迎的态度，因为他们不仅能为德国带来技能，还能为德国贡献更多的税金。要想保持目前的经济状况，德国政府每年至少需要引进 25 万名新移民。德国有了这些新移民后，经济才能继续增长，退休人员才能获得足够的经济支持。其他高度老龄化的经济体也面临着类似挑战。当然，这些来自其他国家的新移民最终也会退休，届时德国政府必须引入更多年轻的新移民来负担这些老移民的退休开支。对德国政府而言，人口老龄化问题是一个巨大的难题。

为了维持劳动力规模，德国政府应该去哪里寻找新移民？目前，全世界人口平均年龄最低的国家主要是非洲国家（比如尼日利亚）、海湾国家（比如卡塔尔、巴林）以及人口众多的南亚国家（比如印度和巴基斯坦）。只要来自这些国家的移民具有良好的工作技能，德国政府就不反对从这些国家引进一定数量的劳动者。

然而，热情好客的德国还迎来了一些意想不到的客人。2015年，德国总理安格拉·默克尔决定开放德国边境，这是一个不寻常的举动。在世界范围内，总有一些人离开了自己的祖国，四处漂泊，这些人占世界总人口的比例虽小，但其绝对数量也相当可观。一部分人是因叙利亚内战而被迫离开家园的难民。在这些叙利亚难民中，有数千人经历重重危难穿过了土耳其，然后又渡过爱琴海来到了希腊。默克尔决定为这些来到欧洲的叙利亚难民提供避难场所。除了叙利亚难民以外，还有一些来自伊拉克和阿富汗的难民为了躲避国内的冲突和压迫也来到了德国。2015 年，德国总共接纳了 110 万名难民，其中有 1/3 是来自叙利亚的难民。难民的涌入令德国人口激增。一时间，德国仿佛变成了一块磁铁，源源不断地吸引着来自世界各地的饱受痛苦、流离失所的人们。德国的这项极富同情心的政策为许多处于绝望之中的难民提供了庇护和帮助。

在我们所处的这个时代中，许多国家和贸易集团都在想方设法地看紧自己的边境和自己手中的财富，因此为远道而来的难民提供庇护自然成了一项十分富有争议的政策。并非每个人都支持默克尔的这项政策。英国的一位对欧盟持反对态度的政治家奈杰尔·法拉奇称默克尔的难民政策是“自 1945 年以来，西方领导人在外交政策方面犯下的最大错误”。在欧洲其他地方，反对这项政策的人担心德国会让更多难民和非法移民不请自来地涌入欧洲。这些反对者还担心，在默克尔的移民政策下，许多并未在本国受到迫害、只是希望来欧洲寻找更好生活的经济移民也会趁机涌入欧洲。

当然，从历史的角度来看，欧洲目前经历的移民潮并不是什么新鲜事。17 世纪，许多在英国受到宗教迫害的人离开自己的祖国，迁往美元的家乡——美国。但是与 17 世纪不同的是，如今，有更多的人相信自己有权获得更好的生活，并愿意为此发声。随着世界人口的增长，为争夺资源而展开的竞争更加激烈。只要世界上的各个国家之间存在经济发展程度上的差别，从贫困国家向富裕国家的大规模移民就永远不会停止。事实上，很多人相信，防止国家之间出现过度人口流动是富裕国家必须为贫困国家提供援助和投资的原因之一。

由于大量移民涌入德国，德国当年的人口增长速率超过了 1%。50 年来，这种现象还是第一次出现。由于希望移民德国的人数众多，德国政府无法及时处理相关的申请。本来，相关政府机构应该将来自不安全国家（比如叙利亚）的申请人和来自安全国家（比如阿尔巴尼亚和巴基斯坦）的申请人区别对待，后者通常不会获得签证。然而由于提交申请后的等待时间很长，一些申请人干脆选择不提交申请。这些人成了德国国内的非法移民，靠打工换来的现金生活。

在德国的边境线上，有超过 100 万外来人口希望入境。对许多德国人而言，数量如此巨大的陌生人来到德国意味着危险和混乱。由于外来人口只要取得德国国籍就可以自由出入欧盟各国，因此德国的一些邻国也对这样的情况忧心忡忡。除了安全方面的隐患，移民的大量涌入还会产生经济方面的影响。有些德国人担心，这些本来无权享受德国财富的新移民入境之后会大量申请福利、使用公共服务，而不对德国社会做出任何贡献，也就是说，这些德国人担心新移民会成为德国社会的“寄生虫”。

事实上，德国和其他地方的研究显示，从总体上看，新移民的素质和职业技能并不比本国人差，甚至还超过了本国人。欧洲经济研究中心的一项研究显示，2012 年，共有 660 万人持外国护照在德国生活，这些人人均缴纳的税金和社会保障金比从政府处领取的福利多出 4 127 美元。也就是说，这些持外国护照的居民当年总共为德国政府贡献了 220 亿欧元的税收盈余。因此，从长期来看，新移民为德国社会做出的经济贡献超过他们对社会的索取。

然而，上面这句话的关键词是“从长期来看”。新移民通常需要花一段时间融入德国社会并进入劳动力市场，然后才能开始为德国社会做贡献。这个过程可能要花上几年的时间。此外，最近几年涌入德国的移民与德国以前引进的移民有所不同。历史上，德国政府会根据所需劳动者的技能对申请移民的人进行筛选。然而，欧盟的扩大和单一市场政策的推行意味着从欧洲各地迁入德国的高技能劳动力越来越少。2015 年以后，又有大量难民从欧盟以外的地区来到德国，这些人的平均生产技能低于德国此前引进的移民。

这是否意味着德国人一方面要给本国的退休人员养老，另一方面还要为这些新移民买单？根据德国政府提供的数据，在 2015 年进入德国的难民中，大约一半的人有资格申请国家福利。据估计，因这些新移民而产生的额外公共支出在 2016 年会达到 100 亿欧元。德国经济每年可以产生数万亿欧元的收入，对一个如此富裕的国家而言，上述支出并不是不可承受的。但是，这笔钱也不是一个小数目。

新移民的涌入会产生哪些经济方面的影响？最容易受新移民威胁的是德国国内的低收入、低技能的劳动者。牛津大学的一项研究显示，新移民的涌入可能会拉低上述劳动者的收入，但是幅度不大，只有 2%。另外一些研究者则指出，虽然德国的人口正在膨胀，但德国国内的失业率并没有快速上升。事实上，德国 2017 年的经济表现在整个西方世界中都显得相当抢眼。默克尔的长期计划似乎取得了不错的效果，但是这一切都有一个前提，那就是德国经济正在以较高的速度增长。事实上，上述规律对所有国家都成立：大规模引入移民的政策要想在经济上获得成功，该国政府必须保证本国的经济表现足够强势，因为只有快速增长的经济体才有能力吸收更多的劳动者。如果一个国家整体经济疲软，那么大规模引入移民带来的负面社会影响就会超过正面经济影响。

虽然目前德国的经济状况良好，但仍有许多德国人担心政府的移民政策会伤害自己的利益。这些人认为，大量引入移民并不能解决德国社会的老龄化问题，大量新移民的涌入反而可能增加德国在公共服务（比如医疗、教育以及社会福利）方面的负担。对于生命受到威胁、生活困苦不堪的难民，许多德国人抱着比较同情和慷慨的态度。然而，这些人也担心移民的负面影响。

对德国来说，开放国境、迎接新的经济力量和希望融入德国的新移民并不是一件容易的事情。然而，为了保持本国经济的繁荣和增长，这种开放的移民政策也许是非常关键的。不管是对德国本地的居民而言，还是对新移民而言，他们每天的生活都受到全球化浪潮的影响。如何适应这种浪潮也许对每个人来说都是一项挑战。身在浪潮中的每个人都拥有截然不同的人生体验，全球化的各个方面也有着截然不同的面貌。

柏林是一座欣欣向荣的城市，也是一个国际化的大熔炉。对米奇公寓的开发商而言，房地产市场的繁荣当然是一个非常好的消息。只要房地产市场繁荣，公司的生意自然也会兴隆。米奇公寓的开发商不仅要支付雇员薪水，还必须为雇员缴纳一定数量的税金和养老金。希腊人知道，虽然养老金听上去是一个十分抽象的概念，但是不管是对个人的退休生活而言，还是对整个国家的经济兴衰而言，养老金都是一个非常重要的因素。德米特里·索科洛夫打算赌一把德国的房地产，如果能赌赢，那么他未来的经济就有了保障。德米特里·索科洛夫通过德意志银行将手中的美元换成了欧元，因为德国的许多劳动者也和他一样关注自己退休后的生活，所以最终这些欧元流入了柏林某位劳动者的养老金账户。不管是修建米奇公寓的工程师，还是在百货商店工作的店长，所有在柏林工作的劳动者（以及他们的雇主）几乎都会往养老金账户里存钱。

这些养老金账户由专业机构管理。管理这些账户资金的人可能是身在法兰克福的基金经理。我们上文中提到的工程师可能在几十年后才会退休。在这几十年间，这位工程师应该如何用养老金账户中的资金进行投资，才能过上舒适的退休生活？这是法兰克福的基金经理——汉斯·菲舍尔必须回答的问题。在进行这项投资决策的时候，汉斯必须综合考虑两方面的因素，一是如何取得较高的投资回报率（设法让养老金账户中的资金增值），二是如何保证投资的安全性。收益和风险是所有投资决策都必须考虑的因素。汉斯面临大量的投资选择。在今天这个高速发展的金融市场中，各种投资选择的优缺点会随时发生变化。汉斯管理的资金的目标投资年限很长，他可以做长远的打算，这是他的一个优势。但是，汉斯目前主要担心欧元贬值。为了对抗这种风险，他将基金中的部分欧元换成了美元。如果接下来汉斯用这些美元购买美国的投资产品，这些投资产品就会给他管理的基金带来美元收益。也就是说，通过购买美国的投资产品，汉斯不仅能降低欧元贬值可能带来的风险，还能取得比单纯持有美元现金更高的投资回报率。那么，汉斯应该用手中的美元购买美国的哪些投资产品？他应该向谁寻求这方面的投资建议？

汉斯完全可以向国外的金融机构寻求投资建议。金融业是一个利润很高的行业，欧盟各国间的紧密关系给这个行业带来了巨大的好处。如果一家银行或其他金融机构在某个欧盟国家设有分部，那么就可以与其他所有欧盟国家进行自由交易。欧盟的这项规定被称为“单一通行证”制度。在这种制度下，一家美国银行只要在伦敦设有办事处，就可以同时在布达佩斯和柏林经营业务。从这种制度中获益最大的城市是伦敦。对银行和其他金融机构而言，单一通行证制度意味着更多的选择、更低的费用以及更高的利润。

拿破仑·波拿巴曾说英国是一个“小店主之国”。想不到几个世纪后的今天，英国的首都伦敦似乎真的成了一个“小店主之都”。毕竟，银行家从本质上来看就是一群叫卖投资的小贩，他们通过出售金钱来赚取更多的金钱。为了把手中的美元变成一笔更大的财富，汉斯拿起电话，拨通了一个伦敦的号码。

第 8 章

“宇宙之王”在办公室中度过了糟糕的一天：从德国到英国

早上7点，埃米莉·摩根已经坐在了办公桌前。她一边喝着咖啡，一边浏览着电脑屏幕上的信息。之前，在乘坐伦敦地铁上班的途中，埃米莉已经把《金融时报》的粉红色报页从头到尾翻了个遍。埃米莉在一家银行的交易部门工作。在伦敦的金融区中，这样的银行还有许多家。早上7点，银行的交易部门中已经弥漫着咖啡因和熏肉三明治的味道，空气里满是期待的气息。

数百张办公桌前坐着埃米莉的数百位同事。这些办公桌整整齐齐地排成行列，每张办公桌上都有不止一台电脑。无数电脑屏幕上闪烁着快速变化的数据，还不时弹出消息更新的提示。所有人都在等待8点的来临。早上8点是伦敦股票市场开市的时间。当8点的钟声响起，英镑和美元就会以令人目不暇接的速度开始转手。这家银行的交易部门中弥漫着一种紧张的气氛——这是一种被压抑的张力。

埃米莉是一名销售人员，她负责对接银行的客户，而这些客户手中有大量的资金需要寻找投资目标。像埃米莉这样的销售人员是银行交易员和客户之间的"信使"。她的客户有时是养老金基金，有时是某个富裕的国家，有时是其他银行。在我们今天要讲的故事里，埃米莉的客户是汉斯以及他管理的养老金基金。汉斯和埃米莉会听从埃米莉的同事提供的建议，这些人是分析师和经济学家，他们仿佛是一群能读懂水晶球的巫师，随时准备挖地三尺，帮客户找出最有利可图的投资机会。在选定投资目标以后，埃米莉把汉斯的订单转给交易员。像在任何一个市场上那样，这些交易员的工作是权衡供给和需求，并将投资产品的市价汇报给埃米莉。如果交易员汇报给埃米莉的价格合适，这笔交易就能正式成交。汉斯把自己手中的美元交给埃米莉，而埃米莉打算用这笔美元从美国银行那里购买一些美国的资产。当然，只要按下一个按钮，远在大洋彼岸的美国银行就能立刻交付埃米莉购入的资产。我们很快就会看到，一些买家正在等着吃进埃米莉手上的美元。

在埃米莉的办公桌上方，墙上的一排时钟上显示着东京、纽约、悉尼和布宜诺斯艾利斯的当地时间。伦敦不仅是整个欧洲的金融中心，还是全世界的金融中心。伦敦便利地处于世界各个时区的中间——伦敦时间比纽约时间早 5 个小时，比东京时间晚 9 个小时。此外，英语是世界通用的商业语言——至少到目前为止还是这样。

每一天都有数万亿美元的资金从伦敦流过。从汉斯那里来的 1 美元只是这数万亿美元中的很小一部分。金钱是保证世界经济正常运转的润滑剂，也是维持每个人生活的燃料。在英国，帮助世界各地的人们管理这些金钱是一个巨大的产业。今天，来自世界各地的大量资本汇集在伦敦。在光荣而悠久的历史上，伦敦一直扮演着世界资本集散地的角色。

19 世纪的一首英国童谣中唱道：“女孩子是用什么做成的？

糖和香料以及所有美好的东西。”如果我们把问题换成“世界金融系统的背后是什么？”，也许我们就可以给出同样的答案：糖和香料以及所有美好的东西。1600 年，东印度公司在伦敦成立。从此，在新的航海探索时代中，扬帆周游世界的商人们都汇集到了伦敦。东印度公司的目标是辅助商品的运输和交易，这些来自远东的商品包括丝绸、盐和茶叶。东印度公司被称为“联合股份公司”，因为该公司的股东不止一位。每位股东都拥有公司的部分所有权（持有公司的部分股票），每位股东都可以从公司的成功中获利。最不同寻常的一点是，如果东印度公司倒闭，那么投资者不需要承担相应的风险：尽管他们所持的股票会失去价值，但除此之外他们不用承担额外的债务。

两年以后，荷兰也成立了自己的东印度公司。荷兰东印度公司的股票可以在阿姆斯特丹股票交易所上公开买卖。由于该公司的股票可以在公开市场上自由交易，因此荷兰东印度公司对投资者而言是一个很有吸引力的投资机会，这也保证了荷兰东印度公司可以获得充足的资金进行扩张。19 世纪，伦敦也成立了自己的股票交易所。当时的伦敦股票交易所和今天的交易大厅大不一样。一开始，伦敦股票交易所设在该市的咖啡屋中。早在伦敦股票交易所成立之前，文雅的伦敦绅士们就已经习惯在这些咖啡屋中见面。他们互相咨询市场价格并交换手中的投资。英国和荷兰的东印度公司都在商业上取得了巨大的成功（英国的东印度公司后来甚至成了印度的统治者）。这两家公司奠定了资本主义和现代金融的基础。现代金融系统的特点是通过为各种产业提供资金来促进经济增长。

随着英国的扩张，伦敦成了世界的金融中心。但是真正意义上的现代国际金融业直到 1986 年才在伦敦形成。1986 年，英国政府解除了对金融市场的管制，这一政策的出台就如创造了宇宙的“大爆炸”一般开启了一个新纪元。从此以后，股票的交易不必在伦敦股票交易所的交易大厅中通过公开喊价的方式进行。电子交易成了新的常态。以前，大量的规则限制了参与交易的人，以及交易的额度。管制解除以后，这些规则被逐渐放开。

技术的进步将国际金融系统迅速带入了 21 世纪。技术将世界各地的交易者和资金都联系在一起，不管是交易者的人数还是资金的数额都达到了前所未有的水平。一夜之间，古老的规则被撕得粉碎，金融市场上的竞争也变得更加激烈。英国政府允许外国企业在伦敦发挥更重要的作用，各项金融管制全面放开。除了美国以外，几乎没有哪个国家的金融自由程度能与英国相媲美。于是，伦敦以金融中心的身份繁荣了起来。伦敦的老金融城东起伦敦塔，西至黑衣修士区，占地面积约 2.5 平方千米。随着入驻伦敦金融区的金融机构越来越多，伦敦金融区的边界也发生了改变——东侧吸收了金丝雀码头一带的老仓库区，西侧一直扩展到上流住宅区贝尔格莱维亚。

到 2016 年，金融业每年能为英国贡献近 1 800 亿美元的收入，金融业的就业人数超过了 100 万。在整个英国经济体中，金融业是利润最高的产业，而且利润遥遥领先于其他产业。因为有繁荣的金融业，英国的奢侈品零售业和高端房地产市场才得以生存。此外，金融业还为英国政府提供了一笔非常稳定的税收收入。金融业虽然为伦敦和英国的东南地区带来了财富，但英国的其他地区无缘分享这笔财富。银行业的发展让少数人变得非常富裕。具有专业知识的银行业人士从世界各地飞往伦敦，这里成为他们的第二故乡。如今，几乎所有美国银行都在伦敦设有分部，因为只要在伦敦开设办公室，这些银行就可以在整个欧洲合法经营各项业务。这些银行通过服务客户赚取了大量的佣金和利润。这些收入是英国通过“出口”金融服务获得的收入。

金融业去管制化的“大爆炸”不仅改变了伦敦银行业的规模和范围，还改变了这个行业中的从业人员。从前，在人们的印象中，银行业工作人员应该是戴着圆顶硬礼帽、拿着公文包的中上阶层绅士。但是到 20 世纪 80 年代末，银行业工作人员已经变成了穿着条纹衬衣、喝着香槟的时髦自信的年轻人。雅皮士（正在走向更高阶级的年轻人）的时代来临了。雅皮士不像父辈那样出生和成长于世界大战的阴影之中，因此他们也完全不像父辈那样将朴素奉为美德。随着雅皮士族群的壮大，奢华再次成为风尚。雅皮士一族的收入很高，因为他们能为自己的雇主赚到很多钱。顶层的豪华公寓、上流社会的社交活动以及沙滩别墅是雅皮士一族的标配。豪华汽车经销商和游艇经济人简直不敢相信自己如此走运。

在美国的华尔街，金融雅皮士甚至过着更加招摇的生活。美国作家汤姆·沃尔夫在他的小说《虚荣的篝火》中生动地刻画了纽约的这些野心勃勃的金钱追逐者的形象。汤姆·沃尔夫将华尔街的金融雅皮士形容为“宇宙之王”。这些人不一定来自最富裕的家庭，因为对那些来自不太富裕家庭的人来说，巨额财富的吸引更能为他们提供无穷的动力。在1987年上映的经典影片《华尔街》中，对主角形象的最佳注释就是“贪婪是一种美德”。“贪婪是一种美德”似乎成了在大西洋两岸都成立的至理名言。随着伦敦逐步走向现代化和繁荣，伦敦的金融业从业者队伍也变得更加多元化——越来越多的女性加入了这个队伍。然而，在埃米莉工作的地方，她仍然属于少数派。在交易大厅的工作人员中，只有不到1/5的人是女性。

由于金融业的高层工作岗位能给从业人员带来改变人生的巨额财富，因此人们要想在金融业中找到一份工作并建立自己的事业就必须首先在激烈的竞争中胜出。埃米莉知道，在职业晋升的道路上，能爬到高处的人越来越少。在这个行业中，唯一的评判标准就是你能在银行的资产负债表上添加多少个零。雇主会定期解雇业绩最差的10%的员工，甚至没有人会回头看一眼这些可怜的失败者。因此，埃米莉必须紧握她为银行带来的每一美元，并且努力经营与客户的关系。与客户保持良好关系的最佳方式是为客户提供利润最高的投资机会，是利用新颖的投资策略和投资产品帮客户赚到更多的钱。她只有在这些方面胜过其他竞争对手，才可能留住自己手中的客户。从本质上看，埃米莉的工作与18世纪在伦敦的咖啡屋中会谈的绅士们的工作并无区别，他们的目标都是用金钱赚取更多的金钱。

资本市场的建立有两个必备条件：一是合适的商业结构，二是安全性。18 世纪的伦敦（和阿姆斯特丹）同时具备了以上两个条件，因此资本市场才会建立起来。当时，让许多股东共同分担投资风险是一项关键性的创新。而在今天，资本市场的运作需要复杂的监管和法律制度，还需要国际间的协议和标准。但是，从某些角度来看，我们仍和前人一样走在从未有人走过的路上。我们的面前随时都会出现从未有人探索过的领域。

埃米莉手中有大量的投资机会可以提供给德国的养老金基金。近年来，这些投资选择正在变得越来越复杂和不寻常。由于世界的经济体系正变得越来越复杂，投资者面临的投资机会更多，因此我们中的许多人不仅看不懂金融业的变化趋势（甚至不知道该怎样处理自己手头的资金），更搞不懂为什么会发生这些变化。事实上，就连许多银行机构和政府也无法完全掌握金融业的发展趋势。

首先，埃米莉可以建议汉斯购买最常见的投资产品——股票（又称“股权”）。这种投资产品的交易始于阿姆斯特丹和伦敦。拥有一个公司的股票就意味着拥有了一小部分该公司的所有权。今天，公司常常通过 IPO 向投资者发售股权。IPO 是指公司向所有投资者首次公开发行本公司的股票，因此任何人都有权购买公司的部分所有权。对一个公司而言，通过这种方式公开上市是一种非常好的融资方式。公司可以通过 IPO 筹集到大量的运营资金。当然，出售公司的股权也意味着公司必须回应股东的各种诉求。技术产业的巨头推特和谷歌都曾通过这种方式公开上市，这两个公司的 IPO 都在股市上掀起了巨大的波澜。

理论上，任何人都可以持有一定数量的公司股权。因此，公司的部分股权会掌握在一批小型投资者的手中。在 20 世纪 80 年代，英国曾经掀起过一场将能源供应企业私有化的政治运动，掀起这场运动的部分原因是让这些企业变得更高效，方便股东对这些企业问责。在这场运动中，政府鼓励普通民众购买这些能源供应企业的股票。这么做是为了鼓励普通民众投资和参与国家的金融系统，并且提高民众的创业意识。然而，大部分公司股票的所有者仍然是大型机构投资者，比如，养老金基金。

一个公司发行的所有股票的价值就是这个公司的市场价值。如果一个公司的市值足够高，这个公司就可能出现在某个国家的主流股票价格指数（简称“股指”）中。一个股指中会列出许多公开上市公司的股票价格。英国的主流股指是富时 100 指数。富时 100 指数中包括一些大公司的蓝筹股，比如，著名国际公司沃达丰，以及汇丰银行。而比富时 100 指数中的公司的规模稍小的公司构成了富时 250 指数——富时 250 指数中的公司在伦敦非常有名，但在世界其他地方就没那么有名了。大部分国家至少有一个股票价格指数。美国的主流股指包括道琼斯工业平均指数（仅包含 30 个公司的股价）、更偏向于技术行业的纳斯达克指数以及覆盖范围更广的标准普尔 500 指数（包括 500 个公司的股价）。

法国、德国和日本的主流股指分别是 CAC 40 指数、DAX 指数和日经 225 指数。而中国和印度的主流股指则是上海证券综合指数和孟买敏感指数，这两种股指的历史远没有前面那些指数悠久。以上的股指分别衡量了这些国家的公司的强势程度（或者弱势程度）。和汇率一样，一个国家的股指也是反映该国经济情况的重要指标。

投资经理经常会从以上股指中挑选出一些股票，将手中的资金分配到这些股票上，然后再把这种投资组合提供给客户。对投资者而言，这是一种非常普遍和容易掌握的投资方式。上市公司会定期将公司的利润通过分红的方式发放给股东，投资者希望通过这种方式获利。同时，投资者还希望公司的股价能够上升。如果投资者打算在未来抛售手中的股票，那么只要股票的卖出价比买入价高，投资者就能从公司股价的上升中获利。

一个公司的股票可以多次转手，投资者也可以出于各种各样的原因买入或卖出公司的股票。和石油的交易一样，股票的交易也涉及一些“基本面信息”。基本面信息的不同导致某些股票的价格比其他股票的价格高。比如，公司的盈利高于预期，或者公司的管理层发生变动，这些都属于基本面信息。如果在沃尔玛购物的消费者的平均支出发生变化，那么沃尔玛的股价也会发生变化。

当然，关于公司业绩的关键信息并不总是公开的信息。一般来说，公司比投资者更了解自己的实际运营情况。因此，在一定程度上，投资者必须对公司的运营情况进行猜测。这是信息不对称现象的一个例子。此外，公司也不可能准确预测自己未来的运营情况。在投资的世界中，完全信息是不存在的。

更常见的情况是，公司的股价是由市场情绪决定的。所谓市场情绪，就是投资者对某个公司未来业绩所产生的一种直觉。有时，市场情绪是基于对某种公开信息的解读。比如，如果许多投资者都觉得沃尔玛新开的分店的布局会令消费者感到迷惑不解，那么沃尔玛的股价就可能因此而下跌。有时候，市场情绪并非关于某个公司的前景，而是投资者对整个行业、整个经济体或者整个股票市场的情况做出的一种直觉性的判断。

有时候，投资者之所以采取某种行动，是因为他们相信其他投资者在未来也会采取这些行动。因为这种情况的存在，经济学家有时会把股市比作一个赌场。在这个赌场上，每个赌徒都试图猜测其他赌徒的下一步行动，每个赌徒都希望自己能看透别人、采取比别人更明智的行动。当然，这类直觉不可能永远正确。还有的经济学家将股市投资者的行为比作对选美大赛结果下注的行为。在选美大赛开始前，赌徒们可以根据参赛佳丽的照片下注，但是在这种情况下，每个人选择的并不是自己认为最漂亮的选手，而是其他人可能下注的选手。当然，在选美大赛的比喻下，这些直觉同样可能是错误的。

以上的这些情况意味着，市场价格可能会背离基本面信息决定的价格，也就是说，市场价格不能精确地反映出一个经济体或者一个公司的真实价值。换句话说，市场并不总是有效的。

在任何一个投注站或赌场中，赌徒的情绪都是最重要的因素。而在股市上，投资者对市场的总体认知决定了市场情绪是乐观还是悲观。如果投资者的情绪比较乐观，投资者预期大部分股票的价格都会上涨，那么股市就处于牛市。然而，当金融危机的阴云开始在天空聚集时，熊市的阴影也会悄悄地逼近。如果股市在 18 个月的区间内累计下跌超过 20%，那么股市就正式进入熊市。

当股票价格严重下跌时，记者们常常会在新闻报道中描写股票市值蒸发了多少，他们还很喜欢在新闻头条的标题中用上“崩盘”这个词。事实上，“崩盘”这个词可能是被误用和滥用次数最多的词汇之一。在金融词典中，只有当一个股指（比如富时 100 指数）的价值在两天之内下跌超过 10% 时，股市才发生了“崩盘”。一般来说，股市崩盘是由经济危机或者金融危机触发的。危机爆发以后，投资者会陷入恐慌情绪，这导致股票价格进一步下跌。股市的崩盘就像大地震，不仅股市的投资者会遭受损失，世界各地的经济状况也都会受到严重的影响。股市崩盘的例子包括 1929 年的大萧条以及 2008 年全球金融危机引发的股市动荡。

股市崩盘的例子事实上是比较少见的。在大多数情况下，报纸头条中所说的崩盘实际上应该被称为“市场回调”。当股价在一定时间段内累计下跌了 10% 时，我们就说股市发生了市场回调。市场回调虽然比较常见，但同样令人痛苦。市场回调同样有可能是由经济危机触发的。有时候，投资者认识到自己此前的情绪过于乐观或者行为过于鲁莽，因此决定修正自己对股市的预期，这种情况也会引发市场回调。如果股价增长得过快，或者投资者受过度乐观的市场情绪影响而一味看涨，股市就会出现泡沫。一般来说，泡沫最终会破裂，那时就会出现市场回调的现象。

以上所有的情况都算不上是什么新鲜事。1711 年，南海公司成立，其目标是买断南海地区的外贸经营权。所谓南海地区，是指南美洲周围的水域。由于当时东印度公司在商业上获得了巨大的成功，东印度公司的股票供不应求，因此伦敦的投资者相信南海公司的股票也能给他们带来巨额的财富。于是，大家争相购买南海公司的股票。由于投资者对南海公司的股票展现出了极高的兴趣，其他数家同样野心勃勃的公司也效仿南海公司相继成立。当时的投资者没有意识到的是，南海公司的经营状况并不好，南海公司的前景也并不光明。事实上，南海公司的管理存在严重的问题——船只经常失踪，船上的货物不能被及时运出，最终腐烂。南海公司经常制造和传播谣言，吹嘘自己在商业上的成功，并通过这种方法来拉高公司的股价。当这些内幕最终被揭露出来时，投资者才意识到自己花巨资购买的股票未来并不会产生太多的利润。这些投资者之所以会花大价钱买入南海公司的股票，只是因为其他人似乎也想买这些股票。1720 年，南海公司的股价暴跌，南海泡沫就此破灭。

在南海泡沫事件发生之前不到一个世纪，荷兰也发生过另外一次严重的泡沫事件。当时，刚刚被引进该地区的郁金香是一种价格极高的珍稀花卉，由于郁金香的价格快速增长，人们开始疯狂投资这种花卉。许多普通人用毕生的积蓄来购买郁金香的球茎，他们相信通过转卖这些球茎能获得巨额的财富，因为当时似乎人人都渴望购买郁金香的球茎。最终，郁金香泡沫破灭，荷兰的经济也因此受到了巨大的打击。

今天，如果一个人每天阅读报纸，那么他可能会产生这样的印象：股市上没有任何值得投资的股票，几乎所有股票的价格都会随时暴跌。如果情况真的是这样，那么为什么我们的养老金还要用于投资股票？不管是在现在，还是在未来，任何拥有养老金基金的人的养老资金都有很大的概率会被管理者用来购买股票。如果你也有一个养老金账户，那么你很可能也是某些大公司的小股东，而你的未来也与这些大公司的命运息息相关。

1950 年至今，美国股市平均每年以 7% 的速度增长（其他国家股市的增长速度可能与美国不同，这取决于一个国家的经济状况以及前景）。美国的股市之所以能保持每年 7% 的增速，是因为美国公司的利润从总体上看呈上升趋势。在第 9 章中，我们还会更加详细地讨论这个问题。近年来，公司的利润增长和股价的增速都有所放缓，这是西方各国的养老金基金受挫的原因之一。然而，即便如此，股市从总体上看还是在继续上涨。我们之所以觉得媒体上出现的股市消息总是坏消息，是因为更加平和的标题——“股市今天的表现还可以，谢谢大家关注”“今天股票的市值增加了数十亿美元”——很难吸引人们的眼球。

任何股市都具有一定程度的风险，风险的高低既取决于国家经济的总体情况，也取决于个体公司的经营情况。比如，和稳健的老前辈美国相比，印度是一个更年轻、增长速度更快的经济体。因此，投资者可能会认为印度公司的股票比美国公司的股票更有增值潜力。当然，从另一个角度来看，印度公司的股票风险也比美国公司的股票风险高。任何一个国家中都有一些风险相对较低的公司，这些公司的业务相对不容易受到经济波动的冲击，比如，食品业、能源业和制药业的公司就属于风险较低的公司。因为即使在经济状况不好的时期，人们也不可能完全不吃饭、不取暖、不治病。而另一些公司则更容易受到经济波动的冲击。比如，当经济萧条时，奢侈品包袋的销售量肯定会大幅下降。有趣的是，在经济状况不好的时期，口红的销售量反而会快速上升。当女性手中钱不多时，口红这种相对廉价的化妆品能为她们的生活带来一种她们负担得起的奢侈氛围，能快速提振她们的情绪。

综合考虑所有因素以后，汉斯可能会用养老金基金的资金购买英国的股票。这笔交易要通过埃米莉来完成。除了股票以外，汉斯也可以选择投资另一种经典的资产——债券（在英国，政府发行的债券被称为“金边债券”）。中国政府和许多其他投资者都选择用手中的资金购买某些国家的政府发行的债券。除了股票和债券以外，汉斯还可以考虑投资货币本身。

许多大型投资者都愿意用手头的资金购买别国的货币，这么做是有一些现实的原因的。比如，如果巴西国内的利率较高，投资者就可能会用手头的资金购入巴西的货币。购入巴西的货币以后，投资者只要将这些货币存在巴西的某个存款账户中，就可以获得比别国更高的利息。在上述交易中，投资者把一种利率较低的货币换成了一种利率较高的货币，这种交易行为被称为“利差交易”。完成利差交易之后，投资者持有的资金仍然能保持同样高的流动性，因为另一个国家的货币也同样具有方便存取的特点。如果投资者愿意牺牲部分流动性，那么他还可以投资巴西的其他资产——股票和债券，这样可以获得比投资巴西货币更高的回报。

然而，在某种程度上，金融市场上的货币交易主要受市场情绪和投机行为的影响。如果你询问一位交易员为什么最近国际市场上的汇率出现了波动，那么对方可能会含糊地回答你“因为阿拉伯在买进”或者“因为日本在卖出”。在国际货币市场上，市场情绪的风向能主导一切，并且这种风随时有可能改变方向和速度。整个市场会对某个特定国家未来的情况抱有乐观或者悲观的看法，这些未来的情况包括该国的利率、经济增长速度、政治的稳定性。市场对上述情况的看法决定了对该国货币的情绪。央行官员的每一句话以及任何新的经济数据都会被投资者反复研究。2014 年卢布价值的暴跌就是由此引发的。

有一句老话是，市场交易员通常“因谣言而买入，因事实而卖出”。对交易员而言，最重要的技能是预判曲线的走向，猜出其他人未来会怎么做，并且抢在其他人之前行动。在外汇市场上，投资者情绪对市场的影响一点儿也不亚于冰冷的事实对市场的影响。因此，货币市场和股市一样，都不是完全的有效市场。交易员永远不可能了解一个经济体的所有情况，其掌握的信息必然是不完全的信息。因此，当一位投资者买入美元、英镑或者欧元的时候，他既不可能完全确定这种货币未来的走向，也很难知道自己支付的价格是不是这种货币的合理价格。

这样看来，股票和货币似乎都是既复杂又有风险的投资工具，然而事实上，这两种资产已经是所有投资选择中最基础、最可靠的资产了。除了股票和货币以外，投资者还面临其他的投资选择。更具有冒险精神的投资者可能会选择一头扎进衍生工具的市场中。

衍生工具包含许多不同的投资产品。这些投资产品的共同特点是，它们的价值取决于另外一种资产的价值。衍生工具就好比是投资世界中的甜甜圈：这种东西的味道诱人，但本身没有什么营养价值。衍生工具是一类投资工具，发明这类投资工具的目的是帮助投资者用手中的金钱赚取更多的金钱。但是，衍生工具的不同之处是，衍生工具并不代表实体的投资，在购买衍生工具的时候，投资者事实上并没有真正购买任何具体的资产。从某种角度来看，衍生工具仅仅代表一种承诺。有时，这种承诺是永远不会被兑现的空头支票。

以期权为例。如果投资者持有期权这种衍生工具，他们就有权在未来的某个特定时刻、以某个特定的价格购入（或者卖出，但是为了方便举例，我们在这里只讨论“购入”的情况）某种股票、债券、大宗商品或者外国货币。持有期权的投资者有购买上述资产的权利，但没有购买上述资产的义务。在讨论石油贸易的时候，我们曾经提到了另一种衍生工具——期货。持有期货的投资者不仅有权利，还有义务在特定的日期、以事先商定的价格购买某种资产——这是期货和期权的最大区别。期权的买方和卖方事实上相当于赌徒，他们赌的是市场未来的走向。既然是参与赌博，买卖双方自然都有可能蒙受金钱上的损失，这是他们必须承担的风险。

最初，衍生工具的发明是为了帮助投资者降低风险，当时，这类金融产品几乎相当于一种保险。假设持有一种期权合同的人可以在 3 个月以后以每桶 80 美元的价格买入若干桶石油。如果这种期权合同目前的售价是 20 美元，那么买入这种期权合同的投资者相当于花 20 美元的保险费来规避未来油价飙升的风险。而卖出这种期权合同的投资者则直接赚到了 20 美元的保险费，即使未来石油市场发生崩盘，期权合同的卖家仍然可以把这 20 美元装在口袋里。在衍生工具市场上，投资者常常会投资不同的标的，这种投资策略能够帮助他们分散风险，或称“对冲风险”。风险的对冲是一种非常精妙、利润极高的“艺术”。在高额利润的诱惑下，对冲基金产业出现了爆炸性的增长。对冲基金的管理者会使用各种复杂精妙的方程和策略来进行投资，这种先进方式能帮助基金管理者将交易产生的利润最大化。对冲基金的管理者对他们购买的实际资产毫无兴趣，他们的目的只有一个，那就是通过交易来获得利润。为了寻找赚钱的机会，对冲基金的管理者会仔细研究市场和公司的各种变化——收购和破产等事项。对冲基金的管理者就像是十分冷静的职业赌徒，他们会在每一场选美大赛中积极下注，并且能够通过这些赌博行为赚取巨额的金钱。

虽然发明衍生工具的目的是降低市场的风险，但是在许多情况下，由于人们使用衍生工具进行投机，因此这类金融产品反而增加了市场的风险。整个金融市场就像一个巨大的赌场，对许多对冲基金、银行机构以及充满冒险精神的客户而言，简单的期权等衍生工具已经不能满足投机需求了。21 世纪初，许多投资者希望进行更激进的投资实验，因此更多种类的衍生工具被发明了出来。发明各种“一键买卖”的金融工具是一项充满创意的生意。这些衍生工具只是电脑屏幕上的一组方程或者一组数字，但它们可以对现实世界产生巨大的影响。

21 世纪初，两种衍生工具在银行机构间特别流行，这两种衍生工具分别是 CDO（担保债务凭证）和 CDS（信用违约互换）。当时，衍生工具的市场呈现高度自由化的状态，也就是说，各国的金融监管机构几乎没有对这两种衍生工具采取什么监管措施。事实证明，这是一个巨大的错误。CDO 和 CDS 就像两粒有毒的小药丸，最终污染了整个金融系统。支持这些衍生工具交易的货币是美元，但是这些美元既不来自德国的大型养老金基金，也不来自军火商或石油生产商。这些美元来自美国的房屋所有者。更准确地说，美国的房屋所有者并不拥有这些美元，这些美元只是其借来的资金。

如果我们离开伦敦，横跨大西洋，向西前进 6 000 多千米，就会来到美国佛罗里达州的奥兰多。奥兰多温和的气候吸引了许多人前来定居。葆拉·米勒就是这些人中的一员。葆拉·米勒是沃尔玛的消费者劳伦的亲戚。2002 年，葆拉·米勒搬到了“阳光之州”佛罗里达，但她很快遇上了经济“寒流”。当时，美国的贷款利率很低，贷款的审批规程也非常宽松。在这种宽松的环境下，葆拉·米勒靠贷款买了自己的房子。当时，几乎任何美国人都可以获得房屋抵押贷款，至于这些人有没有工作或者其他稳定的收入来源，发放贷款的机构甚至连调查的兴趣都没有。

为什么美国人借钱如此容易，贷款利率还这么低？要回答这个问题，我们就必须引入一个新的人物——艾伦·格林斯潘（绰号“大师”）。当时，艾伦·格林斯潘是美联储的主席。2001 年，美国经济似乎有走下坡路的危险。此外，由于受亚洲金融危机的影响，海外的需求似乎也在减少。接着，美国又发生了“9 · 11”恐怖袭击事件。股价大幅下跌，很多投资者担心美国的经济也会走向崩溃。为了应对这样的局面，美联储决定降低银行间互相借贷的核心利率。2001 年初，银行间的拆借利率是 6%，而到 2001 年底，这个利率已经大幅下降到了 1.75%。随着人们对美国经济的担忧情绪越来越高涨，美联储的降息措施也越来越到位，因此对有意借款的人来说，获得贷款也变得越来越容易。决定美国经济情况的关键因素——消费者支出快速回升，但这一切都是靠信贷支撑的。直到 2004 年，美联储才开始提高利率，但是这似乎已经太迟了。那么，出现这种情况的原因是我们的“大师”艾伦·格林斯潘没有履行工作职责？艾伦·格林斯潘对低息、宽松的贷款政策带来的风险采取了过度放任的态度？我们很快就会看到，上述两个问题的答案很可能都是肯定的。在低息、宽松的贷款政策带来的繁荣中，很少有人意识到酿成日后的金融危机的恶魔已经悄悄隐藏在阴暗的角落里。这些恶魔就是发放掠夺性贷款的金融机构。在一个缺乏监管、过度鼓励消费者购房的经济系统中，这些机构发放的掠夺性贷款虽然圆了葆拉·米勒的买房梦，但也为日后的危机埋下了伏笔。

与此同时，葆拉·米勒正在她“自己的”房子中做着美国梦。从葆拉·米勒的角度来看，她现在不仅拥有了自己的房产，而且这处房产的价值还在不断地上升。于是，葆拉·米勒觉得自己比以前富裕了，因此她在消费的时候出手也比以前更阔绰了。“大师”艾伦·格林斯潘就像童话中的巫师，他的魔棒一挥就让葆拉·米勒过上了完美的生活。

艾伦·格林斯潘的政策不仅让葆拉·米勒非常高兴，也让美国的放贷机构非常高兴。现在，放贷机构几乎可以借钱给任何人。有些人虽然信用情况不佳，也不具备偿债能力，但是他们相信好日子即将到来。这些人也成了放贷机构的客户。除了向消费者发放贷款以外，这些金融机构还发现了另外一条生财之道：在向消费者发放房屋抵押贷款以后，银行将其与其他州的房屋抵押贷款组合在一起，这形成了一种新的金融工具——抵押支持债券，银行再将这种抵押支持债券出售给投资者。当中国购买美国政府发行的债券时，中国就成了美国的债主；同样地，当投资者购买抵押支持债券以后，他们就成了这些房屋抵押贷款的债权人。之所以要将不同的房屋抵押贷款组合在一起，是因为银行相信这种方式可以有效地分摊风险。银行认为，各州对房地产的需求有所不同，因此将来自不同州的不同消费者的房屋抵押贷款组合在一起就能产生分散风险的效果。当时，一些工作极不稳定的消费者也能从金融机构获得贷款，这种贷款被称为“次级贷款”。银行认为，虽然这些消费者有随时丢掉工作的风险，但是一群借款人同时丢掉工作的概率是比较小的，因此这些次级贷款组合能有效地降低风险。

这简直就是金融领域的炼金术。这些金融机构似乎相信，砖瓦组合在一起能变成金块。既然如此，何必止步于房屋抵押贷款？这些金融机构还把汽车贷款和信用卡贷款组合在一起，创造了新的衍生工具。把各种债务组合在一起创造出来的衍生工具正是 CDO。假设某种 CDO 的标的是葆拉·米勒的房屋抵押贷款，如果葆拉·米勒违约，未能支付这笔房屋抵押贷款，那么这种 CDO 的卖方就必须向买方支付一定数量的资金。接着，这类 CDO 还可以被多次切分和重新组合，创造出以 CDO 为标的的新的 CDO。和美国政府发行的债券一样，这类 CDO 也完全不愁销路，因为许多投资者都希望成为美国的债权人，或者更准确地说，都希望在美国投机，即使他们根本不理解这种金融工具的工作原理。在世界范围内，美国的债务总是抢手的，不仅中国人喜欢成为美国的债主，世界其他地方的投资者也一样。在投资市场上，人人都想借钱给美国，换句话说，人人都想成为美国的债主。在全世界投资者的心目中，美国经济是最稳妥的投资目标。

CDO 为投资者提供了高额的回报。同时，投资者相信这类投资是非常安全的，因为评价投资风险的权威机构——信用评级机构对这类凭证给出了较高的评级。

随着这类 CDO 的流行，金融市场上又出现了一种保险产品——CDS。和 CDO 一样，CDS 也是一种可以被反复转卖的衍生工具。埃米莉·摩根和她的团队可以把这种衍生工具卖给有投资需求的客户，这些客户包括富裕的国家以及世界各地的养老金基金。对冲基金可以大量出售这类衍生工具。由于这些债务可以被反复转卖，放贷机构就可以将这些债务从资产负债表上抹掉，并且可以把与这些债务相关的信用风险转嫁给其他机构。风险消失以后，放贷机构又可以为购房者提供更多的贷款。事实上，许多放贷机构向其他银行借款，再把这些资金转借给购房者。随着投资者对 CDO 的需求增加，为了满足这种需求，放贷机构必须发放更多的贷款，于是它们将目光投向风险更高的购房者。过度借贷成了美国金融系统的常态。

一方面，上述金融产品的复杂度极高；另一方面，整个系统的透明度低得令人难以置信。在这两个因素的共同影响下，风险评估变成了一件几乎不可能完成的事情。此时，美国市场已经不能有效地运行，市场价格也不再以基本面信息为依据。这样的市场注定是不可持续的。

于是，这场狂欢派对终于迎来了散场的那一天。2004—2006 年，美国的利率从 1% 上升到了 5.25%。由于美联储担心美国的通货膨胀和经济增长速度都达到了不可持续的水平，因此试图通过频频加息控制美国经济过热的问题。葆拉·米勒突然发现自己付不起自家房屋的抵押贷款了。一时间，需求迅速枯竭。高利率意味着愿意找放贷机构申请新的房屋抵押贷款的人减少了，因此房地产的价格也开始下降。许多人开始拖欠银行的房屋抵押贷款，他们的房地产也开始贬值，因为没有人愿意买这些房子，或者说没有人能买得起这些房子。

投资者持有的次级贷款现在成了一个非常大的麻烦。截至 2007 年，各种金融机构共向没有偿债能力的人发放了价值 1.3 万亿美元的贷款。直到金融危机爆发，人们才意识到 CDO 是一种透明度极低、危害极大的投资工具。随着危机的发展，CDO 的价值一跌再跌，有些 CDO 几乎变得一文不值。金融危机的教训说明，大部分投资者根本不理解对葆拉的房屋抵押贷款进行投机有多高的风险，或者说对奥兰多的房地产市场进行投机有多高的风险。在葆拉居住的街区中，有 40% 的房主缺乏偿还房屋抵押贷款的能力。美国全境都或多或少地出现了这种情况。那些购买 CDO 的投资者从未想过自己会陷入这样的灾难。首先，很多投资者根本没打算认真评估这些投资的风险。其次，即使投资者想认真评估风险，也无法做到——由于这些衍生工具的标的过于复杂，几乎没有人能够说清这些产品的风险究竟有多高。

当美国的危机不断酝酿时，第一个拉响警钟的却是大洋彼岸的一家英国银行。2007 年 2 月，汇丰银行披露了其美国房屋抵押贷款分部遭受了巨额的损失。6 个月之后，法国巴黎银行冻结了该行的 3 只投资基金，这条新闻令投资者震惊不已。法国巴黎银行称其无法对这 3 只投资基金中的抵押支持债券进行估价，因为没有人愿意买入这些抵押支持债券。

如果银行无法确定自己持有的资产到底还有没有价值，那么它们又如何能信赖其他银行的偿付能力呢？在金融系统中，各家银行会互相借贷，以便让自己手头的资金发挥最大的效用。银行间的互相借贷是维持金融系统繁荣的重要活动。在一个经济体的各个层次上，资金和信贷的流动事实上都是基于信任。各方之间的信任关系一旦被打破，整个经济系统就再也无法正常运转了。

随着恐惧和怀疑情绪的增长，银行不再互相借贷，因为它们不相信其他银行有能力偿还。由于整个金融系统已经不能正常运转，各家银行必须紧紧抓住自己手上的现金。在失灵的金融系统中，一旦银行出现资金短缺的情况，它们就无法从任何地方借到资金。

于是，整个金融系统中出现了信贷紧缩的局面。很多银行发现，筹集到维持正常运营的资金已经变得非常困难。在房产泡沫期间，佛罗里达州最大的放贷机构包括美联银行、俄亥俄储蓄银行、华盛顿互助银行、联合银行、吕底亚私人银行、美国大西洋银行。在金融危机期间，上述银行纷纷倒闭。

当然，受到金融危机重创的不只是美国，因为银行业的经营是不受国境限制的。随着美国次贷危机的爆发，全球范围内产生了一系列连锁反应，许多金融机构都遭受了巨大的损失。当时，苏格兰皇家银行不仅是全世界最大的银行之一，并且资产负债表规模超过 3 万亿美元，比整个英国的 GDP 还要大。当苏格兰皇家银行主席承认该行将在几个小时后耗尽手头的所有现金时，英国财政大臣阿利斯泰尔·达林简直无法相信这个惊人的消息。发放贷款是商业银行赢利的主要手段，但是如果客户要求赎回存款，那么银行也必须确保手上有足够的储备资金来支付这些款项。英国政府很快决定对苏格兰皇家银行实施紧急救助。

和苏格兰皇家银行一样，在全世界范围内，大量的银行和其他金融机构都在等着来自政府的救命钱。对金融机构实施救助不光是用纳税人的钱来挽救银行业的就业机会。这些金融机构的运营会影响到银行业以外的千千万万人的财富和命运。为了保护普通人的财产和住房，政府必须对这些大型金融机构实施救助，因此这些机构被贴上了“大而不倒”的标签。然而，2008 年 9 月 15 日，华尔街最大的投资银行之一——雷曼兄弟真的倒闭了。雷曼兄弟有 150 年的历史，持有的抵押支持债券的价值曾经高达 500 亿美元。如今，这些抵押支持债券和雷曼兄弟的股票一样，几乎已经变成了废纸。

触发这场滚雪球式危机的是一层又一层的衍生工具。这些衍生工具的估价严重虚高，几乎没有人理解它们的风险。这一层又一层的衍生工具构成了一个极为复杂的网络，而这个网络的中心是普通美国人的借贷习惯。这些衍生工具的设计初衷是帮助投资者对冲风险，让他们在风险来临时少受损失。然而，在实际操作中，这些衍生工具却变成了投机的工具。为了让利润最大化，许多金融机构不是用这些衍生工具来对冲风险，而是通过买卖这些衍生工具来承担更高的风险。这种高风险的投机行为最终导致了雷曼兄弟的倒闭。事实证明，世界上并没有绝对“大而不倒”的金融机构，当救助某家金融机构的成本太高时，政府只能选择让它倒闭。

为了防止金融危机带来更大的损失，2007—2008 年，各国政府努力干预和解决各种问题。然而，面对千疮百孔的银行系统，政府总是补好这里又漏了那里。焦虑的情绪和现实的经济困难把伦敦和奥兰多的群众团结在一起。当群众陷入焦虑的时候，国家的经济必然会受到负面的影响。消费者不再愿意掏出口袋里的钱进行消费。与此同时，由于银行的资金枯竭，银行也停止了放贷——它们紧紧抓住手中的美元，既不肯借给其他银行，也不肯借给客户。华尔街的恐慌情绪很快扩散，摧毁了消费者的信心。因为消费支出大幅减少，美国的实体经济受到了巨大的打击。

金融危机的教训告诉我们，当资金无法在经济系统中流动时，所有经济活动都会陷入瘫痪。如果人们不愿意消费、不愿意交易、不愿意互相借贷，经济体中的所有经济活动就会陷入停滞，最终的结果很可能是整个国家的经济全面崩溃。

因为在经济体中流动的美元的数量减少了，所以人们的收入缩水，就业岗位的数量也下降了——特别是在西方各国，在金融危机发生之前，这些国家的消费者一直可以通过借贷来支持自己的消费行为。从金融危机中恢复的过程是痛苦的。2012 年，次贷危机已经过去 5 年了，葆拉·米勒的房屋仍然处于“水下”状态——她欠银行的房贷的数额超过了作为抵押的这处房产的价值。在佛罗里达州，有近一半的房屋抵押贷款借款人都身陷和葆拉·米勒同样的处境。但是，和其他购房者相比，葆拉已经比较幸运了。通过东拼西凑，葆拉勉强能够按时支付每月的房贷，因此她至少还没有被从自己的房子里赶出去。尽管如此，葆拉仍然身陷困境，她的愤怒情绪也迟迟不能消退。那么，葆拉应该责怪谁？

人们很容易指责那些贪婪的“大师”。给美国央行掌舵的艾伦·格林斯潘指望各家银行实行自我监管，显然这些银行并没有这么做。对衍生工具进行全面监管是一项难度非常大的任务。信用评级机构本来应该负责监控和标注风险，但许多人认为这些信用评级机构早已成为银行的帮凶，它们始终对银行的高风险行为睁一只眼闭一只眼。为保持稳健的偿债能力，银行本来应该持有足量的储备金，但是在金融危机之前，银行常常以风险较高、来路不明、估值虚高的资金作为储备金，并且这种做法还逃过了相关部门的监管。这些银行相信自己规模够大，政府不可能任由自己倒闭。金融危机的爆发意味着上述资金的价值快速蒸发，这才暴露出许多银行核心金融资产严重不足的情况。

金融危机爆发以后，在欧洲国家和美国，“监管”突然成了流行词。有关部门对金融机构实施了更严格的监管，规定各家银行必须持有一定数量的资本来确保自身的偿债能力。同时，关于消费者的借款额度，或者银行的放贷额度的监管规则也被收紧。放贷机构开始对消费者的信用情况进行深入调查。上述补救措施虽然能提高银行系统的安全度，但让像葆拉这样的消费者面临买不起新房的风险。金融监管部门一方面要控制金融市场的风险，另一方面又要满足普通民众的需求，在这两个目标之间做出权衡并不是一个简单的工作。

随着经济的衰退，到2010年底，近800万美国人失去了工作。连一些家喻户晓的企业也开始面临现金枯竭的问题。这些企业包括通用汽车和一些航空公司。俗话说："只要美国人打喷嚏，英国人就会患上感冒。"英美两国之间的联系就是这么紧密。英国的经济总量也连续两个季度下滑，也就是说，英国也毫无疑问地进入了经济萧条的阶段。在英国，失业人口增长的速率达到了近20年来的最高水平。经济低迷很快扩散到了欧洲其他国家和亚洲国家。连中国的经济增速也开始减缓——我们在之前的章节中讨论过这一点了。

到了2010年，对大多数人来说，他们的经济情况已经在一定程度上开始好转。美国和英国的金融系统重新回到了稳定的状态。但金融危机带来的经济后遗症仍然存在。政府不仅要用大量资金救助各种金融机构，还必须拨出许多福利款项来支持陷入贫困的普通民众。因此，越来越多的人担心经济危机会对政府的财政状况产生不利的影响。面对财政上的困难，有些国家的政府决定不对贫困人口进行进一步的救助，拼命收紧支出以应对经济危机带来的巨额账单。这样的决策自然引起了许多争议。对英国政府而言，这项决策在很大程度上只是一项政治决策；而希腊政府这么做则是为了平息债券市场上的恐慌情绪，以确保自身还能以合理的利率继续借贷。不管政府实施财政紧缩政策的初衷是什么，这些国家的纳税人都发现，政府为银行和民众提供的救助所产生的巨额账单最终都落到了自己头上。

在经济危机中，许多国家政府的年度赤字大幅上升。因此这些政府不得不借更多的钱来补上这个窟窿。金融危机爆发以后，英国政府的负债总额翻了一番。一时间，“财政紧缩”又成了媒体报道中的另一个流行词。为了安抚和取悦债主——购买政府债券的投资者，各国政府纷纷宣布自己将以实际行动来展示对本国财政情况的控制。政府工作人员发现自己的工资被冻结了，这在一定程度上是为了保护海外投资者的利益。

埃米莉和葆拉·米勒都近距离地见证了这场金融危机，但她们的命运截然不同。消费者不负责任的借贷行为也许是引发金融危机的因素之一，但是我们更应该谴责的是存在掠夺性放贷行为的放贷机构，以及纵容上述情况发生的不合理的监管机制。银行家们虽然受到了一定的惩罚，但他们此前赚到的奖金仍在他们的口袋里安安稳稳地躺着。与此同时，政府支出的大幅削减却给普通民众带来了真真切切的痛苦。从总体上看，在金融危机爆发以后，英国经济的年平均增长率只有 1% 左右，这个增长率还不到金融危机前的一半。鲁莽的投资行为虽然暂时被禁止，但是取而代之的是经济上的不平等和公众的愤怒情绪。金融业交易者的赌博行为和管理者的失职带来的巨额账单最终却要由现在和未来的纳税人来买单。

在英国和一些其他欧洲国家，社会矛盾进一步激化，大批来自较贫困的欧盟国家的人不断涌入英国等国家寻找就业机会，这样的情况更加剧了英国等国家的民众的不满。埃米莉的生活也许并未受到太大的影响，但许多民众生活在怀疑和恐惧中。这些民众感到自己的生活被大银行家和欧盟官员控制，并且这些精英阶层根本没有为他们着想。许多民众渴望“重新夺回对国家的控制”，各大媒体的新闻头条中也纷纷出现了类似的字眼。这种情绪在民众中不断发酵，即将成为主宰世界命运的力量。

2016 年 6 月 23 日，英国又发生了一件惊天动地的大事：17 410 742 名英国公民在“英国脱离欧盟”上投了赞成票，此时距离 2008 年全球金融危机的爆发已经有将近 10 年的时间了。虽然大约 1 600 万名英国公民对“脱欧”投了反对票，但是赞成“脱欧”的人还是在选票数目上占了优势。这是一个大部分人都没有预料到的投票结果。一夜之间，埃米莉和她的同事必须面对一种未曾设想过的未来。投资者纷纷抛售手中的英镑，转而购入安全性更高的美元。英镑需求的大幅下跌让英镑的价值也跌到了 31 年来的最低水平。

“脱欧”投票结果出炉以后，人们自然开始担心英国经济的未来。当然，没有人知道“脱欧”的选择最终对英国究竟是利大于弊还是弊大于利。但是市场和权势集团都知道，“脱欧”的票选结果意味着英国将在短期内迎来各种干扰经济发展的因素——在数百个领域中，英国必须与欧盟展开费时费力的协商和谈判，重新签订各种各样的协议和条约。如果硬要说票选结果给英国带来了什么确定因素的话，那么这个确定因素就是英国的未来一定会变得高度不确定。不确定性会打击市场的信心。金融市场也许是一个巨大的赌场，在这里，多数赌徒虽然随时愿意下注，但是他们只愿意按照自己的意愿来下注。我们从 2008 年全球金融危机中看到，虽然从长期来看金融系统确实可以吸收巨大的外界冲击，但是这个过程不仅要耗费很长的时间，还要求政府必须为金融系统提供足够多的资金支持，以帮助金融系统完成上述任务。虽然金融市场上的交易员们都是久经沙场的赌徒，但是不确定因素仍然会让他们后背冒冷汗。当投资者未曾预见到的事件突然发生时，市场可能出现冻结的现象，如果情况再差一点儿，那么市场恐慌也会出现。如果投资者开始怀疑英国经济的前景，那么市场情绪和投机行为的巨浪就可能会对英国以及英国的货币造成巨大的冲击。俄罗斯就曾经面对这样的危机。

而从欧盟国家的角度来看，这是它们最不想看到的情况——在欧元区危机爆发以后，保护投资者信心是重中之重。几十年来，欧盟已经习惯于欧盟以外的国家积极主动地要求加入欧盟这个俱乐部，甚至要求加入欧元区。在此之前，从来没有哪个国家主动要求“脱欧”。在希腊危机期间，人们确实担忧欧元区可能濒临解体，但是很快这种担忧就像夫妻间的小打小闹一般过去了。如今，英国竟然真的拿出了“离婚”申请书。像所有被迫离婚的人一样，欧盟在这种情况下保持文明和理性是非常困难的。英国的“脱欧”要求似乎让欧盟觉得“很受伤”，于是欧盟也撂下了许多狠话，表示要跟英国玩硬的。当然欧盟采取强硬态度还有另一个重要原因——欧盟非常不希望其他成员国效仿英国。

一旦英国提交与欧盟的“离婚”申请书，《里斯本条约》的第 50 条就被正式启动。然后，从理论上说，英国必须在两年内与欧盟完成数百个领域的协商和谈判。然而，事实上，双方完全同意这些领域中的新条款的形成需要几年甚至几十年的时间。谈判包含各种议题：欧盟公民在英国居住的权限，“离婚”后的财产分割和赔偿问题，以及制造业产品的进出口贸易规则等。这些贸易规则涉及很多行业，从金融服务业到航空航天业，再到农业。因为有欧盟的单一通行证制度，英国才成为全世界的金融中心，才成为美国和亚洲国家的金融机构进入欧洲市场的通路，才成为大量美元的保管人。而一旦英国“脱欧”，英国的上述地位就会受到威胁，法兰克福和巴黎都跃跃欲试地想要取代伦敦的地位。面对这样的不确定因素，许多银行可能会像埃米莉就职的银行那样选择在阿姆斯特丹设立分部，并通过阿姆斯特丹分部继续开展欧盟业务。另一些银行可能会选择在都柏林或者法兰克福开设分部。

如果英国在“脱欧”以后不能与欧盟达成协议，那么英国就必须服从世界贸易组织的贸易规则。也就是说，从此以后，英国与欧盟各国的贸易条款将和英国与欧盟以外的其他国家的贸易条款一样。这意味着英国与欧盟各国进行进出口贸易时必须缴纳关税、接受海关检查和贸易额度的限制。这种变化不仅会提高进出口商品的价格，还会让进出口商品的通关等待时间变得更长。当然，与欧盟“离婚”以后，英国也可以自由地寻找其他贸易伙伴，并与这些新的“伴侣”签订新的贸易条约。英国必须等到结束与欧盟的谈判以后，才可以与其他国家进行贸易谈判。但在这段等待期中，焦急的英国企业恐怕并不愿意静观其变，它们很可能希望迅速发展出一些自己的关系网络。在这个方面，英国企业最可能将目光投向西方。因为在能源、电影、技术、银行业等许多领域中，美国都是英国的最大单一出口市场。

西蒙·格罗弗在一家野心勃勃的生物化学公司工作。这家公司研发的主要产品是提高农作物产量的生化制剂。对美国和印度这样的农业出口大国来说，农产品的产量至关重要，因为这些国家不仅要用本国生产的农产品来满足不断增长的国内人口需求，还要通过出口这些农产品来赚取利润。因此，西蒙所在公司研发的生化制剂很可能是这些农产品出口大国非常感兴趣的商品。西蒙供职的这家生化公司的总部位于伦敦以西的剑桥郡，许多人将这里称作“英国的硅谷”。因为对欧洲市场的前景感到担忧，西蒙供职的这家公司非常希望进驻美国市场。于是，销售总监西蒙正在收拾行李，准备飞往美国得克萨斯州，去和潜在的客户们搞好关系。为了便于在美国消费，西蒙自然需要买入一些美元。

英国“脱欧”公投的结果出炉以后，英镑的价值大幅下跌，因此在 2017 年，人们需要用更多的英镑购入美元。好在西蒙供职的公司早就认识到公投可能带来的风险，所以这家公司提前购买了一种保险产品来预防英镑贬值的风险。西蒙的公司可以签订合同，约定在未来的某个日期、以某个固定的价格买入一定数量的美元。或者，西蒙的公司也可以选择购买期权以达到购买保险的目的。世界各地的大公司都用这类合同来对冲风险。因此在英国国内，从总体上看，虽然英镑的贬值必然会导致实体经济中进口商品价格的上升，但是因为期权、期货等金融产品的存在，货币贬值对价格的影响需要推迟一段时间才会表现出来。然而，期权、期货等产品的时效通常只有几个月。这几个月过去之后，英国的企业就只有两个选择：要么提高商品的零售价格，将进口商品价格的上涨转嫁给消费者；要么维持售价不变，降低自身的利润。也就是说，在“脱欧”公投结果出炉几个月以后，英国的消费者可能会发现，从鞋子到T恤的各种商品都涨价了。此外，这一轮的物价增长将是10年来涨幅最大的一次。

西蒙需要美元。在到达美国的时候，他将在机场领取用英镑换来的美元。然而，由于汇率的变化，在领取这笔美元的时候，西蒙很可能会觉得拿到手的钱变少了。在2016年，西蒙只需要花65英镑就可以兑换到100美元；而在2017年，他得花80英镑才能兑换到100美元。和2007年相比，英镑的价值更是大幅下跌。在2007年的时候，去美国旅游的英国人可以用1英镑兑换到超过2美元的现金。假设西蒙拿着同样多的英镑去美国休斯敦出差，2007年他也许能用这笔钱住五星级酒店，但是到了2017年，这笔钱只够支付简陋的市郊汽车旅馆的房费。

但是，从另一个方面来看，英镑的贬值能吸引更多外国人去英国旅游。在2017年4月的复活节假期中，共有370万名游客前往英国旅游，这比前一年同期增加了 70 万人。由于英镑贬值，英国的各项商品和服务对外国游客来说更便宜了。因此在上述时段中，这些出手更加阔绰的游客总共在英国的酒店、餐馆和购物中心中花了 20 亿英镑。这还是英国传统的旅游旺季——夏季来临之前的数据。同样受英镑贬值的影响，去国外旅游的英国游客数目则变少了。

对英国来说，这是一笔非常宝贵的收入。即使在 2016 年之前，旅游业的收入也占英国 GDP 的 9%。来英国旅游的人数增加意味着对英镑的需求会变得更高。如果英镑的贬值能提高英国的出口商品对外国消费者的吸引力，那么出口需求的上升是否会将英镑的价值重新推回高位？从理论上来说，答案是肯定的。然而在实际中，即使从某国进口的商品的价格升高，或者去某国旅游的成本上升，我们仍会继续购买从该国进口的商品，或者继续去该国旅游。也就是说，我们的需求弹性不高。当价格上升的时候，我们只会提高支出。

但是不管怎样，旅游和贸易活动中需要的货币数量事实上只占所有外汇交易量中的很小一部分。大部分外汇是在各大金融机构的交易大厅之间以电子形式进行流动的。也就是说，金融市场上的货币交易才是影响货币价值的关键因素，而决定这些货币交易的走向的是市场情绪和投资者的投机行为。英国“脱欧”公投的结果出炉以后，投资者担心英国未来的经济形势会恶化，因此投资者投资英镑的意愿降低，对英镑的需求也就随之下降，进而出现英镑大幅贬值的现象。受不断变化的市场情绪影响，上述外汇交易的走向也会随时发生变化。正因为这些外汇交易的存在，各国货币的价值每一天，甚至每一分钟都在波动。

与此同时，我们的1美元（现在它的身价更高了）正在美国等着西蒙去领取。

第 9 章

培养药瘾：
从英国到美国

由于英国决定“脱欧”，西蒙的这次美国之行的旅费比过去高了许多。但如果不是受这种焦虑情绪的影响，西蒙就根本不会在此时去美国出差。作为技术产业的从业人员，西蒙早在出发之前就通过自己的智能手机订购了一些美元。这些美元已经在美国的休斯敦机场等待他领取。不同的货币兑换公司收取的手续费也不相同，它们向消费者提供的汇率也可以有很大的差别。西蒙可以以更便宜的价格从别处换到美元，但是比起价格，他更在意兑换的方便程度。如果对这些美元追根究底，我们就会发现这些美元是外汇局从埃米莉工作的银行买来的。从英国出发后的12个小时内，西蒙已经从休斯敦机场领取了美元，并在旅馆的前台办理了入住手续。休斯敦市内有许多连锁酒店，这些酒店大多整洁干净，却略显平淡无趣。这些酒店的目标客户是来休斯敦出差的商务人士。西蒙入住的就是一家这样的酒店。

至此，我们追踪的这1美元终于回到了故乡。在周游世界的过程中，这1美元通过电子渠道从一家银行转到另一家银行，它分配过人们的收入，润滑过贸易和财富的巨轮，影响过世界权力的平衡。在全球化的经济系统中，金钱必须不断流动。

每一年，有数万亿美元离开美国，也有数万亿美元重新流入美国。美国是一个大型的、动态的、繁荣的经济体，也是一个开放型的经济体。美国与其他国家之间的大量贸易活动，以及投资活动的资金流入和流出对美国至关重要。而像西蒙这样来美国出差的商务人士是这些经济活动的重要组成部分。

在休斯敦，西蒙手上的这叠美元将快速变少，因为美国是一个小费之国。不管是向出租车司机支付车费，还是向餐馆的侍者支付餐费，消费者都必须多付15%~20%的小费，这是美国各行各业约定俗成的规矩。在西蒙入住的酒店中，前台的一位能干的接待员帮助他在城中最热门的餐馆订到了位置。为了感谢这位接待员的服务，西蒙递给她几美元的小费。这位接待员叫什么？劳伦。

近年来，许多像劳伦这样的劳动者发现，他们的工资上涨的速度赶不上生活成本上涨的速度。因此，对他们而言，小费成了一种重要的收入来源。工资和生活成本之间的关系是一项重要的经济指标，这项指标影响着人们的生活水平，影响着人们手中的钱能买到多少东西，也影响着人们对自己经济现状的信心。工资和生活成本之间的关系有两个重要的方面，一是工资和生活成本分别有多高，二是两者分别以多大的速率增长。美国是全世界最富裕的国家之一，但是劳伦的工资涨得并不快：既没有她希望的那么快，也没有前几年那么快。消费能力既是社会地位的象征，也是美国梦的核心标志，然而，对劳伦来说，提高消费能力，购买更多、更好的商品却成了一个无法实现的目标。

每个人都想过上更好的生活。几个世纪以来，经济的增长和生活水平的提高几乎是所有政府对人民的承诺。那么，我们如何才能保证国家的经济不断增长，又如何才能保证人民的生活水平会随着国家经济的增长不断提高？

影响我们生活水平的因素有许多。首先，我们要考虑的是生活的必需品——食品、水、住房、卫生设备和药品等，如果没有这些东西，我们就无法生存下去。其次，我们还要考虑能提高我们生活的舒适程度的服务——交通和供暖。人们常常用一个国家的平均预期寿命和冰箱的拥有率来衡量该国人民的生活水平。而在 21 世纪的今天，特别是在西方国家中，我们常常用我们的消费能力（即我们买得起多少东西）来衡量我们的生活水平。也就是说，一个国家的人均 GDP 是衡量该国生活水平的最常见的度量标准。对大部分人来说，生活中最大的支出是购房支出。和父辈相比，今天的年轻人的消费能力普遍有所下降，这一现象受 3 个因素影响，分别是就业模式的改变、房屋价格的上涨以及政府开支的削减。和一个出生在 1900 年的英国人相比，今天的一个 35 岁的英国人拥有自己的住房的概率更低。除了消费能力以外，我们还要考虑人们的生活质量。我们拥有多少可用于休闲娱乐的时间？我们的健康程度如何？我们生活的环境是否被污染？我们能否接受教育？受教育年限有多长（衡量教育情况的另一个指标是一个国家的识字率）？以上这些问题的答案都和人们的生活水平有着千丝万缕的联系。健康和教育本身也许就是“商品”，但它们也影响着人们的收入水平和消费能力。

虽然我们的生活质量是由许多因素共同决定的，但我们通常只用收入这一项指标来衡量生活水平，因为收入是最容易衡量的经济指标之一。(当然，金钱与幸福并非完全等同。收入的提高并不意味着我们会变得更快乐，尤其是当收入达到一定水平以后更是如此。) 对劳伦来说，衡量生活水平的指标就是工资。

从本质上看，劳伦的工资就是其他人为换取她的劳动而愿意支付的价格。于是，和所有价格一样，她的工资是由供给和需求决定的。工资因工作性质和工作地点的不同而不同，甚至可以决定劳伦是否有工作。

在劳动力市场上，劳动力的供给主要取决于劳动者的数量，以及有多少劳动者具备从事某种劳动的技能。某种劳动所需要的技能越稀缺，这种劳动的价格就越高。显然，有经验的前台接待员比较容易找到，而能经营跨国公司的高级管理人员则比较难找到。也许劳伦并不相信一位来自硅谷的 CEO 的价值相当于 1 000 个自己的价值，但这样的比价是市场给出的。医学院或者法学院的入学竞争非常激烈，这说明美国对医生和律师的需求较高，并且这两类职业的薪酬也比较优厚。

如果一种职业技能不被任何人需要，那么不管这种技能有多么稀缺，它也不会具有任何价值。比如，如果美元升值，来得克萨斯州旅游和出差的人数减少，那么入住劳伦工作的酒店的人数就会减少，她的老板会因此承受更大的压力。在这种情况下，酒店前台接待员的工资必然会涨得很慢。事实上，酒店经理甚至会考虑自己经营的酒店到底需不需要这么多接待员（在极端情况下，经理甚至会认为没有必要雇用任何接待员）。

相反，如果美元贬值，来得克萨斯旅游或出差的人数增多，那么酒店对接待员的需求也会随之上升。雇主甚至会考虑雇用更多的接待员。在这种情况下，雇主必须不断提高员工的工资，这么做一方面是为了吸引新员工，另一方面是为了让老员工继续留在这里工作。如果酒店经常满房，那么劳伦的老板也许可以提高酒店的房费。酒店会需要更多人手，劳伦也许能找到待遇更好的酒店。以上所有情况都会让劳伦更容易获得加薪，因为她的工作技能相对于需求而言变得更加稀缺了。当劳伦和同事们手握稀缺资源时，他们就更有向雇主争取想要的东西的实力。

劳动者希望向雇主争取的东西是什么？更高的工资。更高的工资意味着更富裕的生活，意味着更高的生活水平。归根到底，更高的工资意味着更强的购买力。劳伦能否购买更好的手机？能否去舒适的地方度假？为了达到这些目标，工资的增长速度必须超过生活成本的上涨速度，这样劳伦才有能力购买更多、更好的商品和服务。

在通货膨胀率较高的时段中，物价上涨的速度比较快，因此劳伦的生活成本也会以较快的速度上涨。

央行、政客以及全世界范围内的投资者似乎都特别关注通货膨胀率这个指标。通货膨胀率是指一个经济体中整体价格的上涨速度。那么，整体价格究竟是指哪些东西的价格？整体价格是指所有东西的价格。在计算通货膨胀率的时候，经济学家会衡量一系列人们通常会购买的商品和服务的价格，比如，理发的价格、黄油的价格以及住房的价格。换句话说，通货膨胀率的计算考虑到了劳伦购物车里的所有东西，以及她的其他支出。

这些五花八门的商品和服务的价格是由许多不同的公司分别制定的，这些公司定价的理由也可以各不相同。但是，当我们关注一个经济体的总体物价水平时，我们会发现物价的上升通常受以下几个因素影响。第一，如果消费需求高涨，物价就会较快上涨。如果人们口袋里有许多钱，并且非常愿意花掉这些钱，那么零售商就可以放心大胆地提高商品的价格。第二，如果产品的生产成本上升，那么物价通常也会随之上涨。因为生产成本的上升意味着公司必须支付更高的费用，所以它们一般会将成本转嫁给消费者。第三，如果某些重要商品的供应量不足，那么物价也会因此而上升。这些重要的商品包括食品、石油、住房等。第四，如果一个国家的货币贬值，那么这个国家的总体物价也会随之上涨，因为货币贬值意味着从国外进口的商品变得更贵了。卢布危机中的俄罗斯遇到过这样的问题，“脱欧”公投结果出炉后的英国也在一定程度上有过这样的经历。

一般来说，大部分国家的政府和央行希望把国内的年平均通货膨胀率控制在2%左右。在新闻报道中，我们经常会看到“通胀目标”这样的字眼。对不太了解经济学知识的读者而言，“通胀目标”可能是一个听上去很奇怪的词汇。为什么政府要设定一个通胀目标？为什么物价会不断上涨？物价上涨为什么是一件好事？物价上涨意味着如果劳伦想要提高生活水平，她就必须保证自己的工资不断上涨，而且涨幅必须赶上物价上涨的幅度。既然如此，物价上涨难道不是让每个人的生活都变得更加艰难了？然而，物价上涨并不一定是一件坏事，至少幅度适中的物价上涨未必是一件坏事——就像我们适量地摄取咖啡因或巧克力也不是一件坏事。

较低的通货膨胀水平能够帮助一个国家的经济更平稳地增长。合理的通货膨胀水平能够鼓励消费者提高支出。（如果一辆新自行车的价格明年会更贵，那么谁会愿意等到明年再去买这辆新自行车？）当经济前景乐观的时候，企业也更愿意投资，以扩大生产和经营的规模。

但是，如果一个国家的通货膨胀率太高，消费者口袋里的钱和银行账户中的资金就会快速贬值。在这种情况下，消费者手头的钱会变得越来越不值钱。飞涨的物价很容易导致民众恐慌和社会混乱。如果我们有机会问一问经历过恶性通货膨胀的德国人或者阿根廷人，那么他们一定能够生动地向我们解释这个问题。

同样，零通胀甚至负通胀（通货紧缩）也会让民众不再对国家经济前景充满信心。如果民众相信自己想购买的东西在未来会降价，那么他们就会尽量推迟购买这些商品。企业也会停止投资。经济活动将因此放缓，这种情况又会导致物价的进一步下跌。通缩的螺旋反应显现，整个经济体的产出受到很多负面影响。同时，通缩还会导致债务的实际价值上升。通缩是经济增长的毒药。为了防止通缩发生，各国的政府和央行都希望国内的总体物价能够每年小幅增长，因此它们才会设定通胀目标 。

要把通货膨胀率保持在合理的范围内并不是一项容易的工作。政策制定者不仅需要兼顾经济的不同方面，还要适时执行预防性的平衡措施——他们得像富有经验的杂技演员那样敏捷，才能同时完成多项任务。

当然，作为一个普通人，劳伦并不需要考虑这么多。她只需要保证自己工资增长的速度超过通胀速度，就能享受生活水平的不断提高。但是，如果员工薪酬的增长速度超过了通胀速度，那么企业是如何负担这笔开支的？如果企业的销售收入只能以和通胀相同的速度增长（因为通胀的定义就是所有商品价格的平均增长速率），而又必须以超过通胀的速度提高员工的工资，那么企业难道不会赔钱甚至破产？

只要企业的利润不断增长，企业就能够负担员工工资的增长。企业通过销售商品获得收入，而制造这些商品又有一定的成本——销售收入和成本之间的差额就是企业的利润。劳伦是酒店前台的接待员，说她“制造”商品好像有点儿奇怪。但是，如果劳伦能做好接待员的工作，为酒店的顾客提供各种贴心的服务，她所在的酒店就能在与其他酒店的竞争中脱颖而出，利润也会因此而上升。从这个角度来看，劳伦确实在为雇主的利润做贡献。在深圳的明天电子公司中，某位在生产线上装配收音机的女工也在为明天电子公司的利润做贡献——从创造利润的角度来看，劳伦的工作性质和收音机装配工的工作性质并无不同。不管是在哪个国家的哪个行业中，企业利润的提高都部分依赖于员工生产效率的提高（当然，销量的提高也能帮助企业提高利润）。如果员工能以更低的成本制造出更多的商品或者服务，企业的利润就会提高。

从最基础的形式上来看，生产效率就是指每个劳动者每小时产出的产品数量。一个劳动者每小时能产出的产品数量越多，企业生产每个产品的成本就会越低。于是，企业的生产能力提高，发展速度加快，并能赚取更多的利润。假设市场对企业生产的产品有充分的需求，那么只要员工的生产效率提高，企业就有能力向员工支付更高的工资。

提高劳动者的生产效率是全世界所有国家的政府都希望达到的目标，因为生产效率的提高不仅能促进经济增长，还不会对通胀产生负面影响。当全国的平均生产效率提高，这个国家就能生产出更多的商品。因为商品不再稀缺，商品价格上涨的压力也就减小了。在这种情况下，劳动者可以用工资买到更多的商品，因为一方面劳动者的工资提高了，另一方面物价上涨的速度并不会超过工资上涨的速度。从整体上看，全国的商品总量增加了，商品的价格也很低廉。劳伦会感到自己更富裕了，因此她也更愿意把口袋里的钱拿出来消费。劳伦所在企业的经营状况也很不错，因此雇主有能力让员工工资的增速与通货膨胀的增速相同，甚至可以让员工工资的增速超过通货膨胀的增速。

但是，生产效率的提高也意味着现在生产同样数量的商品需要的员工更少了。那么，全国的就业机会总量是否会因此而下降？事实上，经济学理论认为，当一个经济体的增长速度加快时，消费者的需求也会提高，因此这个经济体反而需要更多的劳动者来满足消费者的需求。也就是说，生产效率的提高意味着人民生活水平的提高——所有人都能因此而受益。

英国央行首席经济学家安迪·霍尔丹向我们非常直白地解释

了这个问题。安迪·霍尔丹指出，如果我们用人均收入来度量英国人的平均生活水平的话，那么自1850年以来，英国人的平均生活水平提升了20倍。假如在此期间英国的生产效率保持不变的话，那么英国人的平均生活水平只会翻番，也就是说英国会永远处于维多利亚时代。而实际上，英国劳动者的生产效率变得更高了，再加上机械化和技术进步的帮助，和1850年相比，每一个英国人都变得更富裕了。在英国的故事中，我们看到生产效率就像能创造奇迹的魔棒。纵观人类的历史，任何经济成功的故事都离不开生产效率这个关键因素。

简单来说，要想提高生产效率，雇主必须为劳动者提供能提高生产速度的工具，同时还必须保证劳动者知道怎么使用这些工具。

所有哈利·波特的粉丝都知道，魔法咒语是非常复杂的，而且这些咒语并不是每个人都能念好的。如果说某种能提高生产效率的咒语确实存在的话，那么这种咒语肯定会像霍格沃茨魔法学校高年级学生学习的变形咒（一种能把某个物体变成另一个物体的咒语）那样复杂，且教材的标题可能是如何改善经济体的供给面。施展能提高生产效率的魔法需要具备以下条件。

1. 技术变革。从蒸汽机到平板电脑，合适的工具能让工作变得更简单。
2. 数量充足的劳动者，而且这些劳动者还必须具备必要的工作技能。这些技能包括如何完成手头的工作，以及如何操作各种机器设备。

3. 冰冷无情的现金。投资新工具和机器设备并不便宜。
4. 富有远见的管理人员，并且这些管理人员还要敢于用现金来冒险。投资的回报可能很不确定，并且我们可能需要耐心等待一段时间才能看到投资带来的回报。
5. 一个能支持企业发展的政府。政府应该为企业创造良好的投资环境，并且能够完善道路、学校、医院等基础设施（如果劳动者健康状况很差、根本不能上班的话，那么他们具备的工作技能就根本没有办法发挥出来）。
6. 物理和地理因素。如果你想经营煤矿，那么你首先需要丰富的煤炭资源。

上面列出了提高生产效率需要的条件。但是，要想让魔法发生，我们还需要加上合适的催化剂。

7. 为了推动生产，我们需要可预测的、不断上升的需求。需求让生产成为可能。

具备上述 7 个条件以后，我们便可以放松地坐好，静待奇迹发生。从中国到德国，在过去的 100 年中，世界上所有的经济奇迹都是拜生产效率的提高所赐。当中国的劳动者从农村涌向城市，为西方的消费者生产大量制造业商品时，中国劳动者的生产效率飞速提高，中国也在这个过程中实现了工业化转型。

2008—2013 年，中国的经济平均每年以超过 8% 的速度增长。然而，在过去的几年中，由于中国将经济发展的重点从出口转向内需，中国经济的增长速度有所放缓。中国政府的经济目标是将本国发展成世界上最富裕的国家，随着中国经济增速的放缓，有些人开始担心这一雄心究竟能否实现。而在德国的例子中，生产效率的快速提高让国内经济高速增长，因此德国能够不断吸收移民，而国内的失业率却不会因此而上升。

为了完成这个魔法，所有条件必须同时被组合起来，其配比也必须是合理的——这项任务实施起来其实比听上去难多了。此外，魔法的实现需要时间，任何有过经济奇迹的国家都可以证明，没有任何一个经济体能在一夜之间成为世界舞台上的明星。哈利·波特的作者 J. K. 罗琳曾经提醒读者："变形咒是一种非常难的咒语……你必须保证所有方面都完全正确才能成功。"换句话说，经济奇迹的实现要求详细的计划、耐心，以及供给和需求的完美结合。这是一个很容易出错的魔法，我们在以上的任何一个方面稍有不慎就可能面对魔法的全盘失败。

2008 年全球金融危机以后，世界上的大部分富裕国家——尤其是美国和英国——发生了一些奇怪的情况。生产效率提高的速度放慢了。在一些国家中，劳动者的生产效率甚至有所下降。金融危机过去以后，经济复苏的特点是就业机会大幅增多，因此国家的整体产出也上升了。然而，劳动者生产效率的提升和工资的增长迟迟不见起色（接下来我们将会看到，生产效率和工资的增速远远落后于企业利润的增速）。这到底是怎么回事？难道劳伦在上班的时候打瞌睡了？

到目前为止，还没有人能够完全解开生产效率停滞之谜，但是这个问题的答案很可能与企业的管理层有关。金融危机爆发后，一些企业觉得与其解雇公司的员工，不如继续雇用这些员工，等待金融危机结束。促成这一决策的重要原因是，在金融危机期间，用工成本较低，劳动者也愿意接受灵活的工作安排。在 20 世纪末，西方社会新增的工作岗位中的很大一部分都属于“麦当劳工作”，这种情况引起了人们的担忧。“麦当劳工作”是指零售业、服务业中出现的一些低技术、低薪酬的工作，当时，零售业和服务业属于发展很快的行业。一些批评家认为，这类麦当劳工作并没有给国家的经济增加太多的价值。这种批评的声音目前仍然存在。此外，在金融危机之后，许多国家还出现了大量零小时工作合同。这些临时工不仅获得的报酬较低，其获得的固定工作时间和福利（病假、职业培训等）也比正式工少得多。在零小时工作合同大量增加的同时，亚马逊等互联网巨头也迅速崛起。而打车应用优步和外卖应用 Deliveroo 的兴起更是标志着零工经济的蓬勃发展。这些就业岗位的出现意味着雇主的用人成本更低、灵活性更高了。但是，从这些创新中获益的是雇主，而不是劳动者。

即使在总体经济情况好转以后，许多公司仍然选择雇用更廉价的劳动力。由于对发展前景信心不足，雇主在投资方面也非常谨慎。比如，虽然新的电脑和效率更高的清洁设备能够提高雇员的工作效率，但是许多雇主一再推迟这些方面的投资。而对2008年全球金融危机期间的惨状记忆犹新的雇员则不敢对雇主提出太高的要求，对他们而言，能保住一份工作就已经很不错了。为了保住工作，许多劳动者愿意接受较低的薪酬和不确定的工作时间。当然，也有一些机构选择了裁员，这些机构要求留下来的员工承担比过去更多的工作任务。不过，选择裁员的雇主并不占多数。

最近几年，越来越多的人担心21世纪的资本主义的运作方式妨碍了劳动者生产效率的提高。在21世纪，公司在经营过程中越来越重视股东的利益。虽然许多大型养老金基金希望投资能在几十年的时间段中稳健增长，但其他股东可能更愿意追求短期回报。这些股东希望自己的投资能获得最大化的短期现金回报。对公司而言，投资往往是一笔很大的支出，而这笔支出带来的生产效率提高可能要经过较长一段时间才能实现——股东对短期投资回报的追求意味着公司常常不愿意进行长期投资。近几年的另一个变化是私募股权基金的发展。通过私募股权基金，大型投资者可以直接对公司进行投资，甚至可以获得公司的所有权。这些私募股权基金比普通股东更冷酷，它们的关注重点是如何压低成本，获取快速回报。

以上这些情况导致金融危机后的劳动力市场上出现了一些不健康的发展趋势：虽然就业岗位的总数增加了，但这些就业岗位的生产效率和薪酬水平都没有过去高。在正常情况下，就业机会的增加应该伴随着工资的提高——就业机会的增加意味着雇主确实需要这些员工，因此雇主必须通过竞争才能招聘到新的员工或者留住现有的员工。但这次经济复苏中并没有出现这样的情况。

近年来，生产效率的停滞不前已经成为一个谜题，经济学家和各国政府都对这样的现象感到迷惑不解。劳伦所在国家的央行——美联储设定的通胀目标是每年 2%，也就是说，美联储希望美国的物价水平以每年 2% 的速度增长。对一个健康的、可持续增长的经济体而言，2% 的通胀目标是比较合适的。据估计，2% 的通胀目标对应的生产效率增速是每年 1.5%~2%，而工资则应该以每年 3.5%~4% 的速度增长。

然而，近年来，美国的生产效率和工资增长的速度都没有达到上述目标。2007 年以后，美国劳动者的工资平均每年以 2%~3% 的速度增长，也就是说，劳动者工资的增长速度最多只比物价的增长速度高 1 个百分点。因此，虽然劳伦的工资增长速度可以勉强赶上物价的增长速度，但是她的生活水平并没有办法获得太大的提高。英国的情况甚至比美国还糟糕。在 2008 年全球金融危机后的 6 年中，考虑到生活成本上涨的因素，英国的实际工资水平不仅没有增加，反而下降了 10%。在整个欧洲，只有受到金融危机重创的希腊的工资下降幅度和英国差不多。

如何准确地度量生产效率是一个棘手的问题，这个问题的存在让生产效率停滞不前的谜题变得更加复杂了。从本质上看，生产效率度量的是以下两个因素之间的比例关系：一是产出的数量，二是创造这些产出的劳动者数量。但是，如何度量产出？在制造业中，这个问题比较简单，我们只需要确定从生产线上出来的汽车的数目就可以了。同样，度量农田里产出的作物数量，或者度量在休斯敦拔地而起的摩天大楼增高的速度也是比较简单的。服务业的某些部分也比较容易度量。比如，我们可以记录沃尔玛的收银台每小时能够接待多少名顾客，或者一名美发师每小时能给顾客做多少次剪发和吹整。但是，我们应该如何度量劳伦的生产效率？是看她能为酒店的旅客提供多少条“内行人的建议”，还是看顾客在服务满意度调查表中提到她的名字的次数？劳伦的例子展示了我们在度量生产效率时面临的主要问题：首先，我们必须度量每位劳动者的产出数量，这在某些行业中已经是一项比较困难的任务了；其次，我们还必须考虑产出的质量。

虽然负责计量生产效率的统计部门已经尽了最大的努力，但是情况几乎总是在变化的。比如，在银行业中，由于 2008 年全球金融危机后，政府提出了许多新的监管要求，因此金融机构的合规部门必须雇用更多的工作人员来处理这方面的事宜。从表面上看，银行业的雇员数目上升了，而产出却没有变化，因此劳动者的生产效率似乎下降了。但是，银行业雇用这些新员工是为了提高最终产出的质量和安全度，以更高效的方式完成目标。另一个挑战是技术创新。由于技术高速发展，统计部门很难跟上这些变化的脚步。金融危机以后，虽然整个西方世界中的投资力度普遍不足，但是，在某些行业（银行业和建筑业），雇主仍在进行投资，而投资当然是以提高生产效率为目标的。这样的情况意味着，劳动者的实际生产效率可能高于官方统计数据显示的生产效率——只是这些投资的回报还没有完全表现出来而已。

总之，虽然人们普遍认同生产效率的提高是拉动经济增长和提升人民生活水平的魔法棒，但是在实际操作中，这是一根很难找到的魔法棒：既没有人知道该如何找到它，也没有人知道它究竟长什么样。这根魔法棒也未必总能产生效果：有时生产效率的提高并不一定能让工资上涨。

从二战结束到 20 世纪 70 年代初，美国每 1 美元的生产效率提高都能转化成 1 美元的工资提高；然而，此后实际工资的增长速度却严重放缓。劳动者无法通过工资的增长享受到生产效率提高的全部好处。为什么会出现这样的现象？要想说清楚这个问题，我恐怕需要另写一本书才行。但简单来说，劳动者的生产效率和生活水平之间的关系之所以会出现变化，可能是因为雇员和雇主之间的权力关系发生了变化。这种权力变化也许意味着公司利润的提高不再等同于劳动者薪酬的提高。一个国家的 GDP 的一部分会流入劳动者的口袋。和 40 年前相比，今天的劳动者获得的 GDP 份额更低了。2016 年，在美国规模最大的公司中，公司高管们的薪酬几乎达到了普通雇员的 300 倍。而在 1965 年，高管的工资平均来说只有普通雇员的 20 倍。2008 年全球金融危机以后，美国和英国的媒体已经数次欢呼“投资者之春”的来临。在美国和英国，像养老金基金这样的大型投资机构已经多次投票反对大幅提高企业高管的薪酬。然而，这些努力并没有取得太大的成果：会议室中的高管和车间中的普通劳动者的经济差距仍在继续扩大。

在经济情况较好的时段中，当雇主同意给员工加薪时，他们会首先考虑通货膨胀的速率，然后让员工薪酬的增长速度稍快于物价的增长速度。而员工薪酬的增长速度究竟能够比物价的增长速度高出多少，则可能取决于劳动力市场上的需求有多高，以及雇主吸引员工的意愿有多强。如今，劳动者手中的权力似乎比过去少了。劳动者手中的权力大小部分取决于该行业是否有工会。工会能够在薪酬谈判的过程中向雇主施压，甚至还可以以罢工为威胁手段。当然，就算公司的利润没有提高，工会仍有可能帮助会员争取到薪酬的提升。更高的薪酬能鼓励员工提高生产效率。但是，如果员工的生产效率没有提高，那么工会争取来的高工资往往无法长期保持，因为公司将不得不裁员，甚至有可能破产。在整个西方世界中，工会的权力普遍有所下降，而监管的放松则意味着雇主能够更容易地以零小时工作合同雇用临时工。

现代化的公司越来越强调为股东创造资本增长、分红以及利润，然而股东的这些收获很可能是以员工的损失为代价的。随着跨国公司的兴起，这样的情况变得越来越严重。跨国公司的所有人常常是私募股权基金或者外国股东，其对提高本地人民的生活水平并没有什么兴趣。同时，在充满竞争的市场中，许多公司将各种生产环节外包到海外，比如，劳动力成本较低的印度。除了外包生产环节以外，公司还可以选择在税率较低的地方设立经营基地。都柏林之所以深受大型技术企业的欢迎就是因为在税率方面占据优势。我们的技术和金融系统都已经超越了国境的限制，然而这样的变化却可能损害公司雇员的利益。

今天，普通美国人的生活水平未能以他们希望的速度提高。他们的生活水平的提高速度也低于美国经济的总体增长速度。由于某些环节上出现了问题，经济增长的魔法似乎并没有起效。出现这一现象的原因也许是私人投资的缺乏，也许是不合理的政府政策，也许是经济体中缺乏某些种类的就业岗位或者缺乏某些种类的劳动者。随着技术效率的提高，某些板块中的生产效率确实有所提高，但是即使在这些板块中，生产效率提高中能被转化成劳动者工资增长的份额也变得越来越少。目前正在发生的技术变革——第四次工业革命——意味着我们可以在几秒钟的时间内下载完一部电影，或者和远在另一大洲的朋友进行面对面的视频通话。但是，这样的技术变革是否正在让所有人的生活变得更加富裕？也许，目前的技术变革提高了我们的生活质量，但未能大幅提高我们的生活水平。也许，今天的时代是一个“赢家通吃”的时代，技术的革新让少数精英阶层获取了巨大的经济利益，而大部分普通人的收入却始终停滞不前。

于是，许多劳动者的个人收入少有增长，而他们面临的物价却在不断攀高，这样的情况自然令他们心生不满。每个人都希望提高自己的生活水平，并且我们认为，只要劳动者的生产效率提高了，生活水平就应该随之提高，但是目前我们看到的情况并不是这样。这不仅是道德上和政治上的问题，也是一个经济问题。如果劳动者的消费能力得不到提高，整个经济体中的需求就会下降。而提高生产效率的方法就是提高消费者的需求，以刺激企业的生产。

虽然劳伦希望自己的收入能有所提高，但拥有目前的工作已经令她满足了。像西蒙这样的客人给她的小费对她的经济状况的改善的确有帮助。美国政府也对西蒙的到来感到十分高兴——带着美元来访的客人总是备受欢迎的。任何一个国家都希望流入国境的资金至少能和流出国境的资金一样多。劳伦靠自己的劳动挣到了我们追踪的这 1 美元，现在她可以用这 1 美元消费了。如果说美国政府对国民有什么希望的话，那么政府最希望的就是像劳伦这样的消费者能继续消费——哪怕她购买的收音机不是来自美国的工厂，而是来自中国的工厂。

在现代经济体中，消费者支出是 GDP 最重要的组成部分，通常占 GDP 的 60%。在整个经济体中，各板块的增长都依赖于消费者支出的驱动。如果说商品的生产和生产效率的提高是经济体的供给面，那么消费者的支出就是必不可少的另一面——需求面。美国消费者的能量尤其巨大。美国的消费者支出总计占到了全球经济的 1/6。但是，不管我们生活在什么地方，也不管我们的收入有多高，如果我们对现在和未来的情况感到不确定，我们的消费意愿就会下降。消费者信心是最关键的因素。工作前景、房屋价值、本国的政治环境都可能影响消费者信心。当然，消费者信心还取决于口袋里究竟有多少钱。如果劳伦需要缴纳的税款能减少一些的话，她也许就会感到自己更加富裕，更有消费能力。

在美国，国家税务局是人们“最害怕的机构”。在美国的

GDP 中，有 1/5 会流进山姆大叔（美国联邦政府）的金库中。税收的形式多种多样，比如，公司的利润要交税，商店中销售的货品要交税，人们的收入要交税，等等。在美国国家税务局的收入中，有 1/3 来自像劳伦这样的普通美国人缴纳的收入税。除了向美国联邦政府缴纳联邦税以外，劳伦还要向本地政府缴纳州税。她缴纳的州税甚至比联邦税还多。

当然，并非每个人都会像劳伦这样对税务部门保持诚实，有些人并没有依法缴纳税款。这些人偷税漏税的方式有很多。有些人的收入来自非法渠道——毒品交易和卖淫，因此他们自然会向税务部门瞒报自己的收入。还有一些人为了逃避税收，把通过合法经营获得的现金隐藏起来，比如，在塞浦路斯购买房产的俄罗斯寡头就是这样做的。“天堂文件”显示，还有一些富裕的人雇用专业的会计师，通过复杂的离岸避税方案来减少自己应付的税款——U2 乐队的主唱博诺就是其中之一。这种避税行为通常是合法的，除非整套方案完全是为了逃避税收而制订的。有些机构会帮助投资者故意投资亏本电影，并让投资者通过这种方式冲销损失、减少应付税款，这就是一套完全为了逃避税收而制订的方案，因此这种行为是非法的。在避税俱乐部中，我们可能会发现许多跨国公司的身影。比如，我们熟悉的亚马逊和脸书都是该俱乐部的成员。为了尽量减少税收支出，这些公司宣称自己将经营机构设于一些税率较低的国家，这种行为并不违法。为了替自己的避税行为辩护，这些跨国公司常常声称上述行为创造了大量就业机会，这些岗位上的雇员会为税收收入做出更多贡献。

不管是合法的避税行为，还是逃税行为，结果都是一样的。对政府而言，逃税或者避税行为意味着收入减少，因此可以用于政府支出的现金也就随之减少。政府支出常常能够为社会提供一些私有板块不能或不愿意提供的东西。最典型的例子是公共物品。公共物品的特点是：每个人都可以享受这类物品，并且一个人对这类物品的使用并不妨碍其他人使用这类物品。清洁的空气以及国防都是公共物品。此外，社会上还存在一些不完全符合公共物品定义的类公共物品，比如，对公众开放的公园以及道路（交通堵塞会妨碍所有人使用后者）。从理论上说，由于社会的所有成员都能够从这类物品中获益，因此每个人都应该承担相应的开支。如果只有一部分人承担这类物品的开支，但所有人都能获得这类物品的效用，这就会产生所谓的"搭便车"问题。

除了公共物品之外，社会上还存在另一类东西：不管个人的情况如何，也不管个人是否希望获得这类东西，每个人都应该获得这类东西，因为这类东西的社会效用超出了它们的私有效用。这类东西包括教育和医疗服务。比如，培训一名医生不仅能给受训者带来更高的收入，还能让整个社会获益。这类社会物品究竟应该以什么样的形式提供？如何承担这类社会物品的开支？关于这些问题，社会上一直存在大量的争论。全民免费医疗是英国人的骄傲，这项服务是靠纳税人缴纳的税款来支持的。然而一些美国人却并不认同全民免费医疗的理念，他们认为不应该让一部分人为另一部分人的健康问题买单。这些美国人更愿意根据自己的情况向医疗保险公司支付相应的保金。

政府还可以选择拨出部分资金救助失业者、病人或者老人。这些福利政策不仅能够为弱势人群提供保证最低生活水平的安全网，还能够对国内收入进行再分配。税收还能影响人们的行为或市场的运作，比如，对从中国进口的商品征收关税能降低人们购买这类商品的意愿。

政府究竟应该对哪些项目收税？政府应该收多少税？政府应该把通过收税获得的资金花在哪里？这些问题的答案都取决于该国的政治前景。美国人交给政府的税款超过了全国GDP的25%，但是在大洋彼岸的欧洲，人们交给政府的税款平均达到了GDP的34%。从传统上看，美国的税收负担相对较低；与欧洲的经济相比，美国经济呈现出更多自由市场的元素。出现上述差异的原因是：部分美国人认为，过高的税收和政府支出不仅会降低经济体的效率，还会减少消费者面临的选择并降低消费者对自身财富和命运的控制能力。

当经济情况不好时，政府会通过降低税收来帮助民众渡过经济难关。减税是政府调控经济的一种标准工具。通过降低税收，政府能够快速、直接地增加消费者手头的资金。但是，如果税收的降低意味着政府不再有能力提供能促进生产效率提高的关键性服务，那么减税是否还是一项明智的政策？比如，印度政府就需要税收收入来承担关键基础设施的建设开支。

然而，有些经济学家认为，减税能够提高政府的总体收入。在20世纪80年代，美国政府就曾经抱着这样的理念推行过削减税收的政策。这一系列减税政策的理论基础都来自里根总统的爱将——经济学家阿瑟·拉弗。阿瑟·拉弗认为，在一定范围内，提高税率能够增加政府的收入；但是一旦税率超过这个范围，劳伦和同事们就会丧失工作的动力。在高税收的环境下，他们也许会选择搬去国外，或者减少工作时间，又或者将小费隐瞒起来不向税务部门申报。阿瑟·拉弗认为，过高的税率不仅会减少政府的总税收收入，还会打击美国人民的创业动力，让他们无法为国家经济的增长做出贡献。这套理论孕育出了著名的拉弗曲线。拉弗曲线描绘的是税率和政府的税收收入之间的关系，这条曲线呈驼峰形。

减税政策成功了吗？里根政府将收入最高的人群的税率从70% 降低到了 28%。政府通过收入税获得的收入从 1980 年的5 170 亿美元上升到了 1988 年的 9 090 亿美元，税收收入的增长速度超过了全国收入的增长速度。然而，在这一时段中，美国政府还修复了税法的漏洞，并大力打击了偷税漏税行为，因此我们很难确定税收收入的增加是降低税率导致的。

然而在里根政府执政期间，美国政府的债务水平增长到了原先的 3 倍。这样的情况给减税政策的“辉煌成果”蒙上了阴影。我们的这位共和党总统也许是低税收主义的忠实拥护者，但他花起钱来可一点儿也不节约。相对于美国的收入，里根政府的支出超过了此前的大部分美国政府。冷战是一个非常昂贵的游戏，里根政府的“星球大战”导弹防御系统的第一期账单就高达几十亿甚至几百亿美元。在许多人的印象中，美国是一个用别国的钱为自己的政府提供资金的国家，这一印象正是在里根政府执政期间被巩固起来的。美国政府的大举借贷行为是许多人对里根时代最深刻的回忆。与此同时，关于拉弗曲线的争论依然十分激烈。

征收多少税款以及开出多大的政府账单曾是政府影响国家整体经济活动的两种重要的途径。然而，后来这两种政策工具都不再流行了。在 20 世纪 30 年代，英国经济学家凯恩斯认为，政府应该通过财政政策（对税收和政府支出的调整）来控制经济体中的需求。当时的经济学家们认为，为了让一个国家的经济以目标速率增长，财政政策是政府可以采取的手段之一。

如果想为本国经济提供一个强大的初始推动力，那么政府不妨多花钱，因为政府支出的提高意味着在经济体中流动的资金也会增加。比如，由政府注资的大型基础设施建设项目能为国内人民提供更多的就业岗位，于是消费者手中就有更多可用于消费的资金，而这一系列连锁反应最终能够帮助该国提高生产效率。或者，政府也可以选择减税来达到同样的目的。通过削减税收，政府可以直接把更多的现金放进劳伦和她的同事们的口袋里。

物价增速太高，通胀太严重，国内经济需要降温？政府可以减少支出，这样就能减少在经济体中流动的资金。另一种选择是提高税率，比如，对商店中的货品征收更高的税。

在 20 世纪五六十年代，通过财政政策来调控国家经济活动的做法一度非常流行。然而，在 20 世纪 70 年代，石油危机导致石油价格多次受到冲击，人们对上述系统的信仰也随之瓦解。新的理念是，通过财政政策来调控经济活动不仅太粗暴，后果也非常难以预测。税收和支出调整政策必须经过一段时间才能奏效。同时，政府也很难判断为解决一个特定的问题究竟需要进行多大幅度的调整。这种干预手段的代价高昂，假如政府既要减税，又希望提高支出，那么往往就得借大量的外债。当然，只要国家经济的高速增长能够抵消政府的债务，政府的借贷行为本身并不是一个大问题。

然而，在 20 世纪 70 年代，世界经历了多次石油价格冲击。国际石油价格大幅上涨，石油进口国的经济活动也随之放缓。石油危机还带来了一个新的经济学术语：滞胀。滞涨是指一个国家不仅经济增长缓慢，而且通货膨胀率居高不下。这种全新的经济问题令国家财政政策的制定者深感迷惑。显然，不管是调节税率还是调节政府支出都不可能同时解决低增长和高通胀的问题。进入 21 世纪，通过微调财政政策来管理国家经济活动的做法已经不再流行。如果 2008 年的全球金融危机早发生几十年，人们或许就会认为政府应该通过提高支出的方式来应对这场危机，因为这么做能给恐慌中的美国家庭注入一针强心剂。事实上，确实有一些凯恩斯派的经济学家认为，增加政府开支能够促进经济增长和收入提高，并最终给政府带来更多的税收收入。税收收入的增加能减少政府的资金缺口——赤字。

然而，政府并没有这样应对 2008 年全球金融危机。由于救助本国的金融系统产生了巨额的账单，许多国家的政府采取了与凯恩斯派的理念完全相反的做法——长时间实施财政紧缩政策。公共服务减少，许多政府雇员非但没有得到政府的经济帮助，还面临工资被冻结的问题。

各国政府将政策重点放在了降低公共债务水平上。为什么要这么做？因为政府希望向债主证明自己仍然是有信誉的借贷人。一个国家的债主就是持有该国国债的投资者，比如，中国政府、德国的养老金基金。此外，这些采取财政紧缩政策的政府还声称，债务的利息支出对现在和未来的纳税人而言都是一项沉重的负担，所以政府必须降低公共债务水平。只要一个国家的政府背着外债，就必须看债主的脸色行事。这条规则不单单适用于债务问题严重的第三世界国家。不管一个国家的政府是因为金融危机而借贷，还是因为管理不善而举债，不管借来的资金是用于满足本国经济增长的需求，还是用于解决人口老龄化的问题，对世界上许多国家的政府而言，公共债务已经成为一个令人头痛的长期存在的问题。

金融危机发生以后，部分美国民众认为，银行家们不负责任的行为导致自己失去了住房。而政府对财政支出的收紧又给这些美国人带来了进一步的负面影响。然而，如果负债累累的政府不能或者不愿意通过增加政府支出的方法来帮助本国的人民，那么政府究竟还可以做些什么？

政府仍然可以给民众更多的钱。

除了增加财政支出和减税以外，政府还可以通过其他方式把更多的现金放进人们的口袋中。从 20 世纪 70 年代开始，货币政策成了时髦的经济调控工具。通过货币政策，各国央行不仅可以控制劳伦的消费行为，还可以整体控制经济体中的经济活动。顾名思义，货币政策主要调控经济体中流通的货币总量以及货币的价格。货币的价格是以借贷的成本来度量的。也就是说，货币政策的核心是利率。

对任何一个国家来说，关键的利率指标通常是央行向其他银行借贷的利率，或者各家银行之间互相借贷的利率。在一些国家中，上述利率由政府直接决定；而在另一些国家中，上述利率则由央行决定。关键利率不仅决定了该国的家庭和企业能够借到多少资金，还决定了贷款利率有多高。

通过货币政策，国家可以操纵信贷的价格，还可以调整对储蓄行为的奖励程度——这是一项非常有力的经济调控工具。对许多人来说，最大的债务是房屋抵押贷款。房屋抵押贷款的还款数额决定了他们口袋里有多少钱可以用于其他消费。同时，如果通过储蓄无法获得较高的回报，人们可能就不愿意存钱，而更愿意用手头的钱消费。

当一个国家的经济状况不好时，政府和央行会选择调低利率。对劳伦来说，降息对她产生的最主要影响表现在房屋抵押贷款上。当房屋抵押贷款的利率下降，她手中就有更多的钱可供支配；在低利率的鼓励下，她甚至可能会向银行借贷更多的资金，这种借贷行为又会进一步提高她的消费能力。企业的投资意愿之所以会提高，是因为把钱存在银行里并不能带来理想的回报，投资带来的回报率显得更有吸引力。政府的借贷成本也会下降，因此政府就不需要征那么多税了。

如果政府希望给本国的经济降温，就应该采取与上一阶段的政策完全相反的政策。当经济过热时，消费者大量消费，因此物价上涨的速度更快，通货膨胀率也会不断提升。如果政府调高利率，消费者的借贷成本就会提高，于是他们手中的资金总数便会下降。在高利率环境中，消费者会减少借贷的数额，同时他们还必须为现有的债务支付更高的利息。这些因素都会鼓励消费者增加储蓄而减少消费。

货币政策主要通过影响经济体中的总体需求来影响通货膨胀率。同时，政府还可以通过一些手段来保证较低的生产成本（供给面），比如，通过企业层面的微观政策提高企业的生产率，通过调节税收和政府支出来建设基础设施系统。当然，还有许多影响通货膨胀率的因素是政策制定者很难控制的，比如，国际石油价格的波动或者本国货币汇率的疲软。这些因素的变化可能是由全球经济情况的变化导致的，并且我们在前面的章节中已经看到，这些因素有时会发生很大的波动。长期以来，这些因素都是令各国政府头痛的问题。另外一些因素——来自中国的低价进口产品——则能够帮助政府在不提高利率的情况下保持较低的国内物价水平。

提高生产效率并不容易。同样，在实际操作中，用货币政策来调控经济也是一项相当困难的任务。货币政策的调整远远不像科学那样精确。央行何时应该调整利率？央行应该以多大的幅度调整利率？找到这些问题的答案并不容易。政府或央行不仅很难估计出货币政策变化的最终效果，也很难判断出货币政策究竟需要经过多长时间才能奏效。总之，用货币政策来调控国家经济的风险很高，效果也很难预测。如果政府和央行能够拿出正确的货币政策，该国经济就能获得崭新的活力；反之，一旦政府和央行在这个方面发生误判，国家的经济就有可能受到很大的伤害。在21世纪，几乎所有主要经济体都使用货币政策来调控经济。因此，当金融危机发生时，各国央行做出的第一个反应就是调整利率。几十年来，全球各大经济体的央行都使用同一本操作手册。它们根据这本手册的指导下调了利率。这种操作早已经过多次彩排，但这次的表演规模空前，简直令观众喘不过气来。

在2008年初，美联储将央行向商业银行借贷的关键利率几乎降到了零。许多国家也采取了类似的措施。这些迹象说明，全球的金融系统在此次危机中受到了极大冲击，西方世界的各国政府急需采取措施来阻止金融危机给人们带来进一步的财产损失。然而，许多人担心，即使央行将关键利率降到零，受金融危机打击最大的人群仍然无法获得足够的帮助——零利率并不能保住这些人的工作岗位，也不能保证这些人有钱购买食品。

那么，政府能不能直接把更多的钱发给民众，让民众继续消费呢？虽然英格兰银行和美联储确实负责英美两国的货币发行工作，但是这两个机构并不能直接印出大量的钞票并且发放给民众。常识告诉我们，央行无法凭空制造出一棵不断往下掉金币的魔法摇钱树。但是，事实是否如此？

事实上，英国和美国的央行确实可以创造更多的英镑和美元

（以电子化的方式，按下某个按钮）。央行可以根据自己的意愿为商业银行提供更多的现金（储备金）。在 2008 年全球金融危机爆发以后，央行也确实是这样做的。有了这些储备金以后，商业银行也可以通过发放贷款来创造更多的资金。在央行的帮助下，商业银行可以以更低的利率向企业和个人发放更多的贷款——这么做能够刺激经济增长，并且创造更多的就业机会。此外，央行还可以从商业银行或者养老金基金等金融机构那里购买政府债券（在某些情况下，央行也购入了其他资产）。在售出这些政府债券以后，商业银行或者其他金融机构手中就有了更多的现金，它们可以用这些现金来投资股票或者其他资产。对债券需求的提高就意味着利率的降低，这种调控手段会层层渗透，影响经济体中的其他部分。

上述操作被称为量化宽松。这种非传统的调控手段在很大程度上没有经过实践的检验，因此具有很高的试验性。没有人知道量化宽松政策是否能产生理想的效果，也没有人知道这种调控手段需要多长时间才能起效。在过短时间内向经济体中注入数量如此巨大的资金可能伴随很高的风险。经济体中的商品和服务的数量可能无法同时快速增长，因此量化宽松政策的最终效果可能是大幅抬高物价。然而，孤注一掷的西方政府仍然决定把大量现金注入这场巨大的赌局。

2008—2016 年，美国政府总计通过量化宽松政策向本国经济体中注入了 3.7 万亿美元。而英格兰银行则向英国经济体中注入了超过 4 000 亿英镑（约合 6 000 亿美元）。除了量化宽松政策以外，各国政府还采取了一些更加直接的注资手段，比如，减税和增加政府支出，通过这些手段注入的资金高达数十亿美元。面对危机，各国政府选择了凯恩斯主义的救市措施，但是这些调控手段注定只能产生短期效果。

上述救市措施很难立刻产生实际效果，因此监控这些措施的表现变得很困难。为了保护本国数百万民众的财产，各国政府决定团结协作应对金融危机，但是所有政府都相当于在黑暗中摸索前路。好在，大西洋两岸国家的经济增长最终都出现了反弹，就业岗位的数量也开始增加。不仅埃米莉这样的金融业人士保住了工作，经济体中的其他板块也产生了大量的就业机会——但这些就业机会常常是工资低、稳定性差的就业机会。在英国的经济史上，2008 年全球金融危机对该国经济体产生的负面冲击最快、最突然，恢复的过程也最为缓慢。

向经济体中大量注入资金是否真的是应对金融危机的正确方式？究竟哪些人或机构从中获益了？是葆拉，还是埃米莉供职的银行？如果政府不通过量化宽松政策向经济体中注入现金，那么这次金融危机究竟会如何发展？我们很难知道这个问题的确切答案。但根据英格兰银行的估计，该行向英国经济体中首批注入的 2 000 亿英镑确实提高了英国的消费数额（英国经济的总体价值），提高幅度可能高达 2%。也就是说，此举为英国经济提供了大约 300 亿英镑（约合 400 亿美元）的经济缓冲。

2 000 亿英镑的注资换来了 300 亿英镑的消费增长，那么剩下的 1 700 亿英镑去了哪里？这笔钱直接流进了德国的养老金基金，流进了埃米莉的其他客户的口袋中，流进了埃米莉就职的银行。量化宽松政策的资金流入了金融系统，这笔注资提高了对股票和债券的需求，抬高了这些资产的价格，从而为金融机构及其雇员带来了更多的利润和佣金。2008 年全球金融危机发生的根源是金融机构不负责任的高风险赌博行为。在危机发生以后，各国央行也走进了这个赌场，掷下了自己的赌注。而赌桌上剩下的大笔筹码最终都流入了这些银行的口袋中。在普通的赌场中，大部分赌徒都知道自己的输面大于赢面，然而在国际金融市场这个特殊的大型赌场中，随意下注的玩家反而能够获利。

根据英格兰银行的估算，量化宽松政策总共让股票和债券的价值上升了 26%。强势的股票市场有利于提高消费者的整体信心，而这种信心能够回馈实体经济、鼓励消费支出。但是，在全国人口中，拥有大量股票的人只占极小部分，股票市场上的财富绝大部分都属于全国最富裕的 5% 的人口。因此，全国的绝大部分家庭并不能直接从政府的量化宽松政策中获益。普通人能从量化宽松政策中获得多少好处主要取决于埃米莉和同事们增加了多少消费，以及他们接待的富裕的股票投资者们增加了多少消费。富裕人群在商店、餐馆、房地产市场和旅游市场中的支出间接提高了经济体中其他人的收入。这就是所谓的涓滴效应。然而，靠涓滴效应来刺激经济增长并不一定能起效，因为富裕人群更可能把这些资金用于储蓄或投资，而不一定用于消费。根据新经济基金会的估计，英国最富裕的 10% 的家庭从政府的量化宽松政策中获得的经济利益总计为 12.7 万~32.2 万英镑。量化宽松政策下的低息资金可能进一步造成泡沫，比如，股票市场或高端房地产市场都可能因此出现泡沫。

那么，整个房地产市场又会受到怎样的影响呢？在美国的许多地区，尤其是在主要城市中，房地产价格都已经恢复到了2008年全球金融危机之前的水平。而在英国，全国的平均房价比2007年高出了20%。目前英国的平均房价已经达到了普通英国人年收入的6倍。而在40年前，英国的购房者平均只需要支出年收入的3倍就可以购得自己的房产。美国的房地产市场上也出现了类似情况，只不过没有英国那么严重。从总体上看，这段时期内的房价增速超过了民众收入的增速，这一方面是因为对房地产的需求超过了房地产的供给，另一方面是因为借贷变得比以前更容易了。对普通民众而言，这样的情况意味着买房已经成了一个越来越遥不可及的梦想。目前，英国35岁人群拥有房产的概率低于他们的祖父母在35岁时拥有房产的概率。有能力买房的人也必须背上比以前多得多的房贷。但是，对已经拥有房产的人来说，房地产价格的飞涨则意味着属于他们的这些砖瓦如今代表了更多的财富。在整个西方世界中，房价的增长导致了代际间的财富差距问题。

2008年全球金融危机以后，虽然金融机构在发放贷款时比以前更谨慎了，但是在房地产比较火热的地区中，对房地产的需求仍然持续增长，而房屋的建设速度远远跟不上需求的增长速度。金融危机发生10年以后，伦敦的平均房价已经达到了伦敦人年收入的12倍。但是，低利率的环境意味着买房者一旦购入房地产，支付房贷就还是相对轻松的——至少目前的情况是这样的。在美国和英国，房贷支出在收入中所占的比例平均低于 30 年前。但是，一旦央行提高利率，这样的情况就可能发生变化。

金融危机留给我们的遗产是更多的监管条例和更大的贫富差距。一些人认为，量化宽松政策并没有让全国民众从整体上受益。对低息、易得的资金（信贷）的依赖本是混乱产生的源头，消费者的过度借贷行为导致了金融危机的发生，然而政府用来医治过度借贷的药方居然是更多的信贷和更多的资金。这个药方不仅不能治疗患者的疾病，反而加重了患者的药瘾。虽然信贷泡沫在金融危机中破裂，但各国政府无力阻止这样的泡沫被再次吹起来。

10 年过去了，金融危机留下的创伤还在。普通家庭的负债水平创下了新的历史纪录。在美国各地，包括信用卡和汽车贷款在内的各种形式的非抵押贷款再次繁荣了起来。金融危机并没有影响消费者的贷款胃口。相反，为了弥补金融危机造成的损失，各国纷纷采取低利率政策，低利率的环境反而再次鼓励了过度借贷行为。对美元的渴求仍和过去一样强烈。然而不同的是，今天的金融系统受到了更多监管。这些监管措施的目标是防止 2008 年那样的金融危机重演（但也许这只是一厢情愿）。

是什么把世界各地的政府、消费者以及企业联系在一起？

债务。

靠超前消费来维持较高生活水平的现象仍在继续。在没有大型经济危机或大型战争的前提下，我们需要继续消费和生产，因为只有这样，我们的生活水平才能提高，国家经济才能持续增长，我们才能念出提高生产效率的咒语，争取更高的生活标准。

对各国央行而言，消费者对信贷的依赖早已不是什么新鲜事。正是因为消费者依赖信贷，央行才需要依赖货币政策。但是，究竟怎样的政策变化才能正好让国家经济调整至理想的状态？要想回答这个问题，我们就必须对消费者的行为有非常详尽的了解。有时候，消费者的行为并不理性，也不符合央行的预期。如果消费者总是能够理性行事，如果消费者的反应永远与预期一致，那么央行和经济预测者们的工作就会变得轻松许多。

别人的购物车里装着哪些商品？别人如何花掉他们口袋里的美元？和许多消费者一样，劳伦总是对这些问题特别感兴趣。在收银台排队的时候，劳伦常常观察其他消费者的购物车，想象购物车中的商品讲述着那些陌生人的怎样的故事。这项小小的娱乐活动帮助她消磨掉了不少排队的时间。和劳伦一样，经济学家们也对研究消费者的整体消费习惯分外着迷。不管是消费者的消费数额，还是他们花钱购买的商品的种类，都对全国经济有着深远的影响。消费者手中的美元控制着整个国家的经济命运。

在美国以及世界的其他地方，消费者的消费决策最终决定了企业会生产哪些商品和服务。企业的生产决策又决定了经济体中的哪些板块需要更多的劳动者，以及这些劳动者应该生产哪些商品。以上流程催生了收入循环流。事实上，由于美国消费者的消费支出总计占全世界 GDP 的 1/6，美国消费者的收入循环流不是涓涓细流，而是巨大的浪潮。这股美元的巨浪席卷了全球各地，从消费者流向生产企业，又从生产企业重新流向消费者。

如今，西方国家的许多消费者靠借贷来获得所需的资金，而这些借来的资金通常会被花在廉价的进口产品上。同时，这些低成本的信贷部分来自中国以及其他借钱给美国的国家。从美国政府到中国政府，再到世界各地的投资者和养老金基金，这些人或机构都希望劳伦继续消费，这些人或机构都需要劳伦继续消费。这些人或机构都在继续借钱给劳伦，因为这些人或机构相信经济永远能越来越好，利润永远能越来越高，提高生产效率的咒语永远能实现最迷人的魔法。将这些人或机构联系在一起的正是债务和这种美好的信念。

当劳伦在沃尔玛的第 17 排货架上拿起那台收音机时，她便成了保持全球收入浪潮的同谋者。当她穿过自动门，走入这座冷气充足的零售业神庙时，她的目标只不过是想买东西而已。然而，在简单的消费行为中，她已经在全球经济系统中完成了自己的小小使命。因为她的消费行为，巨富手中的财富和权力才可以持续增长，美国的经济才可能影响到数千千米以外的许多看似与美国毫无关联的人，比如丹尼斯·格兰杰。在历史、贸易、政治以及牢不可破的金融系统等因素的共同作用下，不管你身在世界的哪个角落，美元仍然是全球经济中最重要的货币。

延伸阅读

我们的金融系统很不透明。本次金融危机不仅改变了这个系统的运作方式，也要求系统管理者提高系统的透明度。关于量化宽松及相关问题，各国央行的网站（比如 www.bankofengland.co.uk）提供了不少详细的指引。

世界经济论坛（www.weforum.org）上也有一些时事评论，其讨论塑造当今经济形势的各种问题，比如，移民和网络安全。

除此之外，读者也许还会对以下书籍（涉及各种观点）感兴趣。

通用经济学

Economics: The User's Guide by Ha-Joon Chang (London: Pelican, 2014)

关于美国如何走上富强之路以及那个时代是否已经结束

The Rise and Fall of American Growth: The US Standard of Living Since the Civil War by Robert J. Gordon (Princeton: Princeton

University Press, 2017)

Liar's Poker by Michael Lewis (London: Hodder & Stoughton, 2006)

The Big Short by Michael Lewis (London: Penguin, 2011)

'The Global Role of the US dollar and its Consequences': working paper from the Bank of England (www.bankofengland.co.uk/-/media/boe/files/quarterly-bulletin/2017/the-global-role-of-the-us-dollar-and-its-consequences.pdf)

关于中国的崛起

Factory Girls: Voices from the Heart of Modern China by Leslie T. Chang (London: Picador, 2010)

Avoiding the Fall: China's Economic Restructuring by Michael Pettis (Washington, D.C.: Brookings Institution Press, 2013)

关于金融危机的成因和教训

Other People's Money: The Real Business of Finance by John Kay (New York: PublicAffairs, 2016)

Between Debt and the Devil: Money, Credit and Fixing Global Finance by Adair Turner (Princeton: Princeton University Press, 2017)

How Do We Fix This Mess? The Economic Price of Having It All, and the Route to Lasting Prosperity by Robert Peston (London:

Hodder & Stoughton, 2013)

关于自由市场的陷阱及不平等问题

Rewriting the Rules of the American Economy: An Agenda for Growth and Shared Prosperity by Joseph Stiglitz (New York: W. W. Norton & Company, 2015)

The Shock Doctrine: The Rise of Disaster Capitalism by Naomi Klein (London: Penguin, 2008)

关于我们如何做决策

Nudge: Improving Decisions About Health, Wealth and Happiness by Richard H. Thaler & Cass R. Sunstein (London: Penguin, 2009)

关于英国和欧盟的未来

Making a Success of Brexit and Reforming the EU: The Brexit Edition of The Trouble with Europe by Roger Bootle (London: Nicholas Brealey Publishing, 2017)

致谢

所有图书都是团队合作的结果，本书也不例外。在此，我向所有在本书写作出版的过程中为我付出时间、提供想法及鼓励的人致以最深的谢意。

我首先要感谢 Elliott & Thompson 出版公司的团队成员，他们既优秀又充满耐心。我尤其要感谢珍妮·康德尔和皮帕·克兰：感谢你们提供的想法，感谢你们说服了我内心的那个“书呆子”，让本书没有过于枯燥无聊，感谢你们让我的种种幻想在纸上得以呈现。感谢我的公关经理——充满才华的埃玛·芬尼根。感谢我的经纪人——Newspresenters 公司的玛丽·格里纳姆。感谢你们不懈的支持、明智的建议和极大的耐心。

这本书背后的团队成员主要是女性，这让我倍感自豪，因为在经济学界，女性工作者仍然少得可怜。但在我的职业生涯中，我也有幸与一些业内最有才华的男性共事并得到他们的支持。我尤其要感谢汇丰银行首席经济学家罗杰·布特尔和 BBC 前商业版编辑、天空电视台主持人杰夫·兰德尔。感谢你们让我质疑现状，追求自己的想法。